余胜海 著

任正非和华为

非常人 非常道

长江出版传媒 | 长江文艺出版社

北京长江新世纪文化传媒有限公司
www.cjxinshiji.com
出品

献 辞

谨以此书献给华为创立三十周年；献给以客户为中心、以奋斗者为本、长期坚持艰苦奋斗、致力创新、追求卓越的华为人；献给那些为了实现人生梦想而努力奋斗的企业家和创业者们！

推荐语

华为是中国民营科技企业的标杆，也是中国企业国际化的成功典范，值得深入研究和学习。这本书不仅是一部华为创业史，更是一部任正非的商业思想史。

——苗圩　国家工业和信息化部部长

作者通过长期观察，面对面访谈，系统总结任正非的经营哲学和管理思想，在轻描淡写之间，一语道破商业本质与商道真经，是中国企业家和创业者学习的范本。

——吴敬琏　国务院发展研究中心研究员

本书作者潜心研究华为近 20 年，在力图再现华为成长轨迹的同时，提炼出了任正非商业思想精髓，将指导国内外企业家推动新工业革命。

——张维迎　北京大学国家发展研究院教授

本书作者深度剖析了华为登顶的洪荒之力，并就科技企业如何转型升级，重构商业秩序、拥抱新商业文明，提供了一个可资借鉴的样本。

——王育琨　北京地头力管理咨询公司董事长

本书全面叙述了任正非缔造华为的策略、方法、手段，不仅让人了解到一个真实的华为，还让人掌握到一个世界级企业的成长经验。

——但斌　深圳东方港湾投资管理股份有限公司董事长

这是我迄今为止看到的最通俗、最生动、最全面、最接地气、最权威的一部华为传记，颠覆了我此前对任正非以及华为的认知和理解，读来引人入胜，深受启发。

——陈九霖　北京约瑟投资有限公司董事长

这本书让我深刻领悟到任正非的强大思想力和卓越领导力，不愧为一部中国当代企业管理思想的扛鼎之作！

——姜汝祥　北京锡恩企业管理顾问公司董事长

科技企业如何抓住历史性机会，转型升级，从而获得商业成功？这本书给出了很好的解答。

——周华松　厦门松霖集团董事长

财经作家余胜海通过深入调研采访，从卷帙浩繁的第一手资料和华为亲历者的口述中，为企业家开启智慧新商道，给人以借鉴的乐趣和创新的启迪。

——刘兴亮　DCCI 互联网研究院院长

CONTENTS 目录

PREFACE 自序

华为成功背后的常识和真理

作为中国最大的民营科技企业和世界 500 强企业，华为最具传奇色彩，一直都吸引着世人的目光。

1987 年，43 岁的任正非集资 2.1 万元在深圳创立华为公司，经过 30 年的艰苦奋斗，华为由一个小作坊成长为全球通信技术行业的领导者，业务遍布全球 170 多个国家和地区，销售收入 60% 以上都来自海外市场，创造了世界企业发展史上的奇迹。

华为成功的秘诀就是始终坚持践行“以客户为中心，以奋斗者为本，长期坚持艰苦奋斗，坚持自我批判”的核心价值观，这对华为而言，既是常识，也是真理。

“以客户为中心”是华为迅速崛起的关键因素。华为把为客户服务作为公司存在的唯一理由，对客户有着宗教般的虔诚，“眼睛盯着客户，屁股对着老板”，用心发现和满足客户需求，为客户提供有竞争力的通信解决方案和贴心服务，赢得了全球客户的信赖和广泛好评。

在产品研发上，华为坚持以客户需求为导向，坚持把每年销售收入的 10% 以上投入研发，寻找并解决客户的“痛点”，以过硬的产品和领先技术构筑起强大的竞争实力。

任正非坚持让听得见炮声的人呼唤炮火，让客户的压力无损耗地在组织内部进行传递，把客户满意作为华为管理持续改进的原动力。

很多企业都在寻找成功的捷径，但任正非认为，成功没有捷径，华为能有今天可用一个“傻”字来概括。

“傻”：华为成立 30 年来，始终坚持只做一件事——坚守实业，专注通信领域，不搞房地产、不搞资本运作，坚持不上市，并投入几千亿元搞研发，集中全部战略资源，对准一个城墙口，千军万马扑上去，持续冲锋，终于炸开了这个通往世界的城墙口，将缺口冲成了大道，在大数据传送技术上，做到世界领先。

不忘初心，方得始终。回顾华为 30 年成长历程，任正非的确有点傻，他像一个阿甘，带领一群傻傻的人埋头苦干、傻傻地坚守、傻傻地投入、傻傻地付出，最后“傻”出世界第一！

年销售收入从 0~5200 亿元，是华为聚焦专业、高投入、战略突破性的胜利，也是华为 30 年致力自主创新、厚积薄发的成果。

华为坚持“以奋斗者为本”，为奋斗者提供舞台，将利益分配向一线的战斗者和研发人员倾斜，并以责任贡献来评价员工，考核选拔干部，为员工提供了全球化发展平台、与世界对话的机会。华为唯才是举，不论资排辈，年轻也能当将军，使大量的年轻人有机会担当重任，快速成长，也使得 17 万华为员工通过个人的努力，获得了合理的回报和值得回味的人生经历。

华为是世界 500 强中唯一没有上市的公司，华为在内部推行虚拟股权制度，实行全员持股。目前，华为公司 99% 的股份由员工持有，其创始人、总裁任正非仅持有公司 1% 的股权。在华为员工的收入中，除了工资和奖金之外，股权分红占了相当大的比重，不少员工一年能获得近百万元的股权分红。

华为的财富分享和干部选拔机制，都是基于一个核心——面向满足客户需求、为客户创造价值的人，才能获得更多的工资、奖金、股权以及晋升的机会。正是任正非懂得放权，懂得与员工们共享成果，聚集了众多的人才，才使各路英才的聪明才智得到充分发挥，迸发出了他们的洪荒之力。

“全员持股”和“利益分享”机制是华为最大的颠覆性制度创新。任正非用利益分享的方式，将十几万华为员工的才智黏合起来，给华为注入了强大的生命力，大家力出一孔，利出一孔，将华为推上世界之巅。

任正非是一位罕见的人性激励大师，他在华为建立了一套基于人性的员工激励机制。他在组织内部充分释放权力，开放权力，同时与员工分享公司发展成果，这在全球商界是独一无二的。任正非十分注重员工思想建设和激励团队，使团队从上到下始终充满活力与激情，员工无论什么时候都像打了鸡血一样。

在海拔 8000 多米的珠峰，-40℃的南极、北极以及遥远的非洲大陆，到处都可以看到华为员工忙碌的身影。而且在非洲、中东这些艰苦地区工作的华为员工多数都是“80 后”、“90 后”。他们为了打开局面，爬雪山，越丛林，面对战争、流血、疫情、疾病、贫穷、排外，仍然坚守岗位，无怨无悔，都能圆满完成具有挑战性的工作，赢得了客户的尊敬。

任正非重视组织的成就远远超过对自己的成就描述，他也没有将自己放在组织的顶部，他做得更多的是托起这个组织，并用组织的整体力量成就华为。华为成功的背后，就是因为这个组织拥有强大的个体和群体奋斗精神，蓬生麻中，不扶而直！

自我批判是华为重新激发活力的重要武器。任正非认为："自我批判是拯救公司最重要的行为，世界上只有那些善于掌握自我批判的公司才能存活下来，世界是在永恒的否定之否定中发展的。如果不坚持自我批判这个原则，华为绝对不会有今天，没有自我批判，华为就不会认真听取客户的需求，就不会密切关注并学习同行的优点，就会以自我为中心，很快被淘汰。"所以，华为一直坚持自我批判，在自我否定中不断进步。

在华为，自我批判不是一种口号，而是一种制度和文化。华为的自我批判不是为了批判而批判，不是为了全面否定而批判，而是为了优化和建设而批判，目标是为了提升公司整体核心竞争力。因此，任正非一直运用自我批判的哲学工具锻炼队伍，培养优秀人才，从而使这个庞大组织不断得到改造与优化。

华为已经成为全球最大的通信设备制造商，但任正非却认为，今天的华为恰恰可能是最脆弱的时候。因为成功容易让人变得怠惰和自大，让组织变得盲目骄傲和故步自封。过去的成功不是未来成功的可靠向导，不能陶醉于过去的成功，迷信过去成功的经验，要敢于不断地批判自己。

在任正非看来，一个企业、一个组织，如果总是背负成功与辉煌的包袱，这个企业离死亡也不远了。所以，他坚持认为华为是一个没有历史的公司，要求华为的高管始终保持空杯心态，走出疲劳和病态，重新激发活力，才能让公司走得更稳、更远。

目前，人类在数字技术、网络技术上的前进速度，已经超过科学家的预言和描述。基于人与人、物与物、人与物之间的智能互联，整个世界正在迈向全新的旅程：以物理世界和数字世界的深度融合为特征的工业革命 4.0 正在发生，全联结的智慧时代驱动新商业文明，我们正处于人类历史上最快的发展进程中。

像人类历史上其他重大技术革命一样，云计算的影响远远超过技术本身，还影响了商业模式和人的思维模式，引发了一系列商业革命。

面对未来充满无限可能的全联结世界，华为已经开始行动——新30年，华为再出发。华为的战略定位是“做多连接，撑大管道”，推动行业数字化转型，引领云时代。

任正非还确立了一个宏伟目标，到2020年，华为的销售收入超过1500亿美元（约1万亿元人民币），他对这一目标充满信心。

因为，在当前行业数字化及网络转型的时机，华为早已先人一步，开始在云计算、光传输、人工智能、智慧网络、高级算法、智能终端、高清图像等前瞻领域布局，并加大战略投入，瞄准机会窗口，纵向发展，横向扩张，为未来30年发展打下坚实的根基。

显然，面对全球数字化浪潮，华为已经意识到危机的存在和挑战的艰巨。但作为行业领导者，华为将拿出一百分的勇气和定力，不骄不躁，稳步前行，与运营商和合作伙伴一起共建更加美好的全联结世界！

此时的任正非，比任何人都清楚，当下最重要的任务不是要攻下某一技术难关，而是要在全联结时代到来之前，开展一场深刻而彻底的自我变革，全面提升自己的核心竞争力、商业领导力和思想领导力，只有这样，华为才能蜕变为真正的行业领导者；只有这样，华为才能抓住时代赋予的大机遇；也只有这样，华为才能拥有更广阔的视野和更宏大的格局！而践行这一切，必然一路荆棘，不过可喜的是，华为已经在路上。

如今，30岁的华为从“青纱帐”里走向世界，不仅守住了“上甘岭”，还攻进了“无人区”。越是到了人迹罕至的高处，向上突破越要付出更多努力。站在业界巅峰的华为，将自己比作要超越特斯拉的乌龟，乌龟精神被寓言赋予了持续努力的精神，任正非强调这种乌龟精神不能变，要始终如一坚持“以客户为中心，以奋斗者为本”，矢志创新，快速响应客户需求，在信息通信技术领域开山铺路、推动新工业革命、拥抱新商业文明、开启智慧新商道，为丰富人们的沟通和生活而不懈努力。

余胜海

2016 年 12 月于北京

INTRODUCTION 引言

华为 30 年大限快到了，想不死就得新生

一、华为公司想不死，就要新生，要增强组织的血液循环，给优秀干部、专家赋予新能量，然后走上战场、承前启后，英勇奋斗。战略预备队是最重要的转换中介。

三十年河西，三十年河东，我们 30 年大限快到了。华为公司想不死就得新生，我们的组织、结构、人才……所有一切都要变化。如果不变化，肯定不行。如果我们抛弃这代人，重新找一代人，这是断层，历史证明不可能成功，那么只有把有经验的人改造成新人。我们通过变化，赋予新能量，承前启后，传、帮、带，使新的东西成长起来。

第一，战略预备队是最重要的转换中介，我们要高度重视战略预备队的建设，我建议成立战略预备队指导委员会。我可以担任指导员，

三个轮值 CEO 做委员，李杰也是委员，和华大一样的做法，工作直接向我汇报。华大是教学交付平台，战略预备队是能力交付平台，HR 是任职交付平台，是互相协同的。

战略预备队整个体系不只是市场，也包括研发、财经、管理、供应等所有体系。要有效运作，需要有一个强有力的组织。我们要转换，把优秀的干部组织输送出来，进行面向未来的训战结合，建立适应作战方法的能力，把他们再送到一线，要重新参加作战。

第二，未来我们能否通过人工智能来解决大量网络服务问题，这是不是改朝换代？即使改朝换代也不能随便抛弃老员工，他们有资历、有资格。如果光有知识，没资历、没经验，能领导得了这个组织吗？领导不了。所以战略预备队就是要在业务转折过程中，“转人磨芯”，磨砺人、转换人、筛选人，经过训战仍跟不上公司发展的人就扬弃了，跟得上的人就升官了。我们要的是胜利，不是要每个人成功，不是对每个人负无限责任，要给每个人公平的机会进步。要实现未来新的一代改朝换代，要看到预备队的战略地位和重要性。

第三，战略预备队聚焦未来公司新的结构和运作方式，主要目的是结构改革。

你们上网去看一看华北大学（中国人民大学前身），因为解放战争胜利太快了，为了接管全中国，毛泽东集中了两万营团干部在石家庄建立华北大学，校长吴玉章，是辛亥革命元老，副校长是成仿吾、林伯渠，他们都是后来的国家领导人，很厉害的。这些营团干部完成训练就分配工作，接管全中国。我们正在进行一场比较大的组织结构改革，我们也需要两万营团干部啊，当然希望一万是将军。

二、战略预备队要让组织换血，加强血液循环流动，这就能延缓我们公司垮台的过程。

我们的队伍永远要有新生的血液往前冲，而不能干部流动板结化，干部结构老化，新生血液包括我们这些愿意接受新事物、新观点、能保持持续学习能力和意愿的各级高级主管与专家。战略预备队人员有几个来源：第一，我们选拔每年排在前 25% 的优秀人员进战略预备队，就告诉他们这是升官发财的机会，你们就写“升官发财请来战略预备队”，这样我们就会吸引一批优秀的种子进来。第二，现在国际风波如此激烈，一旦出现风险国家，我们收缩要有预案。出现风险的国家裁员，不要让地区部再塞到哪个地方分配，可以全部转到战略预备队里。如果还留在那个地方，就是打消耗战，与其这样不如充点电更好。第三，结构性改革中，我们要关闭一些产品开发组织，这些人也是人才，就进入战略预备队重新找机会和方向。

我们要在预备队中，通过一轮轮的筛选，选拔出其中最好的人。少将、中校、二等兵，选拔时都作为优秀人员过滤进来，这几个人空投到一线作战，二等兵和上将一起作战，二等兵可以做上将的助手，打完仗后能力就提升了，这就是传、帮、带，这就是下连当兵，重新认识实践。我们需要很多这样的二等兵，也需要更多的与时俱进的将军，到最艰苦的地方作战。没有实践，没有真正的体验，就没有实际的东西。

那些经过历史考验的人，希望他们能像李云龙、丁伟这些人一样转型成功。这批人政治思想好，不能只做“螺丝钉”，我更希望他们能做“发动机”，那就要看他们的能耐了。历史就是无情的。谁也不能确保我们的胜利，也不能确保每个人的幸运。希望经过思想、意识考验的人，真正在技能上能提升起来。

在变化过程中，可能有批“老红军”接受不了，新军就要进去，“老红军”可以保留奋斗的利益。我们尊重历史上做出贡献的人，但不要忽略了“我们要的是胜利，不是平衡”。胜利的基础，就是谁能打下“上甘岭”，就优先选择谁。

我们大量干部不断输出到前方，有两个好处。第一个，让前方的干部有危机感，随时有人替代他，他就会努力干。第二个，给喷涌的新鲜血液一个提升的机会，换血，加强血液循环流动。加速选拔有一线成功实践经验的人，有综合能力的人。

公司这个集体是没有生命的，但是，是由有生命的人组成的，华为的血液不断在更新，这就能延缓我们公司垮台的过程。战略预备队就是加速血液循环流动的组织。

三、战略预备队是训战赋能机构，不是干部任用的权力机构，但要对人员鉴定推荐。我们不能确保升官发财，但提供升官发财的机会。

战略预备队没有职位分配的权力，只是人力资源系统的重要人才供给培训的基地。

第一，战略预备队队员就是新军。在其中选拔培养未来的优秀种子，培养后怎么办？培养以后没有办法确保升官发财，但我给你升官发财的机会。上战场，立功去。我们要有很好的组织部门，这个组织部门要给人写档案。要写得具体点、准确点，准确评价他，在分配工作时，推荐到困难项目中去、大项目中去。我们鉴定、推荐是很重要的。战略预备队是训战赋能，不是权力机构。

学员录取要考试。我们不能强调把红军战士一定要培养上“航母”，但是要给红军战士被挑选上航母的机会。这样，进预备系统和不进预备系统的所有人在转型过程中都受到了洗礼。我们抓住典型学员，跟踪这个学员情况，看到机会就空投。历史赋予努力的人机会，有了这种机会，人们都争着进战略预备队。战略预备队钓鱼要有个钩，钩上放个饵，饵就是升官发财。

第二，战略预备队要有一些灵活预算，一部分的预算是在直接组织参战，胜利后分摊到国家，也分一点利润。战略预备队就有一点钱，挣的钱干啥呢，补到做失败的项目里去。出现危机的国家人员切入预备队，就把薪酬包和差旅费预算资源带回来，原地区部的成本就降下来了。所以战略预备队不用增加庞大的预算。

第三，在队、不在队的都是公司未来的接班人，不要总强调是否在队，边缘要模糊化。自学就不能成才？不是集中起来赋能才叫战略预备队，如果员工自学，我们也承认，给他支持和帮助。

美国是最自由化的国家，美国的思想和商业文明灿烂辉煌、五彩缤纷，像焰火一样，其实灿烂的另一个名词，就是混乱。一定要有一个主心骨、主航道，铁一样的队伍，才能使灿烂变成辉煌。但美国也有铁一样的军队，保障国家坚定的发展方向。美国名牌大学，凝聚了世界精英、灿烂的思想，若无集中度，也会耗散掉。美国军队是最遵守纪律、最自强不息的组织，大量的优秀军人，后来成为美国总统、企业家，凝聚了这些创新力量。华为公司要持续开放，也要有铁一样的力量，在岗、在职的人要英勇奋斗，这就是我要建设战略预备队的核心。我们也需要一支有铁的纪律、铁的意志的队伍。

四、战略预备队的机制要覆盖到各个体系，通用的训练模型，不同的训练内容；要天天考试，压力大才能迸发出能量。

第一，战略预备队要从市场扩大到研发、流程管理、财经……各个体系，都是一个训练模型，不同的训练内容。公共训练模式都是一样的，有公共的训练平台，都得遵守，跑步落后了分就低，专业训练模式可以不一样。经过公共的熔炉冶炼后就是合金钢了。纯钢、纯铁没有这么强的力量，加一点微量元素，力量就很强，让大家感受一下熔炉的氛围。

第二，在作战的岗位上要以结果为导向，在培训的过程中，要以学习理解为导向。华为大学就是一个教学、考试的交付平台。我们在前方作战是结果面前人人平等，在培训过程中是考试面前人人平等。压力大才能迸发出能量，轻飘飘怎么能培养战略预备队？

第三，训战结合，教学要结合现实。预备队要引导明天，但是不能跳跃太多，跳太多就不接地气了，树不能长在天上。否则一大堆都是怀抱未来理想，饿着肚子能到共产主义吗？未来都还没有战场，培训未来没必要，但是让大家知道未来是有好处的。

我们越来越需要更有综合能力的人挑起重担，但是综合能力的成长需要有个过程，每个人在学习中都要跨过这个边界。我们也要改革，也要有越来越多的跨学科、跨领域的平台，至少可以用论坛的形式，吸引大家来打擂台，要活跃这个气氛。

五、研发每年输送 2000 个高中级干部、专家上前线，先到战略预备队，然后再派到前线作战去。

研发每年输送 2000 人，不是直接到一线去，因为直接去，他还搞不明白。到战略预备队参加训练、项目作战，感受前方和后方之间的差别，然后再派遣，不能说枪都不会打就上战场嘛。先学会打枪，再上战场。上了战场几年以后，他们可能回来，也可能不回来；可能走向产品解决方案，也可能走向 GTS（全球技术服务），这都是重要岗位，说不定将来就当将军了。研发要尽快把优秀的干部派出去。可能前五六个月他们还不会干活，奖金也不会高。所以先给他们涨一下职级，升一下薪，再上战场，大家就有积极性。这些优秀人员经过两三年的战火熏陶和考验，客户需求的理解就深化了。回来做产品线领导，接地气了。研发要大胆地换血，不然新生力量提不起来，老人也没有感受战争的硝烟，就感受不到客户需求和客户体验。研发部分新员工也要先去 GTS，理解什么是客户需求再回来工作。

度过这轮危机，完成这一次改革，华为就在世界上真正站起来了，这次改革应该是很重要的。但是结构改革是缓慢的，大家不要急，改快了最后反而是失败。未来我们需要什么能力，不知道；需要什么样的干部，不知道。但是往前跑，我们就会一天比一天好！

任正非在华为战略预备队建设汇报上的讲话

2016 年 8 月 15 日

第一章

自我革命：浴火重生再造华为

要达到质量好、服务好、运作成本低，优先满足客户需求的目标，就必须进行持续的管理变革。管理变革的目标就是实现高效的流程化运作，确保端到端的优质交付。只有持续管理变革，才能真正构筑端到端的流程，并达到业界一流运作水平，从而实现运营低成本，高效率。

——任正非

“削足适履”式的管理变革

管理大师德鲁克说过：“21 世纪企业的最大挑战是如何提高知识员工的生产效率。”这句话用来总结华为管理变革的核心目标最为准确。

华为公司创始人、总裁任正非说：“企业若想活下去，没有捷径，唯有持续变革才能打造出有核心能力的运作体系，才能提高生产效率，管理变革和进步是华为国际化的基础。”

华为创立于 1987 年，经过 10 年的艰苦创业，到 1998 年已经成为中国最大的通信设备制造商，但任正非意识到，随着公司规模的快速膨胀与发展，华为面临着空前的危机和压力。任正非认为：**“华为在取得产品技术突破后，不仅不能打遍全世界，而且在家门口也未必有优势，现在顶多是在非主流市场上打了一场小胜仗。”**

任正非是一位善于观察和学习的管理者，自从创立华为以来，他一直在研究学习世界著名企业的管理之道。从 1992 年开始，他先后走访了法国阿尔卡特、德国西门子等行业领先的跨国公司，这些企业给了他很多触动和启示。1997 年，任正非访问了美国 IBM 之后，明显感觉到了自身变革的局限性和紧迫性。

在访美期间，任正非对 IBM 的产品开发模式、供应链管理模型等做了比较全面的了解，于是他果断决定向 IBM 学习，并提出了一系列改造计划。

在任正非看来："华为只有认真地向这些大公司学习，才会使自己少走弯路，少交学费。IBM 的经验是他们付出数十亿美元的代价总结出来的，他们经历的痛苦是人类的宝贵财富。"

从 1998 年起，华为系统地引入世界级管理咨询公司的管理经验，在集成产品开发 (IPD)、集成供应链 (ISC)、人力资源管理、财务管理、质量控制等诸多方面，与 IBM、HAY、MEECER、PWC、德勤、FhG、盖洛普等公司合作，引入世界先进的管理理念和方法，从业务流程、组织、品质控制、人力资源、财务和客户满意度六个方面进行了系统变革，把公司业务管理体系聚焦到为客户创造价值这个核心上。

为将先进的管理模式应用到华为的日常管理中，任正非反其道而行之，宁愿"削足适履"，完全照搬，全盘西化。

任正非明确了管理变革的三部曲：先僵化，后优化，再固化。在开始的两三年内以理解消化为主，之后再进行适当的改进，从而将艰难的管理变革持续地推进下去，希望穿上 IBM 的鞋，迅速走上国际化管理的轨道。

同时，任正非还根据变革的需要提出了"华为十大管理要点"，并以此作为牵引华为管理变革的纲领。自 1996 年以来，华为对公司运作、质量体系、财务、人力资源四个主要方面进行了持续不断的变革，建立与国际接轨的管理运作体系。

变革是一项非常复杂的系统过程，为了把变革的目标落到实处，华为的管理变革之路经历了"自主优化——引进复制——创新发展"三个阶段。

自主优化阶段（1996—1998）。这个阶段的主要变革工作：《华为基本法》起草、QC 品质圈、ISO 质量体系认证、各职能优化。

自主优化阶段有两个标志性事件：一是 1996 年的市场部大辞职；二是《华为基本法》编写完成并于 1998 年正式实施。

而任正非的这些改造并非基于“独立自主”或“中国式”的，而是建立在全球视野基础上所勾勒出的“整合全球资源为我所用”的未来发展战略。

任正非重点考虑的一个问题是改造华为内部管理，其内容几乎涵盖了企业的方方面面。他甚至强调：**“干部要把生命理解成一种灵魂和精神，要将这种灵魂和精神注入管理中去，没有这种精神的干部都要下岗。”**

《华为基本法》是中国第一部总结企业战略、价值观和经营管理原则的“企业宪法”和制度体系。任正非开始寻找建立世界级企业的制度保证，他希望通过学习《华为基本法》这种方式，能够将存在于自己大脑之中的价值观有效“移植”到新的管理者大脑之中。

任正非曾指出：**“一个企业怎样才能长治久安，这是古往今来最大的一个问题。我们十分关心并研究这个问题，也就是推动华为前进的主要动力是什么，怎么使这些动力长期稳定运行，而又不断地自我优化。这个一同努力的源是企业的核心价值观，这些核心价值观要被接班人所确认，同时接班人要有自我批判的能力。”**

在自主优化变革阶段，除偶尔借助外部咨询力量外，主体是以华为自身为主。变革虽然取得了一定效果，但由于员工们视野的局限性以及被事务性工作所困扰，始终无法在管理模式上取得突破性进展，但找出了存在的根本问题和解决方案。

引进复制阶段（1998—2008）。这一阶段主要是华为开始了从“游击队”向“正规军”转变的管理变革，历时10年。

在这一轮管理变革中，华为将自身定位为一个包括研发、销售和核心制造的高科技企业，并以建立流程化的组织为变革目标。在流程化组织结构设计上，主要依靠客户需求拉动，实行全流程贯通，提供真正的端到端服务。以研发为例，任何产品一立项，就成立由市场、开发、服务、制造、财务、采购、质量组成的团队（PDT），运用各种先进的管理理念及工具对产品整个开发过程进行管理和决策，确保产品研发全过程信息的透明与客户需求目标的一次满足。

从华为对产品研发的认识和实践上，可以清晰地看到任正非对企业发展规律理解的持续深化。华为当年也是靠代理别人的产品起家，随后开始开发自己的产品，这是一般企业都能做到的事情。

接着，华为将交换机产品所获得的利润投入到光纤网络产品和智能网产品上，又将这些产品获得的利润继续投入到无线通信产品中去。这种以一个产品的成功推动下一个产品的成功的接力思路也很自然。

随着西方先进的管理体系在华为逐步建立，西方管理体系中过多的流程控制点，不但降低运行效率，而且易于滋生官僚主义及教条主义的缺陷也显现出来，这引起了任正非的高度警觉。

创新发展阶段（2008—2010）。华为在本阶段的主要工作就是进行以一线作战需求为中心的组织与流程变革。

任正非认为：**“西方在中国的企业成功的不多，就是因为照搬了西方的管理。坚持自己成功的东西，要善于总结我们为什么成功，以后怎样持续成功，再将这些管理哲学的理念，用西方的方法规范，使之标准化、基线化，有利于广为传播与掌握。”**

2009年是华为创新变革元年，对人力、质量、财务等职能部门也进行了变革，并将经过实践检验的流程固化到企业信息化系统中，实现流程管理电子化，业务信息数据化。最终通过从客户端（需求）到客户端（供应）简洁、规范的信息化控制，摆脱了对人的依赖，实现了企业的职业化与专业化的初步改造。

但是，企业最困难的是掌握产品开发的规律，从而具备持续高效的研发能力，这就需要建立一套先进的、规范的研发管理体系，通过这套机制来保障产品开发源源不断地取得成功。华为投入逾10亿元，耗时12年的管理体系的变革，就是为了实现这种高效的研发机制。

与许多中国制造企业关注规模经济效益不同，任正非坚信“大规模不能自动地带来低成本，低成本是管理产生的”。他在《我们向美国人民学习什么》一文中指出：**“企业缩小规模就会失去竞争力，扩大规模，不能有效管理，又会面临死亡。管理是内部因素，是可以努力的。规模小，面对的都是外部因素，是客观规律，是难以以人的意志为转移的，它必然抗不住风暴。因此，我们只有加强管理与服务，在这条不归路上，才有生存的基础。”**

经过十多年不断改进，华为的管理实现了与国际接轨，不仅承受了公司业务持续高速增长的考验，而且赢得了海内外客户及全球合作伙伴的普遍认可，有效支撑了公司全球化战略。国际运营商对华为产品的认可，实际上是对华为整体管理体系的认可与尊重。

华为“削足适履”式的管理变革，看似违反客观规律，实际上是一种实事求是、遵循客观规律的态度。新的事物，你还没有充分了解它，怎么就知道它一定不适合？没有充分的熟悉、了解、继承，又谈何“超越”？在初学阶段，由于对国外的先进经验并不完全理解，最好的办法是老老实实地学习，宁可先“削足适履”，当全面理解、消化了国外经验后，再结合自身的实际进行恰当的改进。对于任正非来说，学“削足适履”是走向规范化、职业化和国际化管理的必由之路，所以他甘愿削自己的“足”以适 IBM 的“履”。

管理进步“三部曲”

华为早期的产品开发，跟很多公司大同小异，既没有严格的产品工程概念，也没有科学的制度和流程，一个项目能否取得成功，主要靠“英明”的领导人和运气，靠的是“个人英雄”。换句话说，产品开发能否成功，有很多不确定性和偶然性。

为了改变这个局面，实现从依赖个人的、偶然地推出成功产品，到可以制度化可持续地推出满足客户需求的、有市场竞争力的成功产品的转变。1997 年，任正非在访问了 IBM 等公司后，决定开始管理体系的变革和建设，引入 IPD（Integrated Product Development，集成产品开发）。当时任正非提出了“先僵化，后优化，再固化”的变革指导思想。

僵化是为了深刻理解流程，优化是为了持续改进，固化是为了让流程成为习惯。这种削足适履、“穿美国鞋”的过程虽然痛苦，但使华为的产品开发，从小作坊式的模式走向规模化、流程化、可管理、可重复。

一、先僵化

华为公司管理进步的基本手段最简单地讲有两个方面：一是向他人学习；二是自我反思。对于致力于成为世界级领先企业的华为公司，向西方有着优秀管理模式的企业学习尤其重要。

任正非强调：**“要下决心和投入资金引进国际先进管理体系，要虚心向西方先进企业学习，广泛合作，站在巨人的肩膀上进行管理变革”。**

《华为基本法》第三条明确规定，公司要“广泛吸收世界电子信息领域的最新研究成果，虚心向国内外优秀企业学习，在独立自主的基础上，开放合作地发展领先的核心技术体系，用我们卓越的产品自立于世界通信列强之林”。技术上是如此，管理上亦是如此。

但任正非知道，**“我们企业学习国外管理和国外技术时的心态往往是不一样的：学技术容易虚心，学管理却容易产生抵触情绪。因此，如何学就成为一个重要问题。”**

为此，任正非就提出了，学习西方先进管理的方针“先僵化，后优化，再固化”。

先僵化就是学习初期阶段的“削足适履”。任正非在与 Vicky Wright 谈话时明确指出：**“我们引入的薪酬和绩效管理，是因为我们已经看到，继续沿用过去的土办法尽管眼前还能活着，但不能保证我们今后继续活下去。现在我们需要脱下‘草鞋’，换上一双‘美国鞋’。穿新鞋走老路当然不行，我们要走的是世界上领先企业所走过的路。这些企业已经活了很长时间，他们走过的路被证明是一条企业生存之路，这就是我们先僵化和机械地引入 HAY 系统的唯一理由。”**

任正非是从发展的角度和针对中国人的特性来看待先僵化的：“现阶段还不具备条件搞中国版本，要先僵化，现阶段的核心是教条、机械地落实 HAY 体系。”“我们在向西方学习的过程中，要防止东方人好幻想的习惯，否则不可能真正学习到管理的真谛。”

任正非在动员会上指出：**“要学会 IBM 是怎样做的，学习人家的先进经验，要多听取顾问的意见。首先高中级干部要接受培训搞明白，在不懂之前不要误导顾问，否则就会作茧自缚。而我们现在只明白‘IT’这个名词概念，还不明白 IT 的真正内涵，在没有理解 IT 内涵前，千万不要有改进别人的思想。”**

任正非在 IPD 第一阶段报告汇报会上谈到公司引进 IT 管理系统

的原则时又明确了这一思路，并给出大概的时间表：“我们切忌产生中国版本、华为版本的幻想。引进要先僵化，后优化，还要注意固化。在当前两三年之内以理解消化为主，两三年后，有适当的改进。”

先僵化，说起来容易做起来难，削足适履肯定是个痛苦的过程。但削比不削好，早削比晚削好。总体来讲，公司还处于老实、认真、系统地学习国外先进管理经验的阶段。在今后学习某种新的管理系统时，初期也应采取先僵化的方针。

二、再优化

任正非提出要花 10 年时间让华为的管理水平实现与国际接轨，这说明在一个较长的时期内，华为公司都将处于一个规范化的阶段，一个追求管理进步的阶段。

任正非说：“华为从一个小公司发展过来，特别是在中国发展起来的，外部资源不像美国公司那样丰富，发展是凭着感觉走，缺乏理性、科学性和规律性，因此要借助美国的经验和方法。我们必须全面、充分、真实地理解西方公司的薪酬思想，而不是简单机械地引进片面、支离破碎的东西。”

在任正非看来，僵化是有阶段性的。僵化是一种学习方式，僵化不是妄自菲薄，更不是僵死。他说：**“当我们的人力资源管理系统规范了，公司成熟稳定之后，我们就会打破 HAY 公司的体系，进行创新。”**这就由僵化阶段进入了优化阶段。

优化对象分为两块，一是国外引进的，二是自己创造的。学习国外的，除了要注意不能耍小聪明还没学会就要改进之外，还要注意不在优化时全盘推翻，华为坚持的优化原则是改良主义。改进自己的，则要防止故步自封和缺少自我批判精神。只有认真地自我批判，才能在实践中不断吸收先进，优化自己。任正非认为，自我批判是个人进步的好方法，并把能不能掌握自我批判武器作为考核和使用干部的指标之一。

在优化过程中，任正非认为只有不断改进，公司才有未来。他希望公司更多的员工在本职岗位上进行反思，反思，再反思；改进，改进，再改进。他明确表示，优化的目的是为了使华为的管理变得更有效和更实用，而不是将西方式管理改造成中国式管理或华为式管理。华为追求的是实际使用。

三、后固化

优化就是改进，优化就是创新。持续的管理进步需要持续的改进创新。

有人说，世界上唯一不变的事情就是变化，这话有道理。但任正非认为变化的基准又离不开相对的静止。因此，变化是经常的，但变化又是有阶段性的。华为能够把握的变化应该是一段时间内相对稳定的变化，就像华为只能踩在相对坚实的地面上才能够前进一样。因此，优化之后应是固化。

任正非指出，**“创新应该是有阶段性的和受约束的，如果没有规范的体系进行约束，创新就会是杂乱无章、无序的创新。我们要像夯土一样，一层层夯上去，一步步固化我们的创新和改进成果。表面上看，公司的运作特点是重变，重创新，但实质上应该是在重固化和规范。”**

固化就是例行化（制度化、程序化）、规范化（模板化、标准化），固化阶段是管理进步的重要一环。

因此，重视管理的规范化将是华为长期努力的目标和任务。规范化的具体手段之一是模板化、标准化，这是华为所有员工快速管理进步的法宝。

僵化式学习，优化式创新，固化式提升，进一步学习，这就是华为的管理进步“三部曲”。

华为管理变革的价值在于，通过自主优化，使管理层理解了企业的真正需要。通过引进复制，使其快速进行了职业化与专业化转型。而创新发展阶段则是在打造企业核心竞争力与独创性管理上迈出了关键性的一步。从国际级客户的评价中可以看到，如果没有经历这些脱胎换骨式的管理变革，华为不可能在2003年之后分别通过英国电信和沃达丰的认证，开始跻身国际一流电信设备制造商的行列。

2014年6月16日，任正非在媒体见面会上表示：从1998年起，邀请IBM等多家世界著名顾问公司，先后开展了IT S&P、IPD、ISC、IFS和CRM等管理变革项目，先僵化，后优化，再固化。僵化是让流程先跑起来，优化则是在理解的基础上持续优化，固化是在跑的过程中理解和学习流程。我们要防止在没有对流程深刻理解时的“优化”。经过十几年的持续努力，取得了显著的成效，基本上建立起了一个集中统一的管理平台和较完整的流程体系，支撑公司进入了ICT领域的领先行列。

随着公司全球业务的扩展和新的奋斗目标的提出，公司管理不断面临新的挑战。目前公司管理仍然存在一些难点问题。

一是跨领域、跨部门的端到端的主干流程的集成和结合部的贯通，仍是目前最大的短板。

二是公司运营管理与业界最佳实践还存在较大差距，已经成为制约公司市场竞争力提升的短板。特别是从代表处虚拟中央仓到站点的账实相符，“五个一”还需要努力，LTC（长期总成本）的落地是未来两三年的重要任务。

三是如何实现向以项目为中心的管理转型。公司要实现以项目为中心的转移，才能避免大公司功能组织的毛病，去掉冗余，才能提高竞争力，才能使干部快速成长。

四是简化管理问题已经提上日程。要防止管理的复杂性随规模非线性地增长的问题。

解决上述复杂的管理问题要靠现代管理体系的建设，管理体系建设的最终目标和衡量标准是提升一线组织的作战能力。

在任正非看来，未来华为的产品要占领世界大数据流量的制高点，除了靠创新外，还要靠严格、有效、简单的现代管理体系。只有在此基础上，才能实现大视野、大战略。从历史角度看，蒸汽机和电力都曾在产业和社会生活中起到过革命性的作用，但这些技术革命不是颠覆而是极大地推动了社会和生产的进步。互联网也不例外，其本质作用在于用信息化改造实体经济，增强其优质、低成本和快速响应客户需求的能力。一句话，提升实体经济的核心竞争力。

任正非说：**“变革的目的就是更简单、更及时、更准确。一切为了作战，一切为了服务业务，一切为了胜利。华为今天还要向‘蓝血十杰’学习，就是因为我们还要沿着这条路走下去。”**

华为之所以能够在全球市场取得今天的成绩，就是因为华为十几年来真正认认真真、恭恭敬敬地向西方公司学习管理，真正走上了西方公司走过的路。这是一条成功之路，是一条必由之路。

由此可见，支撑华为在国际化可持续发展，依靠的是其多年来构建的与世界级一流企业接轨的管理体系和长期探索的充满活力的企业机制。正是早期与国外通信巨头的竞争与合作的过程，使华为认识到先进的企业内部管理体系在国际化过程中的基础作用，这也是华为义无反顾地走向国际化的信心来源。

18 年来，华为 IPD 走过了“先僵化，后优化，再固化”三个阶段，华为 IPD 推行的 18 年，是华为人锐意进取、敢于开拓、自我革新、自我超越的 18 年，也是华为人坚持以客户为中心，持续构筑产品和解决方案竞争力的 18 年。

构筑端到端的全流程

在华为的成长史上，1998 年是一个值得记录的年份。这一年，华为引入了 IBM 的 IPD 项目，从管理、研发体系上开始了脱胎换骨的变化。

IPD 项目，在华为内部可以用任正非的一句话精准概括：穿一双正宗的美国鞋。

集成产品开发（IPD）是关于产品开发的一种理念与方法，它强调以市场需求作为产品开发的驱动力，将产品开发作为一项投资来管理。IPD 涉及了一个产品从概念产生到产品最终发布的全过程，其核心是流程重整和产品重整两个方面，流程重整关注于重整产品开发流程，产品重整关注于异步开发和共用基础模块的重用。

1998 年时，虽然华为对市场的反应很快，但其产品的开发周期仍然是业界最佳的两倍以上。这时，华为已经把每年销售收入的 10% 投入到产品研发中，华为的销售收入连年增长，但产品的毛利率却在逐年下降，新产品收入占销售收入的比率也一直徘徊不前，甚至出现了“增产不增收”的效益递减现象。

面对种种差距，华为决定不能再闭门造车，它开始走出来与成功者交流，并从 IBM 的经历中找到了方向。取经于 IBM 的 IPD 项目于 1999 年 3 月正式启动。

任正非对 IPD 项目的实施非常重视，不仅提出了“虚心向 IBM 学习”的口号，还在整个公司内部贯彻 IPD 的精神与理念。IPD 项目的实施，对华为而言，是一场管理变革。

在这场变革中，任正非提出要求：“要想实现世界级领先企业的梦想，就必须重视 IPD。这当时是整个公司 TOP1 的重要任务。”

任正非认为，**“要达到质量好、服务好、运作成本低，优先满足客户需求的目标，就必须进行持续的管理变革。管理变革的目标就是实现高效的流程化运作，确保端到端的优质交付。只有持续管理变革，才能真正构筑端到端的流程，并达到业界一流运作水平，从而实现运营低成本，高效率”**。

长期以来，中国企业的所谓成本优势大多建立在人力成本或其他自然资源的基础之上。但是，随着中国经济的发展，劳动力的成本必然会随之提高，这是不以任何人的意志为转移的。另外一个就是降低采购成本，而在现在全球一体化的经济进程中，如果不以牺牲质量为代价的话，这一点也无法继续保持。因此，持续降低成本的努力方向将会逐步从仅仅降低投入成本转向降低企业运营过程的所有环节的成本。

对于还未完全结束粗放型经营的华为来说，它开发的产品中有相当一部分是极其复杂的大型产品系统，如 C&C08 交换机、GSM（全球移动通信系统）、数据通信、WCDMA（第三代无线通信技术）等，其软件规模均超过了千万行代码，由分布在不同领域里的数千名开发人员历时两三年方能完成。要管理和协调这么一支庞大的开发团队，保证千万行代码不出现差错，不仅需要超人的智慧，更需要一种有效的管理策略。

任正非于 1997 年近距离观察 IBM 之后，他发现 IBM 等高科技企业的研发模式不是单纯为了提高产品开发速度，而是在保证产品质量的前提之下缩短产品的上市时间。

IBM 的成功让任正非怦然心动。一年后，华为用“照葫芦画瓢”的强硬方式推行 IPD。

1998 年年初，华为开始设计并自己摸索实施 IPD，但是由于自己设计的 IPD 方案考虑欠缺、流程在实际运行中有诸多不合理之处而惨遭失败。任正非认识到，华为再也不能闭门造车。于是，华为成为在国内第一家引进和实施西方公司 IPD 的企业。

1999 年年初，由 IBM 作为咨询方设计的 IPD 变革在华为正式启动。刚开始，由于 IPD 涉及的面很广，华为规模大、产品线宽、系统复杂、技术含量高，IPD 在华为的实施十分艰难。但是任正非铁腕推行，将推行 IPD 上升到了华为的生存层面：**“IPD 关系到公司未来的生存和发展。各级组织、各级部门都要充分认识到其重要性。通过‘削足适履’来穿好‘美国鞋’的痛苦，换来的是系统顺畅运行的喜悦。”**任正非希望华为穿上 IBM 的鞋来迅速走上国际化管理的轨道。

根据 IBM 咨询的方法，华为 IPD 项目划分为关注、发明和推行三个阶段。在关注阶段，进行大量的“松土”工作，即在调研诊断的基础上，进行反复的培训、研讨和沟通，使相关部门和人员真正理解 IPD 的思想和方法。发明阶段的主要任务是方案的设计和选取 3 个试点。推广阶段是逐步推进的，先在 50% 的项目中推广，然后扩大到 80% 的项目，最后推广到所有的项目。

单从技术的角度出发，IPD 让华为从技术驱动型转向了市场驱动型，它最终改变了华为人的做事方法。在 IPD 流程里，人们参与另一种非实体的管理开发流程 TDT——技术开发团队，每个 TDT 的人员来自不同的部门，从市场到财务，从研发到服务支持，目标导向只有一条：满足市场需求并快速盈利。

如今，IPD 的理念已经融入华为人的血液。比方说，产品从一出来就要注意可维护性，技术支持人员随时配备。

IPD 流程强调的是产品从市场调研、需求分析、预研与立项、系统设计、产品开发、中间实验、制造生产、营销、销售、工程安装、培训与服务到用户信息反馈的完整流程意义上的产品线管理。每一条产品线必须对自己的产品是否响应市场需求和销售效益负责，克服了研发部门片面追求技术而忽视市场反馈的单纯技术观点，也克服了市场部门只顾当前销售而不关心产品战略的短视倾向。

这个改变孕育了一个全新的部门——营销工程部，同时也使华为的研发水平开始与国际公司看齐。

集成供应链（ISC）管理的原则是通过对供应链中的信息流、物流和资金流进行设计、规划和控制，保证实现供应链的两个关键目标：提高客户的满意度和降低供应链的总成本。ISC 不仅仅是一种物质的供应链，而是集财务、信息和管理模式于一体。任正非曾经说：“集成供应链解决了，公司的管理问题基本上就全部解决了。”

当时任正非倡导向 IBM 学习，华为内部存在着许多分歧，有人认为“华为脚”不适合穿“美国鞋”。为统一思想，任正非一再强调：“IBM 是一个具有 80 多年悠久历史的国际化大公司，而华为还处在一个学生娃、课本式的幼稚管理阶段。我们一直摸着石头过河，但我们不希望掉到河里去。我们应该看到 IBM 已经站在相当高的高度，它的坐标是世界级的，所以 IBM 指出我们的问题，我们一定要理解并认真改进。”

2000 年，华为以无线业务部作为第一个“集成产品开发”试点。无线业务部副部长李承军和他那支从各个部门抽出来的 10 人团队在 IBM 顾问手把手的指导下把华为的大容量移动交换机 MSC6.0 送上了“集成产品开发”流程。经历了 10 个月的开发周期，华为把整个流程走了一遍，算是完成了首次试运行。

两年后，华为终于把所有新启动的产品项目都按照“集成产品开发”的流程正式运作。

2003 年，IBM 专家撤离华为，业务变革项目宣告完成。在推进管理变革的过程中，华为每小时付给国外专家的费用是 300~680 美元，累计向 IBM 专家交纳学费高达 10 亿美元。此次业务流程变革历时 5 年，涉及公司价值链的各个环节，是华为有史以来影响最广泛、深远的一次管理变革，构建了一个能够快速响应客户需求的管理体制。后来的发展历程也证明，华为 IPD 项目的引进、落地，成了华为发展中的一个转折点。

实行集成产品开发之后，华为的研发流程发生了很大的变化。华为以前每个个体的能量都很大，每个人干活都很拼命，但是“布朗运动”，这时候需要有一个“堤坝”去管理和规范个体的能量，把所有发散的能量导向同一个方向，形成一股合力。IPD 就是这样的一个“堤坝”，把大家的力量从“布朗运动”变成了一个比较有序的运动。

IPD 流程科学地管理产品开发的过程，把从客户需求提出到客户需求满足的过程划分为几个阶段和决策评审点，并定义了相应的流程、规范、工具和方法。在 IPD 流程下，开发人员不能再想干什么就干什么了，开发活动是有计划、管理和控制的，大家按照流程和规范来行动，确保了产品开发的可控和透明。

IPD 从商业投资的角度看待产品开发，强调产品组合管理、聚焦和取舍、端到端、团队运作和管理，强化了把能力建在组织上，确保把一个产品的成功开发复制到其他产品，而不再靠运气了。

IPD 项目带来的另外一个显著变化是，以前华为负责研发项目的负责人全部由技术人员担任，现在则强调产品开发团队的负责人一定要有市场经验。以前，华为的中央研究部全权负责研发，市场部门负责销售，中央部做什么，市场部门就得卖什么。而现在可热闹了，产品做成什么样完全由不得研发人员，很多人都得参与，而这些人在以前都是和研发根本不搭界的人。

在新的集成产品开发流程中，市场代表带着产品规格、技术参数等信息。根据市场上收集的客户反馈，考虑市场空间、客户需求的重要性排序以及哪些需求会对未来的市场和产品竞争力产生重大影响等问题，在市场人员的强烈参与下，真正的产品概念才得以形成。

回想当时的情况，随着华为公司规模的日益庞大和市场的日益扩张，IPD 系统的重要性日益凸显出来。面对各种各样的、雪片般的市场需求，如果没有一套正确的筛选评估测试体系，华为的整个研发体系将会崩溃，平滑运行的 IPD 系统大大缩短了产品的研发周期，降低了研发风险。当华为开始与世界顶级的电信运营商以统一的语言进行沟通的时候，很多华为的员工包括中高层管理人员才理解了任正非“变革之刃”的良苦用心。

在引入 IBM 业务流程系统之前，华为的订单及时交货率仅为 50%，而国际上其他电信设备制造商的平均水平为 94%；华为的库存周转率只有 3.6 次 / 年，而国际平均水平为 9.4 次 / 年；华为的订单履行周期长达 20~25 天，国际电信设备制造商平均水平为 10 天左右。重整供应链的目的就是为了设计和建立以客户为中心、成本最低的集成供应链。如今，华为已发展成为全球领先的电信解决方案供应商。

任正非与 IBM 的合作打通了华为 IPD 端到端全流程，使得华为的管理创新、组织创新以及整个组织管理能力的提升都有了巨大进步，进一步巩固了华为在移动、固网、光网络、数据通信、业务软件、OSS 等各个领域的全球领先地位。

目前，华为的业务遍及全球 170 多个国家和地区，服务全世界三分之一以上的人口，全球市场销售收入从 2003 年的 317 亿元人民币，增长到 2015 年的 3950 亿元人民币，成为全球最大的信息与通信技术

（ICT）解决方案供应商。正如任正非所说："如果没有与 IBM 的合作项目，就没有今天的华为。"

执行力就是竞争力

执行力是连接企业战略构想和实践的桥梁，战略构想再伟大，也要有人将它付诸实践，这一切靠的就是执行力。华为的成功得益于其强大的组织执行力。

执行力是指有效利用资源、保质保量达到目标的能力，指的是贯彻战略意图，完成预定目标的操作能力。是把企业战略、规划、目标转化成为效益、成果的关键。

执行力包含"完成任务的意愿、完成任务的能力、完成任务的程度"三个部分。执行力对个人而言就是办事的能力；对团队而言就是团结协作完成任务的能力；对企业而言就是全体员工完成企业战略目标的能力。没有执行力，就没有战斗力；没有战斗力，就没有竞争力；没有竞争力，就没有发展力。那么华为强大的执行力是怎么建立的?

华为的执行力不是凭空而来的，是靠良好的执行文化、共同利益、信仰驱动和高度分权而来的。

建立良好的执行文化

建立良好的执行文化，让企业拥有更强的竞争力。华为能够拥有如此强大的执行力，当然离不开任正非 14 年艰苦的军旅生涯带给他的那种强大的信念和锻造出的钢铁般意志。

艰苦的军旅生涯，并没有带给任正非多少物质收益和事业上的直接帮助，但军旅生涯却深深地影响了他的信念，锻造了他的钢铁意志、执行力和社会责任感，这是一种能够影响人一生的深刻烙印。

1998 年，任正非向华为培训中心推荐的第一本书就是美国西点军校退役上校所写的《西点军校领导魂》，书中主要介绍西点军校如何培养军队的领导者。任正非还特别将麦克阿瑟将军要求西点军人始终坚持的三大信念“责任、荣誉、国家”改为“责任、荣誉、事业、国家”，以此作为华为新员工必须永远铭记的誓言。

任正非经常和员工谈论三大战役、抗美援朝等国内外重大战役，他通过这种方式，向员工解释竞争中要坚持的品质。对他自己来说，竞争不过是自己与命运斗争历程的继续。

和军队作风相似，任正非要求做的事就必须立即做到，有时简直是逼着人变出业绩来。这都是军人雷厉风行性格的体现，任正非从军队继承的“攻无不克”的精神成了华为强大执行力的来源。

每年，他都会为华为制定下一个目标，虽然很多人都不相信能够实现，但是多年以来的事实表明，每年他所提出的目标大多都实现了。20 多年来，任正非将自己提出来的从“中国第一”到“三分天下”再到“世界第一”这些在外界看来“不可能完成的任务”都顺利完成了。

任正非的决策方式很简单，他不会花费很多时间去反复论证，不要讲什么理由，要什么资源只管说，下属只管去执行，千万不要在他面前找理由说办不到。当然，在执行过程中你可以对出现的问题及时进行反馈，只要尽了力，无论结果如何，任正非还是会客观评判的。早年经常有好说空话的下属，任正非就会立即拍板：你去弄，什么时候给我结果。

这种风格，让那些习惯于递条陈述而不是实际执行的员工头大，任正非的作风也让此类事情很快就绝迹了。在任正非看来，所有的事情都有困难，光喊困难而不去努力克服的人不是一个称职的管理者或合格的员工。

商场日益激烈的生存压力，也要求在企业里必须做到一切行动听指挥，步调一致，才能取得胜利。任正非的强势风格使他在华为几乎是一言九鼎，只要他一声令下，所有人就立即行动起来，员工在做事的时候不用多想，只要按照他的要求执行即可。这种雷厉风行经常会把对手打个措手不及。

任正非用严格的管理制度来统一华为员工的思想和行动。也就是因为这样，华为在召开员工大会的时候都会要求保持会场安静和整洁，结果就真能保持手机不响，不扔垃圾。

从这些细节也不难看出，华为的成功在很多事情上都得益于任正非在军旅生涯锻炼出的能力和学习到的经验。

华为目标的制定包括：集权制定目标的过程，它就是个“一般和个别相结合，领导和群众相结合”的过程。例如，在销售团队中，任何有关资源的争取和应用在事先都已经由华为的相关管理层经过详细的规划和部署，让员工在市场一线执行销售任务的时候有明确的方向，时刻树立竞争和服务的意识；安排中高层领导下到基层任职，根据公司的大方向为自己的销售团队制定详细的品牌目标、市场目标、销售目标等，而且在执行的过程中强制执行力组织必须贯穿始末。

此外，华为强大的团队执行力的实现，还有许多诸如流程、步骤等条件因素组成，但不管哪一方面，华为在贯彻执行力的时候只有一个原则：万众一心，其利断金。方法、手段只是一种形式，重要的是统一。

笔者去过国内很多大公司，虽然也有专车接送，但我认为华为接送客户的不仅车好，司机服务更好。华为的司机都受过专门培训，素质较高，举止文明，技术和服务一流，他们在日常工作中都能够不折不扣地做到：

1. 西装革履，即使在盛夏也衬衣领带，面貌一新。车里一尘不染，空气清新。

2. 无论客户级别高低，他们早早就打开车门，一手扶着车门，一手扶着车顶上沿，说：“您好！请当心。”

3. 不开快车，精力集中，不会猛踩刹车和油门，车速平稳，深圳市里的公路和高速无异，任凭一辆辆车超过去，开着奔驰车的华为司机不会“动情”地把车开到 90 迈以上，如果不是客户赶时间，在去机场等高速公路上也不会超过 120 迈。

4. 情绪始终平稳，不急不躁。如果觉得你有说话的兴趣，他会对你得体地介绍深圳，介绍华为，解说很专业，有的还会讲一口流利的外语，他们还可以得体地和你拉拉家常。

5. 车上一般放着比较悠扬的轻音乐。客户去游玩，他们在车里静静地等待。放心，当你第一眼看到他的时候，他肯定已经把车门拉开，一手扶着车门，一手扶着车顶上沿，说：“您好，请当心。”

6. 到了吃饭时间，如果不需要等，无论你如何诚心邀请，他也不会与客户在一起吃饭，等你吃完了，他会准时等在门口。如果全程用车，除非是比较随便的场合，同时销售人员也允许，否则他们也是自己解决，绝不会和客户一起吃饭。如果是与客户吃饭，他也是快速把饭吃完，不在桌子上随便说话，然后到车里去等着。参观过华为的客户，没有不被华为司机的风范所折服的。在华为公司各办事处的司机的行为规范都是一样的。

客户只有在华为才能真正体会到“上帝”的滋味。从华为司机的这些细节中可以体现出华为“以客户为中心”的核心价值观和强大的组织执行力。

华为在强调执行文化基础性作用的同时，当然不能忽视科学长效地执行流程机制，这有利于使公司所有员工的“心往一起走，劲往一处使”。

任正非曾经说过：“核心竞争力就是执行力，没有执行力就没有核心竞争力！”当我们处在同质化竞争已经水深火热的时代，我们根本没有任何独特和领先的新技术的时候，我们要像土狼一样突围，而不是成为待宰的羔羊，那就必须向华为学习，提升团队执行力！

利益共同体

一家具有强大竞争力的企业必定是一家具有强大执行力的企业，必定有德高望重的灵魂人物。华为的灵魂人物，就是其创始人、CEO任正非。他白手起家，将华为打造成年营收超过5000亿元的世界级企业。如果说华为是一艘超级舰艇，任正非便是那个大风大浪中临危不乱的舵手。

华为的执行力，得益于它是一个利益共同体。只要任正非“吝啬”一点，他早就是身价上千亿的“中国首富”了，但他没有这样做，他把公司99%的股份分配给华为的全体员工，而他仅持有公司1%的股份。任正非的慷慨，将华为打造成一个利益共同体，构筑起了华为人“胜则举杯相庆，败则拼死相护”的精神基石。

国内企业员工主人翁精神不强，有其缘由，这些公司的创始人和核心管理层，将股份瓜分殆尽（有企业由创始人及家族100%持股），与之奋斗的员工，享受不到企业成长的红利。这样的企业，员工忠诚度肯定不强，对管理层认同感也较弱。

我们发现，很多民营企业的财富，多为创始人等少数几个人所有，大部分员工成了看客。华为的财富却是全体员工共同所有，它是一个同甘共苦的团队。这样，华为的内耗少了，执行力强了。

华为将利益分配制度写进了《华为基本法》里。在华为1997年修改的员工持股规定中，华为主张在顾客、员工与合作者之间，结成利益共同体，努力探索按生产要素分配的内部动力机制。“我们绝不让雷锋吃亏，奉献者应当得到合理的回报。”任正非对财富的认识，是华为今天能做大做强的原因所在。

无论国内、国外，人都是情感性动物，而研究表明，舍得在员工身上花钱的企业，管理成本相对较低。2015 年中秋节，华为给每个员工发放 1000 美元。

据了解，2015 年华为通过各项管理活动使得公司较大幅度地节约了运营成本与费用，包括产品成本管理节约 3.28 亿美元。因此华为决定拿出其中的 1.77 亿美元用于奖励华为在职员工，每人 1000 美元，随 11 月工资以货币方式发放。在一些企业连发月饼都很不情愿时，华为把赚到的钱拿出来与员工分享，收获的是人心依附。

中国企业都有加班文化，敬业的企业家还会陪着员工在办公室，但效果并不好，因为利益分配不均。他们既想马儿跑，又想马儿不吃草，员工卖力的不多。华为员工也面临较强的工作压力，早期还有闻名的“床垫文化”，但华为解决了利益分配问题。

“我们今天是利益共同体，明天是命运共同体。当我们建成内耗小、活力大的群体时，抗御风雨的能力就增强了，才可以在国际市场的大风暴中去搏击。”任正非独到的管理思想，让华为人拥有超高的忠诚度。

信仰驱动

信仰能攻破最坚固的城堡，靠信仰驱动的企业最强大，并能基业长青。那么，信仰从何而来？当员工对公司道德观、价值观以及企业文化高度认同时，便上升为信仰。跟华为人打交道，发现他们对公司高度忠诚，没有人说公司不好。他们对公司充满感恩，部门之间没有“高墙”，大家相互帮扶，从不推卸责任，这在国内企业中难得一见。

在企业高管跳槽如家常便饭的今天，华为核心管理层惊人地稳定，各条“战线”的主管，大都在华为干了十几年、二十几年。他们与公司同呼吸、共命运。有华为员工对我说，公司这些实力干将，并非简单为了待遇留在华为，而是内心信仰激荡着他们去大干一场。

这位华为员工说得不假，如果是奔着金钱而去，在资本被放大的今天，华为这些管理者，随便去一家上市公司做一个高管，就能成为亿万富豪。但相对财富上的富有，他们更倾向于精神和梦想的追求。这，便是一种人生信条。

华为的执行力，源自员工内心的信仰。长期在海外奔波的华为消费者业务 CMO 张晓云说：“很多朋友问我同一个问题，作为两个孩子的母亲，最需要陪伴时不在他们身边，你不觉得内疚吗？”

“如果我说我不愧疚，那一定是假话。每一次拎着行李出门时，孩子们抱着我的大腿说：妈妈别走！那一刻对我而言绝对是万箭穿心。”张晓云说：“我想在他们长大时告诉他们，妈妈年轻时真的为了一个远大梦想全力以赴，忘情地投入过！”

对领导交付的任务，部下一般情况下都会完成。可如果这个任务特别难，完成起来要付出巨大代价，就不好说了。对急难险重任务的态度，才是对执行力的真正检验。执行力强表现为：无论领导交付的任务有多困难，都不打折扣，不讲价钱，千方百计，确保完成。

1995 年 8 月，华为成功地签订了一个 STP 合同，并要求在 18 天的时间里完成生产任务。如按正常的生产能力，车间要近一个月的时间才能顺利完成 4000 块 STP 单板的测试和维修，但为了实现对客户的承诺，华为的相关部门在设备上给予了车间很大的帮助。当时华为员工孔飞燕正负责该项目单板的调试，“五一”三天假期，她有两天在加班。当她一人同时操作多台设备仍无法按时完成任务时，主动提出来倒班，她上夜班。从那以后半个多月的时间里，她总是在下午6点半以前就来上班，而第二天上午10点以后仍会在车间看到她忙碌的身影。经过十多天日日的夜夜奋斗，生产任务终于提前半天完成了。当市场传来STP顺利安装成功的喜讯时，调测工程师的脸上露出了疲倦的笑容。

当一件看似“不可能完成的任务”摆在你面前时，你要突破困难，勇于挑战，这就是高标准执行力的真实体现！那些勇于向“不可能完成”的工作挑战的员工，是最优秀的执行者，并且始终是最受企业欢迎的人。

2008年，华为启动ALLIP战略，平台建设是重中之重。当时目标是“用3~5年时间把VRPV8打造成ALLIP时代运营商网络设备的软件平台”。这一年，华为员工吴东君担任VRPV8总设计师，这是吴东君迄今为止接受的“最具挑战、最艰难的一项工作”。当时，对于如何做出业界竞争力领先的IP软件平台，大家都感到迷茫，没有方向感。

作为VRPV8的总设计师，吴东君带领团队大胆地提出“将V8架构与V5架构剥离，重构V8”的思路。这是一种全新的设计，与以前V5的做法完全不一样，在大家看来这存在着巨大的风险。有人问：“V8采用全新的架构是否太冒进了？”又有人说：“放弃已有的V5架构是不是太可惜了？”还有人担心地说：“我们的队伍经验不足，能否完成这项创新？”……面对大家的不解，甚至质疑，吴东君组织召开了技术PK会议，让所有与会者从不同角度去寻找问题、风险。吴东君一个人站在讲台上，以他特有的慢语速，一遍遍不厌其烦地解答，每一次解答他都能提供清晰的方向和具体的指导。

经过多次的PK会议和方案论证及修正，V8最终采用了全新的革命性架构设计方案。架构设计已经确定，然而设计、开发、实现过程更是困难重重，人员新，经验少，当时一位专家说：“V8 开发，我们好比只有砖头却要盖摩天大厦。”吴东君没有过多的言语，一边自己上战场解决开发中出现的问题，一边培养新人，建立架构维护等系统工程制度，一次次调测，一遍遍对齐。经过两年不懈努力，“VRPV8R1”产品在阵痛中诞生，其性能全面领先，不负众望。

2009 年 11 月底，华为的瑞士团队接到了一个几乎“不可能完成的任务”——瑞士电信定制版本。12 月 1 日启动开发，要求第二年 4 月交付。他们从春节奋战到 4 月 15 日交付，再到 5 月 8 日得到瑞士电信的验收肯定，团队成员一直在全力以赴地奋战。

充分放权

执行力是建立在充分放权基础之上的。华为的执行力，来自充分的放权。

国内企业家大多迷恋权力，他们喜欢事必躬亲，大事小事一把抓，为了一点鸡毛蒜皮之事夜不能寐。长期以来，公司干部和员工在工作中束手束脚，都笼罩在权力阴影下，积极性和主动性受损。在这种企业文化之下，员工与最高管理层始终有一层隔阂，上级与下级之间无法深入交流，也无法开诚布公，最后一级忽悠一级，只有人拍马邀功，没有人担责。

在华为成立初期，由于员工数量不多，部门和生产线比较单一，产品的研发种类也比较集中，组织结构比较简单。在这个时期，华为采用的是中央集权管理模式。由任正非直接领导公司综合办公室，下设五个大的系统：研发部、市场部、制造部、财务部以及行政管理部。部门主管人员在其管辖范围内，有绝对的职权或完全的职权；各系统中任何一个部门的管理人员只对其直接下属有直接的管理权；每个部门的员工的所有工作事宜也只能向自己的直接上级报告。这种简明迅捷的直线式组织结构，使得华为在创业初期迅速完成了其原始积累的任务，作为公司最高领导者的任正非对公司内部下达的命令和有关战略部署也更加容易贯彻。

但随着企业经营规模的迅速扩张和员工的成倍增加，在这种情况下，单纯的直线管理的缺点日益暴露出来：在组织规模扩大的情况下，业务比较复杂，所有的管理职能都集中由一个人来承担。而当该“全能”管理者离职时，难以找到替代者，而导致部门间协调差。

任正非意识到这种管理上的弊端，认为华为的发展应该向市场靠拢，这种靠拢不仅要依靠先进的技术、可靠的质量，还必须用周到的服务去争取市场，在这种直线式管理的结构上进一步细分管理系统。在1998年，华为废除了以往部门结构管理这种权力主要集中在少数几个高层手中的管理模式，在大量学习和理解西方先进管理经验的情况下，结合自己的实际情况，转而引进事业部机制，以提高管理效率，创造更多新的增长点，“调动起每一个华为人的工作热情”。也就是按照企业所经营的事业，包括产品、地区、顾客（市场）等来划分部门，设立若干事业部。

一旦出现有战略意义的关键业务和新事业生长点，华为就会在组织构架上相应地建立一系列明确的负责部门，这些部门是公司组织的基本构成要素。一旦出现新的机遇，这些相应的部门就会迅速出击抓住机遇，而用不着整个公司行动。在该部门的牵动下，公司的组织结构必定产生一定的变形。在这个过程中，相互关联的要素（流程）没有发生变化，但联系的数量和内容都发生了变化。当阶段性的任务完成之后，就恢复到常态。从平衡到不平衡，从不平衡回归新的平衡，这是一个不断演进的动态过程，并且具备权力相互制衡的天然特征。

后来，任正非在前进的道路上探索出了一条自己的分权之道和授权之术。

到 2009 年，任正非又开始酝酿新的改革，在华为内部实行“充分放权”，把决策权根据授权规则授给一线团队，后方仅起保障作用。相应的流程梳理和优化要倒过来做，就是以需求确定目的，以目的驱使保障，一切为前线着想，共同努力地控制有效流程点的设置，从而精简不必要的流程、精简不必要的人员，提高运行效率，为生存下去打好基础。

于是华为就形成了面向客户的“铁三角”作战单元。“铁三角”的精髓是为了目标而打破功能壁垒，形成以项目为中心的团队运作模式。

华为的轮值 CEO 制度，经过多年运行已十分成熟，锻炼了几位核心高层的决策能力和承压能力。同时，轮值 CEO 制度也是一种权力平衡之术，不仅考验他们的运营能力，更强调他们的责任心。

华为的运营商业务、消费者业务、企业业务三大业务集团，都有独当一面的好手，他们能很好地贯彻华为的战略意图，很好地执行华为的价值主张。这几年，华为这“三驾马车”都保持了快速增长。

华为内部有一句话，凡是华为认定的事情，很少失手。从华为的手机业务，到华为的企业业务，无不如此，短短几年时间，便打出一片天地。这也可见，华为执行力之强大。

但是，仅有分权还不够，不能做到上下一心，企业分权就会乱。华为的分权，是建立在员工高度认可企业之上的。任正非认为：“只有员工真正认为自己是企业的主人，分权才有基础。”

华为的分权，并没有造就个人英雄。笔者在跟华为高管交流时，发现他们更强调团队的作用和力量。任正非的人格魅力，感染和熏陶了每一位华为人。

我们可以更形象化地理解，**华为过去是中央集权制，组织和运作**

机制是中央权威的强大发动机在“推”，推的过程中一些无用的流程、不出功的岗位，是看不到的。而现在华为将权力分配给一线团队，逐步形成“拉”的机制，准确地说，是“推”“拉”结合、以“拉”为主的机制。在拉的时候，看到哪一根绳子不受力，就将它剪去，连在这根绳子上的部门及人员一并剪去，组织效率就会有较大的提高。权力的重新分配促使华为组织结构、运作机制和流程发生彻底转变，每根链条都能快速灵活地运转，重要的交互节点得到控制，自然也就不会出现臃肿的机构和官僚作风。

企业管理专家刘祖轲认为，权力的重新分配，并不否定华为过去20多年取得的成绩。过去高度的中央集权，防止因权力分散而造成失控，避免了华为的夭折，但世界上没有一成不变的真理，今天，华为通过全球流程集成，把后方变成系统的支持力量。沿着流程授权、行权、监管来实现权力的下放，以摆脱中央集权的效率低下、机构臃肿。

打赢一场战争，需要的是全局运筹帷幄，而打赢一次战斗，靠的却是战斗部队的实力和随机应变。在可以预见的未来，华为一线真正拥有了“将在外，军令有所不受”的主动决策权，而后台与总部分离，完全成为支持角色，为前线的每一次战斗提供资源和配套，没有了颐指气使，运营效率的提升是必然的。总部则依靠战略导向主动权和监控权来保障一线的权力不被滥用或者无效益地使用。这不是一次传统意义上权力自上至下的逐级分解，而是从下到上，从一线到后方的一次权力重铸。

告别“野蛮生长”

华为为什么能够成功？除了大家耳熟能详的奋斗者精神、股权激励以及重视研发等原因之外，严格的财务管理也功不可没。

2007年年初，任正非给IBM CEO彭明盛写了一封信，希望效仿IBM的财务管理模式进行转型。华为需要的不是一般的财务咨询顾问，IBM公司自己的财务人员必须亲自参与其中。之所以认定IBM，不但是因为前期IBM帮助华为实施IPD等项目，带给华为“脱胎换骨”式的改变，而且任正非认为，作为百年老店，IBM公司财务管理非常严谨，全球化运作最为成熟。

任正非明确指出，**财务转型的目的很简单，就是与国际一流的企业一样，把财务体系深入到运营的每个环节，使得每一单赚不赚钱、赚多少，都心中有数。**

2007年7月，IBM邀请华为公司10位财务人员到美国总部进行了为期三天的访问，了解其财务系统情况。不久，华为公司正式启动了IFS（集成财务转型）项目。与此同时，IBM正式把华为公司升级为事业部客户——在其全球几十家事业部客户中，华为是唯一的一家中国企业。对这样的事业部客户，IBM不仅会组建一支由骨干组成的全球团队，还会提供全方位的定制服务。该团队在组织架构上直接向美国总部汇报。

IBM肯把华为公司升级为事业部客户，此项转型的重要性可见一斑。由此可以推断，华为在此项目上的投入肯定是巨大的。而且，这点也可以从参与财务转型的IBM人员的级别得到证明，多数都是各个地区的CFO级别的高管。

在IBM的指导下，华为本着“弃粗放，求集约”的财务管理原则，以市场管理、集成产品开发（IPD）、集成供应链（ISC）和客户关系管理（CRM）为主干流程，辅以财务、人力资源等变革项目，全面展开业务流程变革，引入业界实用的最佳实践，并建设了支撑这种运作的完整IT架构。

那么，任正非为什么要不惜血本进行财务转型呢？2007 年，他在一次内部会议上不无忧虑地说道："我们的确在海外拿到了不少大单，但我都不清楚这些单子是否赚钱。"

尽管华为公司财务部门从 2000 年开始已经参与成本核算，但是公司还是缺乏前瞻性的预算管理（这是中国绝大部分企业存在的短板），但这却是跨国公司擅长的。如果你留意过 IBM、思科等国际大公司等对未来财务指标的预期，你会发现这些公司的财务预期都会非常准确，这是因为这些国际大企业的财务体系都参与整个业务流程。比如，每个产品的定价和成本核算等工作，都拥有一套完整的制度和运作流程，以确保每一单出去投标都能清楚地计算出成本和利润。

此前，华为公司和绝大多数中国企业一样，财务部门还没有参与每个产品定价和成本核算，主要还停留在传统的财会角色上。规模小的时候，公司还可以人为控制风险。但是，就华为来说，当公司规模越来越大，业务已经全球化，供应链越来越长，客户差异性越来越多的时候，如果没有一种全球化的财务管理，财务风险将难以控制。

据华为的一位工程师介绍，华为在产品研发环节中由于测试不严格等原因产生大量废料，他认为这些浪费大多其实是可以避免的。事实上，近几年，随着业务的突飞猛进，华为公司的利润率却逐年下滑。根据华为 2007 年年报，华为营业利润率从 2003 年的 19% 下降到了 2007 年的 10%，净利润率则从 14% 下降到了 5%。

如何在保持高速增长的同时，进一步提高盈利水平，成为华为必须解决的问题。任正非正是认识到这个问题的严重性，所以在 2007 年年初亲自写信向 IBM"求助"。把规范的财务流程植入到华为公司整个运营流程，实现收入与利润的平衡发展，告别不计成本的"土狼式"冲锋，才能更有效地支持全球化运营和增长。

经过财务流程变革，华为在国内财务上基本实现了共享，并且实现了统一的全球会计科目的编码，海外机构同时建立了财务服务和监控机构，实现了网上财务管理体系，并构建了外部审计、内部控制、业务稽核的三级监控，来降低公司的财务风险和金融风险。

任正非鼓励员工往前冲，但不鼓励不计成本式地占领市场，而是更强调盈利能力，并将此体现在考核指标上。比如，华为对各个层级的一把手，实现以有效增长、利润、现金流、提高人均效益为起点的严格考核，凡不能达到人均效益提升改进平均线以上的，要进行问责。华为财务转型后的财务部门参与到整个商业流程体系中，对这些财务指标的考核更容易实现。

在新的财务管理流程体系的保障下，华为公司在2008年年初对组织架构进行了大调整。此前的组织结构有些类似于IBM横跨各业务部门的一体化销售模式，是高度集中的组织架构。

2009年年初，任正非在题为《让一线直接呼唤炮火》的内部讲话中，用惯用的军事化语言对华为正在进行的组织结构调整的原因进行了明确的表述：**“我们现在的情况是，前方的作战部队，只有不到1/3的时间是用在找目标、找机会以及将机会转化为结果上，而大量的时间是用在频繁地与后方平台往返沟通协调上。而且后方应解决的问题让前方来协调，拖了作战部队的后腿。”**

华为公司把原来跨业务部门的销售模式调整为现在的按业务块划分的结构，它把原来的统一销售部门打散，划归到各个业务部门中，形成按业务单元把产品部门和销售部门、服务部门完全一条龙结合在一起，类似于事业部式的组织结构。任正非受美军特种部队的启示颇大：美军特种部队前线小组由一名信息情报专家、一名火力炸弹专家、一名战斗专家组成，这样华为公司就把原来由客户经理一人面对客户的模式调整为以客户经理、解决方案专家、交付专家组成的三人工作小组，形成面向客户的"铁三角"基层作战单元。基层作战单元，在项目管理上，依据 IBM 顾问提供的条款、签约、价格三个授权文件，以毛利及现金流进行授权，在授权范围内直接指挥"炮火"，超越授权要按程序审批。调整后，由以前的单兵作战转变为小团队作战，而且决策过程缩短，内部沟通成本大为缩减。

2008 年，因受全球金融危机的影响，几乎所有企业的盈利能力都大幅下降，而华为的利润不降反增。根据华为公司 2008 年财报，当年营业利润率由 2007 年的 10% 上升到 2008 年的 13%，而且销售收入增长也比成本增长高出 3.4 个百分点，费用率也由 2007 年的 28.47% 降至 26.7%，现金流达 30.8 亿美元。华为利润率的上升和费用率的下降要得益于公司在 2007 年下半年启动的财务转型。

任正非很清楚，虽然华为近几年销售收入增速大于爱立信，但是在利润率和人均效率上一直有较大的差距。从人均效率来看，华为 2008 年人均生产效率为 21 万美元 / 人，低于爱立信的 35 万美元 / 人，到 2013 年，华为的销售收入超过爱立信，坐上全球电信设备制造行业头把交椅。

尤其是近 5 年来，即使在全球金融危机和全球经济下滑的大背景下，许多企业惨淡经营，华为却逆势而上，依然取得骄人的业绩。华为的销售收入从 2010 年的 2039 亿元增长到 2015 年的 3950 亿元，年复合增长率达到 18%；净利润从 2010 年的 116 亿元增加到 2015 年的 369 亿元，年复合增长率达到 25%；经营现金流从 2010 年的 178 亿元，增长到 2015 年的 493 亿元，年复合增长率达到 29%；华为的总资产从 2010 年的 1938 亿元增加到 2015 年的 3721 亿元。华为不仅在规模上超越了所有竞争对手，而且在技术实力方面更是无人匹敌，遥遥领先。

第二章

创新驱动：从跟随者到领导者

创新是让企业能走得更远、活得更久的主要推动力，过去人们把创新看作是风险，现在不创新才是最大的风险。没有创新，要在高科技行业中生存下去几乎是不可能的。如果不能扛起重大的社会责任，坚持创新，迟早会被颠覆。

——任正非

《华为基本法》中的 10%

华为成功的秘密就是创新。创新促使华为从一个弱小的、没有任何背景支持的民营企业，快速地成长、扩张成为全球通信行业的领导者。

华为的创新是广义的，包括技术创新、产品创新、模式创新、制度和组织创新等。

早在创业初期，任正非就决定将华为每年销售收入的 10% 以上用于研发，并将这一规定写入《华为基本法》，在战略发展规划和公司的规章制度上体现。

华为虽然和许多民营企业一样从做“贸易”起步，但是华为没有像其他企业那样，继续沿着“贸易”的路线发展，而是踏踏实实地搞起了自主研发。因为任正非深刻体会到自主研发对于打造核心竞争力，保证企业可持续发展的重要性。

“创新会消灭自己，而不创新就会被别人消灭。如果没有创新，不敢冒险，跟在别人后面，只能长期处于二三流，我们将无法与跨国公司竞争，也无法获得活下去的权利。”任正非的这句话浓缩了他骨子里的创新精神。“回顾华为 30 年的发展历程，我们体会到，没有创新，要在高科技行业中生存下去几乎是不可能的。在这个领域，没有喘气的机会，哪怕只落后一点点，就意味着逐渐死亡。”正是这种强烈的紧迫感驱使着任正非持续自主研发。

任正非的前瞻性创新认识，从一开始就为华为种下了创新的基因。华为的创新始于 1992 年，当时任正非顶着巨大压力，把自己全部的原始积累投入到研发中。

谈到华为的自主创新，就不能不回顾一下 20 世纪 90 年代初华为开发 08 机的经历。经过两年的艰苦创业，华为公司靠代理程控交换机获得了第一桶金。任正非将资金投入到开发自有技术中，开始研制程控交换机。当时的市场竞争相当激烈，国外的竞争对手都是年产值数百亿美元的国际巨头，以其雄厚的实力和积累残酷地挤压市场空间，而国内的对手也很强悍，解放军信息工程学院联合八家生产企业共同出资在北京成立巨龙公司。在这种情况下，华为不进则退，只有凭借自己的微薄之力，迅速开发出性能更好的机型来扩大市场份额，否则前期的巨大投入将难以收回。为了激励员工，也为了坚定自己的决心，在动员大会上，任正非站在五楼会议室的窗边对全体参会人员说：“这次研发成功，我们都有发展，如果研发失败了，我只有从楼上跳下去。”任正非最初的选择充满了悲壮。

历经 3 年艰苦努力，华为推出了 C&C08、JK1000、JK2000 交换机，并填补了国内空白。

事实上，这已经是任正非第二次将全部的资产投入到自主核心技术研发上。就在开发 08 机之前的 1991 年，华为就投入了全部的资金和积蓄用来开发小型交换机 BH-03。当时，华为工资很低，也没有补贴和加班费，曾连续 6 个月发不出工资，不得不以 24% 的年利息借高利贷来研发产品和给员工发工资，包括任正非在内的股东们不但没有利益，反而要不停地掏空自己的口袋来维持公司运转。正是因为老一代华为人不计回报地为自主创新的理想付出和奉献，才挺过了最困难的岁月，有了后来世界 500 强的华为。

天道酬勤。1991 年 12 月，华为公司研发的 BH-03 机终于通过了全部测试，首批交换机发货出厂。

紧接着，任正非又将研发目标直接瞄准万门级设备，当时只有华为将研发目标直接瞄准万门级设备，起步时，华为便确立了在国内的领先地位。

2012 年，由于国际市场经济形势低迷，运营商投资减少，再加上电信设备商之间同质竞争加剧,电信设备市场销售利润可谓年景惨淡。当曾经的蓝海开始变为红海，以往垄断高利润的营利模式受到挑战，对电信设备商而言剩下的只是微薄的利润。

全球电信设备业受困寒冬之际，华为稳中有升的营利表现在整个电信设备行业中逆风飞扬。

2012 年，华为销售收入达到 2202 亿元人民币，净利润 153.8 亿元人民币，比上年增长 24.5%，净利润位居全球五大电信设备商之首。在营收方面以 4.4 亿美元（约 27.44 亿元人民币）的差距仅次于爱立信，逼近全球第一大电信设备商的“宝座”。这样的业绩，在当下全球经济环境前景尚不明朗的情势下，足以让大多数企业羡慕。

30 年前，也许没有人预料到，这个当初只有 2 万元注册资金、6 名员工，以代理国外交换机发家的创业级公司，有一天会以如此快的速度成长起来，成为中国首家世界顶级科技企业。华为在《财富》杂志发布的 2016 年世界 500 强企业中名列 129 位，蝉联国内科技公司榜单首位。

从此，无论是从运营商市场到终端市场，还是从技术创新到管理模式创新，华为依靠创新迅速打开国际市场，打破了爱立信、诺基亚、阿尔卡特等国外电信设备巨头的技术和市场垄断，成为影响全球电信格局的中国力量。

随着技术发展和利润空间的扩大，华为在研发上的投入也进一步增加。2015 年，华为全年销售收入 3950 亿元人民币，其中研发投入 596 亿元人民币（约合 92 亿美元），占销售收入的 15%，已经超过苹果公司的 85 亿美元研发投入。

有人曾计算过，华为仅在 2015 年一年的研发投入，就超过了 A 股 400 家上市公司的总和。研发上持续高投入也给华为带来了高回报。华为在 2013 年首度超越爱立信成为全球最大的通信设备制造商。

在 2015 年全球研发支出最多的 20 家公司排名中，华为占第六位，这也是中国唯一的一家入围企业。

同时，华为整合全球研发资源，实现本地化研发，在全球成立 16 个研究所和 36 个联合创新中心，有 8 万名技术研发人员，占员工总数的 48%，是全球各类组织中研发人数最多的公司。

在高强度投入技术创新的同时，华为还极为重视以知识产权保护技术创新。早在 1995 年，其他中国企业还在认识和了解知识产权的时候，华为就率先设立了知识产权部，统一负责整个公司的知识产权事务，把保护技术成果、扩大专利的拥有量作为知识产权工作最基本的内容。这也是公司专利申请量逐年增加，成为业内标杆的一个重要原因。

在研发上持续的高投入，巩固了华为在通信技术专利上的优势地位。截至 2015 年年底，华为累计获得专利授权 50377 件，其中美国授权专利 5052 件，欧洲各国授权专利 11474 件，华为的发明专利授权总量位居全球同行业第一位。

坚持将每年销售收入的 10% 以上投入自主研发，数十年如一日，即便是在全球经济低迷的背景下，华为在研发上的投入仍不降反升。近 10 年间，华为研发累计投入超过 3000 亿元人民币。华为每年的研发经费中 20%~30% 用于研究和创新，70% 用于产品开发。

任正非明确表示：**“未来几年，华为每年的研发经费会逐步提升到 100 亿 ~200 亿美元。技术创新要耐得住寂寞，不能急功近利，往往需要长达二三十年的积累，才能厚积而薄发。”**

如果一个企业能够几十年如一日地持续发展，其中必有一种根本性的因素在发挥作用。在华为，这种根本性的因素就是自主创新，华为的巨大成功就是自主创新的巨大成功。正如管理大师彼得·德鲁克所说：“创新的成功不取决于它的新颖度、它的科学内涵和它的灵巧性，而取决于它在市场上的成功。”华为以其在市场上的巨大成功，证明了其创新战略的全面成功。关于创新的认识，任正非要远比多数企业家深刻。他深有体会地说：**“创新是让企业能走得更远、活得更久的主要推动力，过去人们把创新看作是风险，现在不创新才是最大的风险。没有创新，要在高科技行业中生存下去几乎是不可能的。”**所以任正非提出要将销售收入的 10% 以上投入到研发当中。华为今天所取得的成就正是得益于这一决策的有力执行。

创新要“以客户需求为导向”

华为投入巨大力量搞创新，在如何对待创新这个问题上，任正非有他独到的观点：“反对盲目的创新，反对为创新而创新，倡导有价值的创新，必须以客户需求为导向，快速响应客户需求。”

针对华为员工面对互联网高速发展带来的成功诱惑，任正非劝导他们，**“不要为互联网的成功所冲动”，“别光羡慕别人的风光，别那么互联网冲动。有互联网冲动的员工，应该踏踏实实地用互联网的**

方式，优化内部供应交易的电子化，提高工作效率。华为的最低和最高使命都是活下去！从研发的角度讲，要想在最底层面活下去，就得最大限度地发现和创造客户的隐性需求。”

在产品研发上，华为始终坚持“以客户需求为导向”，以客户需求驱动研发流程，围绕提升客户价值进行技术、产品、解决方案的持续创新，快速响应客户需求。

在国际化战略中，华为与大多数科技公司只盯着眼前利益的“技术机会主义”态度不同，华为对产品创新投资是具有长远战略眼光的。

华为产品与解决方案总裁丁耘举例说：“在2008年，我决定要投资做一颗芯片。我跟团队讲，可能在我的任期内是见不着这颗芯片上市的，但为了长期竞争力还是要投资。果真，等我从研发去了市场，又从市场回到研发，到2011年年底这颗芯片才开发出来。”

有什么机制保证华为产品体系愿意做长远的投资？华为考核产品线主管，不仅仅看当期的经营，还要看未来的两年，看这个主管离开两年后产品线是否还有一个可持续的、良好的增长和市场竞争力，如果没有，说明他把产品的能力透支了。

在“小灵通”火热时期，UT斯达康、中兴等企业因为抓住了机会，而赚了不少真金白银。相比之下，任正非在“小灵通”上反应迟钝，却把巨资投入到还看不到“钱景”的3G技术研发，任正非也因此被扣上“战略失误”的帽子。

在任正非看来，“小灵通”是个落后技术，没有前景，而3G才代表未来主流技术发展趋势。事实证明了任正非的判断是正确的。华为从1996年开始海外布局，在国内市场遭遇3G建设瓶颈的时候，华为在海外市场开始斩获，如今一路走来，现已成为全球主流电信运营商的最佳合作伙伴。

华为的“诺亚方舟实验室”就是专门为客户量身打造的创新研究机构。通过对客户个性化需求的解读与研判，创造性地为客户进行“量体裁衣”式的个性化服务。满足各个国家客户不同的需求，成为华为进行创新的动力。抓客户的“痛点”而不是竞争对手的“痛点”，抓客户价值而不是抓产品成本，这就是华为国际化成功的经验。

华为能够从一家小作坊成长为让全球客户信赖的企业和行业领导者，必须承认，20 多年不间断地、大量地贴近客户的微创新是一个重要因素。

尽管目前，华为已经成为全球通信技术行业的老大，但在任正非看来，自己仍然是一家“能力有限”的公司，但未来做什么不做什么，已经很清晰，即“力出一孔”继续聚焦“管道”战略。华为在 OTN（光传送网）市场“针尖式”的创新就是一个很好的案例。

为了 OTN 核心芯片项目的研发，华为先后投入 3000 多名工程师，率先研制出全球首款 OTN 交换设备，打造了第一个由中国发起，全球芯片商、设备商和运营商全面跟进的 OTN 产业链。该项目研发过程中突破了大量关键技术，包括首创 OTN 开放式系统架构，率先研发出 13 颗完全自主知识产权、工艺领先的 OTN 核心芯片，创新地提出“智能化”“数字化”网络管理控制理念。

在工信部的大力支持与三大运营商的紧密配合下，项目组累计提交 OTN 相关国际标准文稿 300 余篇，总体占比超过 75%，推动 OTN 标准成为全球遵从的标准体系。

值得一提的是，在光传送领域，华为的技术积累已经长达 20 年。花 10 年时间去做一件事，对华为来说太正常不过，在华为人看来，创新就是在跑一场马拉松，正如任正非所说，华为现在领先的只是技术，而非地盘。华为这二十多年来，坚持只做一件事，坚持像“乌龟”一样慢慢地爬，才有可能在几个领域里成为世界领先。

华为在 OTN 领域的长年耕耘也赢得了业界的高度认可，成为技术领先、标准引领、市场成功的全球光传送行业领导者。据官方数据显示，华为 OTN 市场份额连续 7 年排名全球第一，持续引领全球光传送网产业的发展。截至 2015 年年底，在全球部署了超过 3000 张 OTN 商用网络。同时，也连续 7 年荣膺 ODC“中国光通信最杰出企业”大奖，5 次获得国际创新顶级品牌大奖。

华为的创新理念始终立足于客户需求导向。任何商业组织的创新如果不是基于客户需求，都有可能带来组织的危机。

客户需求包括客户显性需求的满足。30 年来华为把大量的资本和人力投入到了对客户显性需求的满足方面，但是，如果仅止于此，华为不可能走向卓越。

华为被某些欧洲企业家认为拥有“令人生畏的气质”，既基于它的文化和价值观，还基于它在产品和技术上对客户隐性需求的发现与开发，就是华为的颠覆式创新。

华为创立之初，中国的通信人才极其短缺，大都被军队和政府机构抢走了，因此，华为早期的研发人才主要是非通信人才，一批学计算机的人用计算机思维在做通信产品的开发。甚至当年从事固定网络产品的研发人员连“8 号信令”这样的通信基本概念都不了解，但他们从计算机的角度介入通信研发，结果，使得华为早期的产品呈现出很多差异化创新的特质。

光传输曾经是美国硅谷一家公司发明的，投入了 1 亿多美元，在 2001 年美国 IT 泡沫时，这家公司准备出售，在无人感兴趣的情况下，华为不惜用 350 万美元把它买下了，因为任正非认识到光传输背后巨大的客户需求价值：客户期待传输速度快和成本相对低。光传输技术便具备这样的特性。

云计算、大数据以及移动互联网的迅猛发展，为服务器提供了巨大的市场机遇。2014 年，华为服务器取得了令人瞩目的成绩。据最新 IDC 报告显示，2014 年前三季度华为服务器在国内政府行业发货量超过 2.4 万台，同比增长 227%。

华为始终坚持以客户需求为导向，每一个项目都会在基于客户业务需求的基础上，为客户提供最佳的产品和解决方案。2014 年，华为服务器连续中标国家发改委、财政部、人社部、国家气象局、地震局等政府项目，其中又以财政部的项目最为典型。

根据财政部发布的信息显示，为处理海量的财政、税务、审计等各类数据，面对现有业务系统不断增长的性能需求和新业务快速上线系统的压力，财政部需要对现有的基础平台资源进行扩充，因此发布了财政部 2014 年财政业务系统运行环境建设与集成服务项目招标公告。

这个项目采取的是公开招标的方式，华为在项目前期对客户的方案、项目建设的指标要求、需要运行的业务系统等都有深入的了解，同时也从产品特性、系统方案、实施交付、服务保障等多个方面跟财政部各个业务部门进行了探讨和对接。

值得一提的是，财政部采购的不仅是服务器产品，还需要综合考虑财政部整个下一代 IT 平台的建设，因此非常看重供应商的整体方案实力。华为根据客户业务增长需求，对方案和配置进行系统性、前瞻性的设计和优化，确保方案能满足财政部未来 3~5 年业务增长的使用需求。最终财政部采购了华为 RH5885 V3 四路机架服务器和 RH8100 V3 八路关键业务服务器，这些产品采用芯片级的高级容错功能，支持数十项 RAS 特性，大内存容量，并且支持内存镜像、内存迁移、PCIe

热插拔等可靠性技术。既能为财政部的业务系统提供一个性能卓越、安全稳定的基础业务平台，也能在今后较长一段时间内，支撑在云计算架构下系统平滑升级和业务随需增长。

在任正非看来，政府客户对于服务器产品最主要的需求有两方面：一是要安全可靠；二是要性能卓越。

在安全方面，华为启用了全面的安全检测机制，按照国际国内信息安全标准，对华为所有的 IT 软硬件产品进行是否存在后门、漏洞和 BUG 的检测，未通过检测的产品不允许对市场销售。在服务器的关键芯片上，华为也做了大量的研发工作，取得了多项自主知识产权，强有力地保障了数据交换和系统通信的安全。

为了确保服务器能够稳定可靠地运行，在温度控制方面，所有的服务器都支持在 40℃的高温下长期运行。与此同时，华为的 V3 系列多款服务器还具备业界独有的内存模块热迁移功能，当内存失效或需升级更换的时候，服务器可将数据迁移到其他内存上，维护人员可以对内存进行更换，更换完毕之后数据自动恢复，在操作过程中系统可以保持业务连续不中断。

政府的信息化建设需要规划未来 3~5 年的业务需求，因此对服务器的性能提出较高要求。华为通过 20 多年的技术积累，在服务器的性能上取得了业界领先的成绩。作为全球市场最标准和权威的基准测试之一，SPEC（标准性能评估组织）服务器应用性能测试得到了全球用户的广泛认可。截至目前，华为服务器已经刷新了 281 项 SPEC 性能纪录。

市场是衡量产品和服务的“试金石”，华为服务器在市场上迅速增长和快速突破，客观上证明了服务器的强大优势和差异化竞争力，也表明了客户对华为服务器的高度认可。在迈向云时代的过程中，支撑业务发展的 IT 系统架构正在发生变化。华为与客户共同探讨业务转型及 IT 基础设施变革，针对客户的业务痛点和系统瓶颈，通过安全可靠、性能领先、融合高效的华为服务器产品与解决方案，持续为客户创造价值。

未来华为服务器将继续坚持以客户需求为导向，发挥技术和整体解决方案优势，与合作伙伴一起共同应对客户业务发展和 IT 技术变革带来的挑战，提供安全可靠、技术领先的产品和解决方案。

如果任正非没有前瞻眼光，不先人一步投入 3G 技术研发，就没有今天的华为，也没有华为在 4G、5G 市场上的领先位置。2010 年，华为跻身“全球最佳技术创新公司”前五名和世界 500 强，成为全球“中国创造”的标杆。看得远，才能走得远，这是低调的任正非带领华为无往不胜的终极秘诀。

从模仿到颠覆式创新

华为的发展史就是一部创新史，华为的路径是从“模仿”到“自主”，再到“颠覆性”创新。

20 世纪 80 年代，中国企业创新的战略起点都是模仿，从模仿到自主是中国企业创新的主要战略路径。在创立之初，华为同样无法避免模仿、跟随西方公司的过程，对于早期的企业而言，模仿并不可耻，在某些情况下，有价值的模仿也可视作一种微创新，这种模式的创新给企业发展带来的帮助是微弱的、渐进式的，也就是从“1 到 N”的创新。但当企业发展到一定体量时，缺乏自主创新将拖缓企业前进的步伐。

华为起步时是代理香港生产的程控交换机，然后从关键零部件开始自主研发，以降低成本为目标。在此基础上，华为投入全部资金用于 2G、3G、4G 技术研发，通过合作和并购相结合的方式，走向自主创新。

技术创新对于一个企业的国际化非常重要，但不等于说只有在完成技术创新之后才进行国际化。完全掌握了核心技术，再进行国际化，这是一种过于理想化的想法。国际化的过程本身就是提高企业技术能力的过程，在“战争中学习战争”也是一种相机而动的思维。所以在1996年，华为就尝试走出国门，让国际竞争促进和提升自身的技术创新。

从意识到创新的重要性开始，华为每年投入在科研领域的经费保持在营收额的10%以上，在全球同行业中始终处于最高水平。如此大规模的科研投入也让华为拥有了竞争对手所没有的核心技术，最终完成了从量变到质变的跨越式发展。

实际上，华为的技术创新，更多地表现在技术引进、吸收与再创新层面上，主要是在国际企业的技术成果上进行一些功能、特性上的改进和集成能力的提升。对于所缺少的核心技术，华为通过购买或支付专利许可费的方式，实现产品的国际市场准入，再根据市场需求进行创新和融合，从而实现知识产权价值最大化。

在这个过程中，企业家精神及其作用是至关重要的。任正非在创业初期，就明确提出“全球通信设备市场，三分天下，必有华为”。任正非一直带领全体员工努力实现这个愿景和目标。

与竞争对手合作，是华为技术创新方式的一大特点。正如任正非所说：“如果我们和对手联合起来搞研发，共同研发一个产品，研发成本降低一半，我们的成本就降了一半。竞争对手也要手拉手，也要走向合作。”西门子既是华为技术的主要竞争对手，也是主要合作伙伴之一。中国企业中，与众多的世界著名跨国公司建立合作关系的，华为技术首屈一指。不仅如此，华为还通过多次小规模并购获得了所需要的技术、人才和客户。

华为在欧洲等发达国家市场的成功，得益于两大颠覆性产品创新，一个叫分布式基站，另一个叫 Single RAN，后者被沃达丰的技术专家称作“很性感的技术发明”。

分布式基站是 2004 年推出的，它解决了运营商“基站无空间、覆盖指标差”的行业瓶颈，目前分布式基站出货量占全球的 50%。

Single RAN 解决方案（基站）是华为于 2008 年发布的。这一颠覆性产品的设计原理，是该方案在一个盒子里面就把 2G、3G、4G 融合在一起，解决运营商“传统设备用途单一、新技术无法平滑引入”的瓶颈，这使得 Single RAN 解决方案成为业界建网标准，为客户节约 50% 以上的成本，也很环保。华为的竞争对手们也企图对此进行模仿创新，但至今未有实质性突破，因为这种多制式的技术融合，背后有着复杂无比的数学运算，并非简单的积木拼装。

这两款产品都是来自于客户的诉求，华为以其激进的客户响应能力和创新能力，满足了客户的需求，从而也将华为带入了全球化的轨道。正是这样一个革命性、颠覆性的产品，过去几年给华为带来了欧洲和全球市场的重大斩获。

即便是在被认为国产真空的芯片领域，华为依然抛弃了“拿来主义”，坚持自我研发，最终华为麒麟“芯”片完成了从 0 到 1 的突破。

其从名不见经传到登上世界舞台，华为的成功源于对价值创新的坚持，反过来以创造价值为导向的企业文化也让华为逐步摆脱低端品牌形象，跻身高端市场，与苹果、三星等巨头展开角逐，而且发展势头强劲，华为的目标是在 2020 年超越苹果、三星。

2016 年 11 月 17 日，华为公司的 Polar Code（极化码）方案，最终以压倒性的优势战胜欧美大公司，成为 5G 控制信道 eMBB 场景编码最终方案。从此，华为的 5G 通信技术成为世界的标准。

两周之后，华为再次成为全球关注的焦点。12 月 1 日，华为中央研究院在第 57 届日本电池大会上宣布：华为在锂离子电池领域实现重大研究突破，推出业界首个高温长寿命石墨烯基锂离子电池。这项技术的研发成功不仅为华为下一个 30 年的发展奠定了坚实的基础，而且为华为继续引领世界提供了又一个核心竞争力！

华为瓦特实验室首席科学家李阳兴博士指出，石墨烯基高温锂离子电池技术突破主要来自三个方面：在电解液中加入特殊添加剂，除去痕量水，避免电解液的高温分解；电池正极选用改性的大单晶三元材料，提高材料的热稳定性；同时，采用新型材料石墨烯，可实现锂离子电池与环境间的高效散热。

“高温环境下的充放电测试表明，同等工作参数下，该石墨烯基高温锂离子电池的温升比普通锂离子电池降低 5℃；60℃高温循环 2000 次，容量保持率仍超过 70%；60℃高温存储 200 天，容量损失小于 13%”，李阳兴博士表示。

这一研究成果还将给通信基站的储能业务带来颠覆式的革新。在炎热地区使用该高温锂离子电池的外挂基站工作寿命可达 4 年以上。石墨烯基锂离子电池也将助力电动车在高温环境下持久续航，以及无人机高温发热下的安全飞行。

然而，石墨烯诞生的摇篮英国在这一领域研究的底子更厚。在 2015 年已有 40 多家企业与曼彻斯特大学的 235 名研究人员合作开展石墨烯和相关二维材料的研究，并在周边催生出上千家独立公司。但是，曼彻斯特大学的国家石墨烯研究院由于不能把有关石墨烯研究成果市场化，而遭到英国国会质询。华为和曼彻斯特大学进行合作帮助英国将石墨烯材料实现市场化。华为在英国投资石墨烯研究将会帮助华为继续拓展欧洲市场。

除了华为之外，三星研究团队已经开发了一项技术，通过在电池的硅表面覆盖石墨烯制作一种新的“硅阴极材料”，把电池的能量密度提高到现有电池的至多 2 倍。其他领域英特尔、IBM 也都积极部署了石墨烯技术的研究。

知难勇进的精神也是华为能够赢得世界尊重的原因所在。2015 年华为第二次进入 Interbrand 全球最具价值品牌 100 强。如今华为旗下多项业务上已经步入世界前列，特别是智能手机出货量已经达到世界第三，国内第一的位置。

在通往高端品牌之路上，华为选择了一条最为艰难的创新之路，虽然路途艰难却为其摆脱低水平同质化竞争打下了基础。华为有胆量向世界宣布华为不做搬运工的决心，说明华为对其技术储备和创新能力的自信。

在任正非看来，未来世界，是万物互联的世界，人与人、人与机器、机器与机器，将通过人工智能、虚拟现实、器官感知等技术实现无缝连接。手机将作为打通现实与数字世界的关键桥梁也将从基础智能逐渐向深度智能发展，它的功能将不仅仅停留于通信，而会是一个智能生活助手，帮助人类处理各种问题。当然，也不排除会有更先进的设备取代智能手机的地位，但无论如何，对于企业而言，这些都依赖于自身技术的积累和对未来的探索。

华为从默默无闻到登上世界舞台，用了将近 30 年的时间，美国硅谷精神教父、科技商业预言家凯文•凯利说：“影响未来 20 年的产品还没出现，并不是对目前科技成果的否认，恰恰说明未来机会无限。”

显然，作为行业领导者，面对未来的 20 年，华为已经做好了准备，并早已走在价值创新的路上，并在下一代关键技术方面，如云服务、美学设计、纳米技术、未来网络、新能源、大数据、无人驾驶、人工智能、AR/VR、高级算法等进行积累，为未来20年筑下根基。

“蜂巢”模式激活组织

独特的“蜂巢”组织模式是华为迅速崛起的秘密武器。这种基于集体智慧的新型商业组织模式符合21世纪高科技时代的需要。华为的“蜂巢”组织模式值得企业学习借鉴。今天，笔者首次解析华为组织模式，相信会让更多企业从中受益。

一群蜜蜂没有领袖发号施令，朝同一个方向飞。而在华为，十几万名员工如同一群蜜蜂没有领袖发号施令，就能朝一个方向飞，朝着一个共同的目标努力，这就是“蜂巢”组织模式创造的神奇力量。

华为的创新“蜂巢”理念与著名互联网“先知”凯文·凯利《失控》一书中利用蜜蜂群体组织结构提出的“分布化生存”异曲同工。书中提到：单体蜜蜂的记忆是6周，但整个蜂巢的记忆就远超此数。一只鸟单飞和一群鸟一起飞是不一样的。人体的很多部分，眼睛、脊髓都有“计算”能力，不唯大脑。要旨是创业要做一个去中心化的系统，没有中心的系统就没有“命门”，因此极难被破坏。尽可能把一个活动细分为若干的子活动，因为这是每一个复杂的事物都会去尝试做的事。

《失控》曾经一度成为科技从业者的必读书籍，但过去几年间，还尚未有人真正将企业按照“生物本性”实验践行。而华为却歪打正着，似乎早早践行了书中设想。

任正非并非先知，但他很早就清楚认识到需要团队管理。他曾经提到：创业时，他已至不惑之年，“人类已进入电脑时代，世界开始疯起来了，等不得我的不惑了”。几年后，“公司内部的思想混乱，主义林立，各路诸侯都显示出他们的实力。2002 年，IT 泡沫破灭，公司内外矛盾交加”，任正非自陈半年时间都做噩梦，梦醒常常哭。这是任正非打算“去中心化”的起源，2004 年，美国 MEECER 咨询公司，建议华为设立 EMT（执行管理委员会）中枢机构，后来 2012 年实施了轮值 CEO 制度。当时任正非对这种前无古人，后无来者的管理制度并无把握，他说不成功，就当是为后人探路吧。

几年过去，在新经济形态下，华为新型组织形式已经逐渐显露出效果，并将推动华为完成新的跨越，带领中国公司改变全球商业格局。

任正非认为，对一家企业来说，能一步步不断发展壮大，进入一个领域就能迅速突破，这其中的根本核心必然是组织模式。

传统的企业组织模式有两个：第一个是创新大师模式，从一个“大师”开始，以一人之领导力带领团队创新，众多工程师们聚集在一起按既定的计划完成项目，接着是最终产品，要么自己制造，要么外包出去。这是典型的硅谷模式的科技公司。

第二个是企业集团模式，这类模式的先驱是在战后的 20 世纪 80 年代和 90 年代通过兼并而崛起的日本和韩国公司，他们已经在材料、工程以及最最重要的关键部件组装方面表现出非凡能力。很多采用这两种模式的公司在他们的时代获得巨大成功。

而随着互联网的发展，进入 Web 2.0 时代之后，由于共同创新、社交化生产和聚众文化的兴起，人们的工作和社交方式开始巨变，这时开始有了“星巴克办公室”，人们工作不再需要实际办公室，他们可以随时随地处理业务。

新科技带来办公的变化，而高科技的创新更需要脑洞大开，这一时刻不仅要有大师级的创新、集团模式，还要有普通员工在灵活机制下的积极能动性。因而，华为提出了自己的方式全球创新蜂巢：一群蜜蜂没有领袖发号施令，而朝同一个方向飞。

几种组织模式的分析中，既有时代变化，也有科技变化，这两者结合之下，其实不难看出的是，面向21世纪的高科技创新，发挥每一个员工的最大潜能，这是新型组织结构中的关键。

但问题在于，如何让一群蜜蜂在没有领袖发号施令之时，还能发挥自己的潜能，然后朝同一个方向飞？怎么做到这一点？

蜂群思维落地的关键在于那只看不见的手。来自大自然的蜂群模式，是最有生命力的。蜂群思维的神奇在于，没有一只蜜蜂是被控制的，没有人发号施令，但却有一只看不见的手，一只从大量普通成员中涌现出来的手，控制着整个群体。

任正非认为，**蜂群模式的特征是没有强制的中心控制、次级单位具有自治的特质、次级单位之间彼此高度连接、点对点间的影响通过网络形成非线性因果关系。蜂群思维是一种群体共同做选择的思维，是由许多独立的单元高度连接而成的一个活的系统。**

华为的蜂巢创新模式有以下几个特点：一是内部管理去中心化。华为的组织架构就是去中心化的管理模式，利用数字化链接，汇聚全球员工的智慧，更开放、自由、高效。

任正非是军人出身，并非传统科技公司里的那种“大师”角色，所以，任正非在创建公司之时就认识到工程师的群体力量。任正非早就相信，这个行业的力量源自每一位工程师的头脑。

二是集体决策。在Web 2.0的新时代，华为正在引领符合当今世界的新的组织方式。华为没有绝对权威的“大师”，华为的力量源自集体的智慧。比如华为采用轮值CEO制度，三位CEO每六个月轮换一次，这样就保证了华为的重大决策是基于集体民主而非一人独裁。

三是全员持股机制。华为虽然是一家私有公司，但它不归任正非个人所有。任正非迄今只拥有公司股份的 1%，其余 99% 股份归华为员工所有。全员持股的机制确保了一大群优秀的工程师们在这样一个硕大的平台上共同创造，齐心合力朝着一个共同的目标努力奋斗。

四是目标明确。外界传说中的神秘的任正非，他对华为最关心的就是方向，“别走错了”。有这样一个敢于在研发、管理上放手的创始人，华为的无为胜有为，早已经贯穿每一个管理层中。

华为的目标就是通过不断创新改变人们的交流方式，致力于构建更加美好的全联接世界。对华为消费者业务而言，聚焦于提供更便捷实用的智能手机以及相关业务，比如在智能家居领域，华为很明确的想法是在标准层而非产品层。依赖这种“聚众力量”来执行聚焦战略，使得华为的竞争力在持续增强。

即使华为有大量资金投入研发，但华为从未在创新这件事情上异想天开。任正非提到这个观点时说：飞跃会产生，但需要很长的厚积薄发过程，大跃进不可能成功。怎么能创造价值呢？我们认为是循序渐进。欧洲发展其实也是一点一点进步来的。欧洲几千年前是中世纪的黑暗时代，GDP 的增长不到千分之一，我们那时是唐宋文明时代。我们不能以今天的眼光要求昨天。

在任正非看来，蜂群有一只看不见的手左右着每一只蜜蜂的行为。对蜜蜂来说，这只看不见的手，其实就是千万年生存之后所形成的、从无意识到有意识的生存力。因为只有这样的方式，才能让蜜蜂这一族群延续下来。

那么，对华为来说，这只决定蜂巢模式的“看不见的手”其实有两重含义。其一，生存的危机感。企业生存并发展的危机意识，这是如蜜蜂一般的天然生命力。在科技行业还在上升的 2001 年，任正非发表了《华为的冬天》，这是中国科技公司发展史上的重要时刻。这篇文章不仅是华为走到今天的精神圭臬，也带动了中国企业在当时的危机意识。

其二，格局带来的自生长。今天的华为已经成为中国企业的标杆，让中国企业更加发展壮大，这其实是每一个中国人的理想，也是任正非所代表的中国企业家的格局。而在今天的华为，这份理想其实已经很具象化了，举例来说，把手机业务做起来，代表中国企业走向全球，这样的荣誉感会形成一家企业自发生长的内在逻辑。就好比一个宗师级别的高手，他必然为了维持自己的地位而继续奋发。

实践证明，华为的蜂巢模式是最有生命力、最科学的组织生存模式，但很多公司无法把这一模式落地，就是因为没有这样一只“看不见的手”。

华为蜂巢模式中的核心点是“领导者得放下心态”。不要说企业的创始人，就算一个团队的领导者，经常都要时刻显示自己的能力管东管西，这是人性之一。但在华为，这一人性的桎梏被彻底打破了。

无为胜有为，即使是一个清晰可见的团队，实际上领导者也无法真正地洞察到每个人、整个团队的内心。应该承认某些方面的无知，做到放手和无为，其实在管理中，大家惯用的对诸多节点的人为控制、干涉，比起基于认同、信任的放手，效果要差得多。尤其是在“90后”年轻人占主流的今天，求大同、存小异，保持距离，留出空间，才能取得最好的结果。

蜂巢创新的模式、企业大战略的格局，这些说起来其实并不复杂，很多企业都能想到，但能突破人性，突破自身的局限，这才是一家企业做到的最大突破。无论是企业还是个人，唯有突破自我，才能一步步走向卓越和伟大。

蜂群有一种从量变引起质变的本能。要想从单只蜜蜂的机体过渡到集群机体，只要增加蜜蜂的数量，使大量蜜蜂聚集在一起，使它们能够相互交流。等到某一阶段，当复杂度达到某一程度时，“集群”就会从蜜蜂中涌现出来。蜜蜂的固有属性就蕴含了集群，蕴含了这种神奇。

有了 IPD 基础，再有了量变的起端，华为也开始了如蜂群一般的极有生命力的自生长，集群效应开始出现。也可以说，华为一路走来的实践其实正是凯文·凯利关于蜂巢理论的最好落实，也是任正非与凯文·凯利殊途同归的智者的思考。

“聚焦主航道”：用美国砖建中国长城

华为之所以成为全球通信技术行业的领导者，除了我们讲的核心价值观的观念力量之外，还有一点至关重要，就是不在非战略机会点上消耗战略竞争力量。

战略聚焦是华为公司 30 年来坚持的创新理念。华为的战略聚焦的核心是聚焦主航道、主战场，通过持续战略投入，厚积薄发，从而实现不断战略突破。

用任正非的话说，华为只允许员工在主航道上发挥主观能动性与创造性，不能盲目创新，分散了公司的投资与力量。非主航道的业务，还是要认真向成功的公司学习，坚持稳定可靠运行，保持合理有效、尽可能简单的管理体系。华为只可能在针尖大的领域里领先美国公司，如果扩展到火柴头或小木棒这么大，就绝不可能实现这种超越。

在企业业务发展战略上，任正非一直主张不要盲目追求立刻做大做强，而是要做扎实，赚到钱，看谁能活到最后，活得最好。他指出：**“华为在这个世界上并不是什么了不起的公司，其实就是我们坚持活下来，别人死了，我们就强大了。所以现在我还是认为不要盲目做大，盲目**

铺开，要聚焦在少量有价值的客户、少量有竞争力的产品上，在这几个点上形成突破。好比战争中我这个师是担任主攻任务，就是要炸开城墙，那么我打进城也就是前进 400 米左右，这个师已经消耗得差不多了，接着后面还有两个师，然后就突进去了，从 400 米突到 1000 米、2000 米左右，接着下来再进去三个师，攻城就是这么攻的。所以我们在作战面上不需要展开得那么宽，还是要聚焦，取得突破。”

在任正非看来：“当你们取得一个点的突破的时候，这个胜利产生的榜样作用和示范作用是巨大的，这个点在同一个行业复制，你可能会有数倍的利润。所以说我们要踏踏实实沿着有价值的点撕开口子，而不要刚撕开两个口子，就赶快把这些兵调去另外一个口子，这样的话你们就是成吉思汗，就是希特勒，你们想占领全世界，你们分兵多路，最后就必然是死亡。”

2016 年 1 月 13 日，任正非在华为市场工作大会上发表题为“要敢于在战略机会点上饱和攻击”的讲话。任正非表示，华为耐住了寂寞，聚焦在 ICT 基础设施的主航道。28 年来，十几万人瞄准的是同一个城墙口，持续冲锋。华为的投资策略就是要快打慢，聚焦在一个点上实际就是快打慢，所以会产生好的结果。

任正非还制定出一个雄心勃勃的目标：2020 年销售收入要超过 1500 亿美元。也就是说，未来 5 年，华为的销售收入要突破 1 万亿元人民币。

为此，华为将在云服务、纳米技术、未来网络、新能源、大数据、无人驾驶、人工智能、AR/VR、高级算法等下一代关键技术方面加大战略投入。

面对即将到来的人工智能时代，任正非认为巨大的存量网络是人工智能最好的舞台，所以华为的人工智能研发要瞄准服务主航道，下决心，不惜投资打造公司内在的能力，先不做边界外的事情，不做社会上的小产品。

在任正非看来，对于越来越庞大、越来越复杂的网络，人工智能是华为建设和管理网络的最重要工具，人工智能也要聚焦在服务主航道上，这样发展人工智能就是发展主航道业务。如果人工智能支持 GTS 把服务做好，5 年以后华为自己的问题解决了，华为的人工智能又是世界一流。

基于华为巨大的网络存量，现阶段人工智能要聚焦在改善我们的服务上。服务是华为公司最大的存量业务，也是最难的业务，人工智能可以首先在服务领域发挥作用。华为目前在全球网络存量有一万亿美元，而且每年有上千亿的增长。容量越来越大，流量越来越快，技术越来越复杂，维护人员的水平要求越来越高，经验要求越来越丰富，越来越没有这样多的人才，人工智能，大有前途。可以说，世界上没有哪个公司有这么大的业务量和数据量与华为比拼。所以，华为将通过在服务上的积累和改进，5 年后就可能产生世界上最强的人工智能专家，同时把大量优质服务专家解放出来为攻克“上甘岭”投入更多战略部队。

目前，华为在全球网络中占有 1/3 的份额，这么大的存量网络维护难度也很大。网上的设备从“遗老遗少”，到“时髦青年”，还有“新新人类”，如果没有人工智能的自我学习、知识技能的不断扬弃，这张网只靠人是难以维护的。所以华为要构筑这个能力，要在自动诊断、自动发现故障隐患这个问题上下功夫，要在这里面敢于投入。

2016 年 8 月 10 日，任正非在诺亚方舟实验室座谈会上再次强调：华为 2012 实验室在瞄准未来构筑一些高端技术的过程中，还是要敢在主航道上向前冲。人工智能研发技术越难越要搞，不要去做些小商品挣些小钱，趁着这几年我们有的是钱，要大力投入，加快建设步伐，让服务用上最先进的工具。这些技术马上达到实用性还要些时间，我们要有这个战略耐心。

在人工智能研究方面，任正非提出了一个独到的观点：**“用美国砖建中国长城，让‘蜂子’在长城上跳舞。”**

任正非表示：**“人工智能研究一定要走向高度开放，华为公司要有这种气概，只有容天下才能独霸天下。我们要防止封闭，一定要开放。在机器学习领域，一定有很多学习软件大大地超越我们，会有很多很多人做出好的东西来，我们就和这些最好的厂家合作。这边掺进一个美国砖，那边再用一个欧洲砖、一个日本砖，万里长城，不管砖是谁的，能打胜仗就行了，不要什么砖都自己造。在这个万里长城大平台上，允许大河奔腾的踢踏舞，允许‘蜂子’跳舞，它颠覆不了这个平台，而是激活了这个平台。在产业分工上，在别人有优势的地方就利用别人的优势，集中精力在主航道。”**

在任正非看来，世界上最厉害的软件国家还是美国，美国的创新意识很强，华为还要在美国加大对未来优秀人才的投入，把诺亚方舟的前哨部队放到美国、加拿大去。只有加大对未来的投入，华为才有可能在三至五年之后在这个领域里面取得一定的地位。

任正非指出：**“华为在战略机会点上多路径、多梯次、饱和攻击。大家不要把主航道理解成唯一航道，多路径是朝着一个目标和方向，这不叫背离主航道。我们公司在奔向无人区的前进中，只要多路径，就不会出现僵化；只要多梯次，就不会出现怠惰。因为每一个梯次在冲锋的时候，他的视野已经聚焦在那个山头上了，所有的外围东西他都看不见，他都不想了，一心只想攻上‘上甘岭’；第二梯队就是广阔视野，关注星空，扫清外围，第一梯队攻破城墙口，已经消耗殆尽了，**

就应该第二梯队上去了。所以只要保留多路径、多梯次，我们就不会僵化怠惰，就能在大信息流量传送这个问题上攻进无人区。”

华为终端业务就是对华为长期投入、厚积薄发理念的诠释，华为在通信领域有 20 多年的积累，在手机研发上也有 10 多年的积累，从芯片、软件、材料，到美学设计、工艺等方方面面的能力都经历了漫长、痛苦的积累与改进过程，华为手机今天的成功绝不是偶然。

欧洲核子研究中心经过 48 年的探索，才隐约听到上帝的脚步声。任正非表示：“过去 28 年来的持续密集投资，终于使我们在大数据时代成为主要贡献者。这是一个长期、痛苦的积累过程，但华为人已经听到了成功的脚步声。”

毋庸置疑，30 岁的华为正处在它最壮硕的时期。对手不断地消失，它在不断地壮大。运营商业务甩开爱立信成为领头羊，消费者业务坐稳全球前三，企业业务开拓重新打开千亿市场的大粮仓。从 2011 年，华为开始转型，将公司的业务分成三大板块，即运营商网络、企业业务和消费者业务，2015 年验证了战略方向的正确性。

中国有句棋谚叫作“三子归边一局棋”，象棋一方有 16 颗棋子，只要有车、马、炮的三个进攻性的棋子集结在一起，就有可能构成各种各样的杀势。在 ICT 万亿市场，华为聚焦的云、管、端就构成“三子归边”的格局。一方面战略聚焦、方向清晰，不搞机会主义；另一方面凶猛投入、蹄声裂瓦，技术的炮火累积多时；在力出一孔、火力集中的群狼战术中，战略突破指日可待。

从简易房起家的小公司，披荆斩棘，一路超越巨头，快速成长为世界一流的通信技术公司，华为正在成为全球芯片企业、终端领域最强大的竞争对手。从 0 到 5000 亿，是华为聚焦、投入、突破的战略性胜利，也是 30 年厚积薄发的成果。

全员持股，创造奇迹的根本

“员工持股”制度应该是华为最大的颠覆性创新，是华为创造奇迹的根本所在。员工进入华为工作一两年后，根据表现就可获得一定的股权认购额度，员工可自愿购买股权并按照股权获得分红。员工在离职时，所持股份将由华为公司进行回购。

在华为员工的收入中，除工资和奖金之外，股票分红的收入占了相当大的比重。股票如何发，是综合员工的职位、季度绩效和任职资格状况多种因素综合决定的。

华为让员工持股，这种股权激励机制在国内民营企业中属于一大创举。从常理上讲，任正非完全可以拥有华为的控股权，但创新一定是反常理的。从 1987 年，华为创立的第一天起，任正非就让“知本家”作为核心资产成为华为的股东和大大小小的老板。

任正非在其《一江春水向东流》一文中道出了华为员工持股制度的产生过程：“我创建公司时设计了员工持股制度，通过利益分享，团结起员工。那时我还不懂期权制度，更不知道西方在这方面很发达……仅凭自己过去的人生挫折，感悟到要与员工分担责任，分享利益。”1990 年，华为第一次提出内部融资、员工持股的概念。此时并非是国际意义上的员工持股，主要在于两点：首先，内部持股员工只有分红权，没有公司法上股东所享有的其他权利；其次，员工所持股份在退出公司时价格是按照购股之初的原始价格回购，员工也不享有股东对股票的溢价权。

直到 2001 年改为虚拟受限股以前，这一阶段华为员工持股的基本做法是：凡是工作 1 年以上的员工均可以购买公司的股份；购买数量的多少取决于员工的级别（13~23 级）、绩效、可持续贡献等，一般是公司在年底通知员工可以购买的股份数；员工以工资、年底奖金出资购买股份，资金不够的，公司协助贷款（个人助业贷款）；购买价格为 1 元 / 股，与公司净资产不挂钩员工购买股份后的主要收益来自于公司分红，分红情况与公司效益挂钩。员工离职时，公司按照员工原来的购买价格即 1 元 / 股回购；除 1995 年和 1996 年公司曾给员工持股证明外，其他年份就不再给员工持股证明，但员工可以在公司查询并记录自己持股量的多少；工会（下面有持股委员会）代表员工管理持有的股份，是公司真正的股东，员工自身并没有公司法上股东完整的权利。

2001 年年底，在任正非的强力推行下，华为公司实行员工持股改革：新员工不再派发长期不变 1 元 / 股的股票，而老员工的股票也逐渐转化为期股，即所谓的“虚拟受限股”。虚拟受限股（下称虚拟股），是华为投资控股有限公司工会授予员工的一种特殊股票。每年，华为根据员工的工作水平和对公司的贡献，决定其获得的股份数。员工按照公司当年净资产价格购买虚拟股。拥有虚拟股的员工，可以获得一定比例的分红，以及虚拟股对应的公司净资产增值部分，但没有所有权、表决权，也不能转让和出售。在员工离开企业时，股票只能由华为控股工会回购。

华为认为虚拟股比原来的持股方式更为合理。公司规定：根据内部的评价体系，员工的虚拟股每年可兑现 1/4，价格是最新的每股净资产价格。但是，对中高层的兑现额度则做了另外规定，只能每年兑现 1/10，除非离职。并且在离开后，还要经历公司严格的 6 个月审核，确认不出现创业公司的产品与华为构成同业竞争、没有从华为内部挖过墙脚等条件中的任何一条后，方可全额兑现。

每个持股员工都有权选举和被选举为股东代表，这些持股员工选出 51 人作为代表。这 51 名代表中轮流选出 13 人作为董事会成员，5

人担任监事会的成员。

华为通过不断调整股票的分配方式来维系整个组织的活力。2008年，华为微调了虚拟股制度，实行饱和配股制，即规定员工的配股上限，每个级别达到上限后，就不再参与新的配股。这一规定使得手中持股数量巨大的华为老员工们配股受到了限制，但是有利于激励华为公司的新员工。

华为推行员工持股制度，吸引、团结、黏合住了大批人才，包括国际化员工。用任正非的话说，正是这种制度，形成并沉淀了公司“利益分享，以奋斗者为中心的文化”。

经过10年的连续增发，华为虚拟股的总规模已达到惊人的98.61亿股，在华为公司内部，超过6.55万人持有股票，收益相当丰厚。比如，2010年，股票购买价格为5.42元，每股分红2.98元，收益率超过50%。2011年，分红为每股1.46元，对比前一年大幅下滑，但收益仍然可观。2008年－2011年，华为的股东权益回报率分别为21%、42%、40%和17%。因为华为是根据净资产作价配股，所以华为员工在华为公司的虚拟股的年回报率与上述股东权益回报率应当基本一致，这个回报率确实不可谓不高。同时，员工还可以享受到公司净资产增加而带来的股份增值。2012年华为公司回购员工虚拟股的价格已经涨到5.42元/股。

从公司角度来看，员工持股也有效解决了公司快速发展过程中的融资问题。自2004年开始至2011年，华为控股工会和任正非两家股东新增持股63.74亿股，总计增资275.447亿元。其中，2011年一年，华为控股创纪录地向两家股东增发17.35亿股，任正非和控股工会总计出资达到了94.037亿元。

华为员工持股既发挥了巨大的激励作用，也为公司度过一次又一次寒冬融得了大量资金，支撑了公司连续多年的高速发展。对于融资环境处于劣势的民营企业而言，此举可谓一举两得。

截至 2016 年年底，华为有 8 万多名员工持有公司股份，任正非仅持有公司总股本的 1%。任正非是全球 500 强公司创始人中持股比例最低的一位，他将公司的长远发展和员工的个人贡献有机地结合在一起，形成了长远的共同奋斗、分享机制。

华为公司的股权激励制度将员工的人力资本与企业的未来发展紧密联系起来，形成一个良性的循环体系。员工获得股权，参与公司分红，实现公司发展和员工个人财富的增值，同时与股权激励同步的内部融资，可以增加公司的资本比例，缓解公司现金流紧张的局面。既充分体现了知识的价值和价格，又兼顾了各方的利益，让员工与公司形成利益和命运的共同体，同时又体现着创始领袖的奉献精神，也考验着管理者的把控能力。这种股权激励机制无疑是商业史以来未上市公司中员工持股人数最多的企业，也无疑是一种创举。

通过薪酬体系来达到激励的目的首先要设立有差别的薪酬体系。华为通过股权激励，不仅使华为成为大部分员工的公司，同时也拉开了员工工资收入水平的差距。随着近几年华为的发展，分红的比例有了大幅上升，分红对员工收入的影响达 30% 以上，这对员工而言很具有激励性。

股权激励除了薪酬结构需要有激励性，还需要绩效考核具有公平性。华为公司在对员工进行绩效考核上采取定期考察、实时更新员工工资的措施，员工不需要担心自己的努力没有被管理层发现，只要努力工作就行。华为的这种措施保证了科研人员比较单纯的竞争环境，有利于员工的发展。华为股权分配的依据是：可持续性贡献，突出才能、品德和所承担的风险。股权分配向核心层和中坚层倾斜，同时要求股权机构保持动态合理性。

在实施员工持股之前，任正非清醒地认识到："公司的竞争力成长与当期效益的矛盾，员工与管理者之间的矛盾，这些矛盾是动力，但也会形成破坏力，因此所有矛盾都要找到一个平衡点。管理者与员工之间矛盾的实质是什么呢？其实就是公司目标与个人目标的矛盾。公司考虑的是企业的长远利益，是不断提升企业的长期竞争力。员工主要考虑的是短期利益，因为他们不知道将来还会不会在华为工作。解决这个矛盾就是要在长远利益和眼前利益之间找到一个平衡点。"作为早期的激励机制，华为的这个平衡点就是员工持股。

华为员工持股既发挥了巨大的激励作用，促进了公司迅猛的发展。员工持股这种机制，吸引、团结、黏合住了大批人才，包括国际化员工，也增强了员工的归属感，稳住了创业团队。用任正非的话说，正是这种制度，形成并沉淀了公司利益分享制度和以奋斗者为中心的企业文化。

制度的力量大于个人的力量

任正非是中国民营企业首创轮值 CEO 制度的企业家。美国的 MEECER 咨询公司，在 2004 年对华为进行决策机制的咨询时，认为华为还没有中枢机构，建议华为建立 EMT（经营管理团队联席会议），让任正非担任 EMT 的主席，主持办公会，当时任正非因身体原因不愿做 EMT 的主席。于是，任正非就提出了一个大胆的想法，叫轮值 COO。从此，华为就开始了轮值主席制度，由董事会 8 位领导轮流执政，每人半年。

华为推行轮值 COO 后，任正非远离经营，甚至远离管理，从一个甩手掌柜，变成了一个文化教员，聚焦于思想和文化，以及企业观

2011 年 1 月华为选出的新一届董事会成员，前排左起：胡厚崑、孙亚芳、郭平、陈黎芳、徐文伟，后排左起：张平安、余承东、徐直军、任正非、丁耘、孟晚舟、李杰、万飚

念层面的建设。

华为推行轮值 COO 制度 8 年后，平衡了公司各方面的矛盾，使公司得以均衡成长。

2011 年，任正非将轮值 COO 演变成在董事会领导下的轮值 CEO 制度，由华为董事会的三位高管郭平、胡厚崑和徐直军轮流担任 CEO 一职。轮值 CEO 就是华为公司最高行政首长，每 6 个月轮换一次，他们在轮值期间是公司最高行政首长。

2011 年 12 月，任正非在内部发表了自己撰写的文章《一江春水向东流》，引起整个行业巨大反响。这篇文章看似平铺直叙，像篇回顾自己人生道路、创业经历、心路历程的散文，实则逻辑严缜。文中至少表达了华为五个方面的成功之道：1. 利益分配机制；2. 价值观的力量（一定要坚守，一定要达成共识）；3. 制度的力量；4. 组织的力量（轮值 CEO）；5. 机制创新的力量（持续激活）。

在文章中，任正非首次披露了公司内部实施的轮值 CEO 制度，并阐述了对未来公司治理结构的想法。任正非指出：**“轮值 CEO 制度，他们更多的是着眼公司的战略，着眼制度建设。将日常经营决策的权力进一步下放给各 BG（业务集团）、区域，以推动扩张的合理进行。这比将公司的成功系于一人，败也是这一人的制度要好。”**

据了解，任正非的这篇《一江春水向东流》文章在发表前首先经过了华为董事会几次讨论，又在一级管理团队征求意见，继而二级管理团队、三级管理团队分别征集意见，历时几个月，数千人反复地酝酿，终于集体定稿。

《一江春水向东流》与所有华为重要的文件一样，这篇文章在正式发表之前，经历了几十次的修改讨论，最终定稿。发表之后，所有华为的 EMT 高管包括管理顾问都写了读后感。

华为董事长孙亚芳表示，任总的这篇文章是华为成长的真实缩影，和他对轮值 CEO 的期盼。他把一生悟到的“道”朴实地告诉接班团队，也期盼接班团队能真正理解这个“道”。

华为副董事长胡厚崑认为，与其说任总的文章坦露了他作为创始人二十多年来带领华为走到今天的心路历程，不如说他的肺腑之言留给我们这些随华为一起长大的曾经的年轻人一个严肃而又无法回避的问题：面向未来，我们靠什么活下去？而正如中国过去 30 多年来的发展起因于改革开放制度的建立，华为今天的事业和成就和事业的组织能力很大程度上也归因于制度的建立与不断完善。

任正非的这篇文章对企业决策者来说要注意避免三个误区：利益分配陷阱；权力分配陷阱；团队管理误区。

轮值 CEO 制度背后是一个高度严密的决策机制，是在价值观统一的前提下，是有任正非这个权威前提下的轮值，而不是简单的“轮流执政”，一旦董事会形成决议，执行时非常强硬，当值 CEO 必须遵从。

2011 年 3 月，任正非在公司年报中公开发表了题为《董事会领导下的 CEO 轮值制度辨》的文章，正式推行轮值 CEO 制度。任正非认为，轮值 CEO 是一种职责和权力的组织安排，呼吁员工不要百般挑剔轮值 CEO 制度。他表示：“不成功则为后人探了路，我们也无愧无悔。”

轮值 CEO 的成功实践，让任正非从日常管理事务中“解脱”了出来，专心思考华为的发展战略问题。

任正非认为，实行轮值 CEO 制度 6 年来，华为的运行效果是十分显著的，华为经营业绩保持稳定高速增长。最大成效之一是决策体系的动态均衡。如果上任轮值主席偏于激进，那么整个公司战车隆隆，但半年以后会有偏稳健的人上来掌舵，把前任风格调节一下，而过于稳健又可能影响发展，再上来的人可能既非左又非右，既非激进又非保守。这套体制的原型来自咨询公司的建议，但华为做了很多改造和创新，包括从美国的政党轮替制度里借鉴了一些东西，融入华为的高层决策体系。在美国的政治决策史上，民主党追求公平，执政时期财政赤字大幅增加，政府不断加税，拉车的资本家们没有干劲了，社会充满了疲惫，民众又把票投给共和党。共和党执政干的第一件事常常是减税，强调发展，强调效率，走着走着，社会公平又出问题了，老百姓又投票，干掉财富党换上公平党。美国 200 多年来大致就是这样一种财富党与公平党轮流执政的过程。当然，今天美国的政治生态，比我们这个结论要复杂多了，因为互联网与全球化对传统的美国政治历史文化也带来了很大冲击，比如社会大众心态的离散化趋态、政党文化的极化现象等。

华为轮值 CEO 制度，相对于传统的管理理论与实践，可以称得上是划时代的颠覆性创新，在有史可寻的人类商业管理史上恐怕找不到第二例。华为的轮值 CEO 制度，从体制上制约了山头文化的坐大，为公司包容、积淀了很多五湖四海的杰出人才。同时这种创新体制也使整个公司的决策过程越来越科学化和民主化。今天的华为已经从早年的高度集权，演变到今天的适度民主加适度集权这么一个组织决策体制。

华为推行轮值 CEO 制度，其实就是一个企业创始人“代际传承”的一种探索和尝试。在培养人才、激励人才、留住人才等方面发挥了突出作用，有利于员工职业转型及职业生涯的飞跃式发展，大大提高了企业的核心竞争力。家族继承要依据世代相承的优秀文化，单靠血脉不能成功，中国没有产生罗斯柴尔德、洛克菲勒、肯尼迪家族的土壤，而华为员工持股、任正非不让家族人接班，相当于形成一个异姓非血缘的“家族”，要依靠文化传承。轮值 CEO 制度对培养具备胜任力的 CEO 的确具有优势，以赛带练是国际普遍证明的人才培养的最佳模式。

任正非感慨地说：**“回顾大半生经历，认识到组织的力量。说明为什么要实行轮值 CEO 制度的心路历程，制度的力量远远大于个人的力量。”**

多年的实践证明，华为的轮值 CEO 制度是成功的，它是继员工持股制度之后，又一次重要的决策体制的创新。员工持股制度是以制度的形式安排了财富的分配机制，解决的是公司的动力问题；轮值 CEO 制度则是以制度的形式确定了公司权力交替的秩序，解决的是公司未来可持续稳定发展的领航问题。前者让火车头加满了油，后者保证了火车头的正确方向。

第三章

生存之道：不奋斗就没有未来

我们没有任何稀缺的资源可以依赖，唯有艰苦奋斗才能赢得客户的尊重与信赖。奋斗体现在为客户创造价值的任何微小活动中，以及在劳动的准备过程中为充实提高自己而做的努力。我们坚持以奋斗者为本，使奋斗者得到合理的回报，只有奋斗才能活下去。

——任正非

不奋斗就得死

1944 年 10 月 25 日，任正非出生于贵州贫寒家庭，家中有 7 个兄弟姊妹，身为老大的任正非，从小就经历了战争、贫困、三年自然灾害、“政治运动”的磨炼。

任正非出生于一个知识分子家庭，他的父亲叫任摩逊，母亲叫程远昭，都是学校教师。

任摩逊给儿子起名叫正非。人世间充满了是是非非，究竟何为正，何为非？真的需要一个人用一辈子去探究、去领悟。只要能将是是非非悟透，那么他就能成为一个对社会、对国家、对世界都有用的人。

任正非全家九口人，靠着父母教书的微薄薪水生活，而且任正非的父亲任摩逊还要按月给老家的家眷寄生活费。

因为战乱，处处民不聊生。任正非的父母为了让 7 个孩子都有书读，他们宁可省吃俭用、四处借钱，即使几个人合用一条被子，在地炕里做三餐，也不觉得苦。

任正非的求学路充满了坎坷，缺衣少食，饥饿为伴。当时 18 岁的任正非正在县城里念高中，虽然迫切的求知欲望让他可以一头扎进书本里尽情地吸取书本上科学知识的“乳汁”，但书本中的“乳汁”只能解决精神上的贫乏，饿肚子的问题书本却解决不了。

高中那年，一家人穷到得去山上挖野草根煮来充饥。偶然有一块馒头，父母亲也会切成九等份，每个人只有一口，为的是让每个孩子都能活下去。

当时任正非的父母，把粮食存在一个个瓦罐中，没有孩子会去动。即使高三拼考试、饿到受不了的时候，任正非也只会放下书本，自己跑到郊外去采野菜，就着米糠烙饼吞咽充饥。

“我们家当时是每餐实行严格分饭制，控制所有人欲望的配给制，保证人人都能活下来。不这样，总会有一两个弟妹活不到今天。”任正非回忆，即使每天要辛苦工作十几个小时养活一家人的父母，或是年幼的弟妹，从来也不会多吃一口。

任正非为了能攒点力气将高考的功课尽快复习完毕，他想出了一个办法，那就是用米糠和菜掺和一下，然后放在锅里当饼一样烙着吃。

功夫不负有心人。1963 年，19 岁的任正非以优异的成绩考上了重庆建筑工程学院（现并入重庆大学），但此时家里的经济状况更加捉襟见肘，弟妹的处境也更加艰难。母亲竭尽全力为儿子准备了两件衬衣和一条拼接起来的被单，陪伴任正非度过了四年艰苦的大学生活。

任正非读大二的时候，“文化大革命”爆发，父亲被关进了牛棚。任正非得知后夜里扒火车偷偷回家看望父母。因为没钱买票，他在火车上挨过红卫兵的毒打，还把他推下了车。他在半夜步行十几里回到家里。父母见他回来了，来不及心疼，让他第二天一早就走，怕人知道，受牵连，影响儿子的前途。任正非第二天一大早就赶回学校，临走时，他父亲叮嘱：“记住知识就是力量，别人不学，你要学，不要随大流，以后有能力要帮助弟妹。”他父亲还脱下自己的一双旧皮鞋送给他穿。

这样一个清贫的教师家庭对任正非的价值观产生了深刻的影响。

贫穷是最好的老师，它教会人如何去生存。中国许许多多的成功者都有过贫穷苦难的经历，因此养成吃苦耐劳、坚韧不拔的优良品格，往往就是他们创业时期的爆发力所在，贫穷也因此被称为成功者的财富，为他们创业奠定了很好的基础。

任正非大学毕业后于 1974 年应征入伍，成为一名基建工程兵。任正非在部队坚持刻苦学习，并成为技术骨干，有多项技术发明创造，两次填补国家空白，得到了军队领导和战友的一致认可，为国家建设做出了自己应有的贡献。1978 年他出席过全国科学大会，1982 年出席中共第十二次全国代表大会。

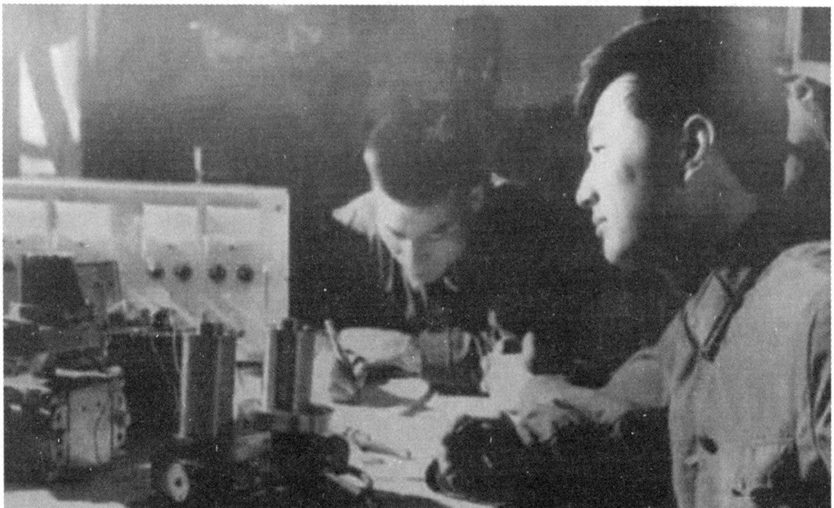

在军营的任正非（图片源自华为“心声社区”）

任正非在《我的父亲母亲》一文中写道：1976 年 10 月，中央一举粉碎了“四人帮”，我父亲也在粉碎“四人帮”后不久平反，使我们得到了翻身解放。我一下子成了奖励“暴发户”。“文化大革命”中，无论我如何努力，一切立功、受奖的机会均与我无缘。在我领导的集体中，战士们立三等功、二等功、集体二等功，几乎每年都大批涌出，而唯我这个领导者，从未受过嘉奖。我已习惯了我不应得奖的平静生活，这也是我今天不争荣誉的心理素质培养。粉碎“四人帮”以后，生活翻了个儿，因为我两次填补过国家空白，又有技术发明创造，合乎那时的时代需要，突然一下子，“标兵、功臣……”部队与地方的奖励排山倒海式地压过来。我这人也热不起来，许多奖品都是别人去代领回来的，我又分给了大家。

由于任正非在工程兵部队勤奋好学，他先后担任技术员、工程师、副所长（技术副团级），无军衔。他在部队服役 11 年后转业至深圳南油集团工作，成为该集团下属一家电子公司的副总经理。后来因为一笔生意被骗，公司损失了 200 多万元货款，任正非被迫离开了公司，成了一名无业人员。

随后，任正非的妻子离开了他。此时 43 岁的任正非，上有退休的父母需要照顾，下有 6 个弟妹需要他操心。

任正非失去了经济来源，和父母住在一个十几平方米的小房里，阳台当成了厨房，生活陷入窘境。为了省钱，他的母亲通常在菜市场收摊时，捡一些别人扔掉的菜叶、买来便宜的死鱼以维持最基本的生活。

人生的绝境并没有打倒任正非，反而给了他更大的决心。1987 年，任正非找朋友凑了 2.1 万元在深圳注册成立了华为公司，成为香港康力公司 HAX 模拟交换机的代理商。

任正非当时将公司起名为“华为”，寓意“中华有为”，并愿为中华的崛起而为之！

当初，华为公司只有 6 个人，无资金、无技术、无品牌又无背景，活下去成为任正非唯一的目标。他说：**“活下去的唯一办法就是艰苦**

奋斗，以奋斗者为本。以奋斗者为本是华为的核心竞争力，也是任何企业，包括我们这个国家，从落后走向发展，走向强大的一个根本的精神力量。不奋斗的企业，不奋斗的民族，一定是没有出路的。”

用青春加速折旧来奋斗

创业 30 年来，任正非没有忘记自己贫苦的少年时代。父母亲的艰辛让任正非看到了什么是活下去的倔强。任正非感慨：“我真正能理解活下去这句话的含义！”“你是想吃饱肚子还是出名？”“知识分子不要脸才能进步。”这些话都是任正非的心里话。艰难的岁月，让他把虚荣给撕了下来。“华为最基本的使命就是活下去。”无论是经历成功还是挫折，“活下去”这个简单的念头中，寄托着任正非不凡的追求。

“要活，大家一起活！”这意念从此深植任正非心中，成为他创业后坚持利益共享的基础。

苦难是人生一笔最宝贵的财富。任正非说：“如果没有经历童年的贫苦饥饿以及人生的挫折，就不可能取得今天的成就。如果不艰苦奋斗，就不可能有今天的华为。”

任正非自己就是一个奋斗者，他妈妈要捡烂菜叶回家吃，在那种情况下，一个 43 岁的中年男人创业，他会想什么？他就是谦卑，看谁都比他强。所以，前 10 年，他完全是放手给他的团队自己在闯，以奋斗者为本。奋斗的目的就是为了活着！

任正非在引领华为追求梦想时，他非常清楚自己的不足，他从不认为自己无所不知。在谈到他所具备的才能和特质时，任正非总是谦卑地认为：“我自己的知识并不是最丰富的。”很显然，他拥有远大抱负和很强的执行力，但同时保有谦卑的心态。尽管他的这种领导风格激励了很多人，引领公司度过了转型期，但他还是经常讲："自己能力有限，在团结员工这方面可能不如很多人认为的那样好。"他总是避免被扣上"传奇领袖"的帽子，而是强调没有艰苦奋斗就没有华为的成功。

同样，任正非不是一个技术专家，这早在华为成立之初就是尽人皆知的事实。但他从不认为这是劣势。相反，他认为这恰恰是他的优势，因为他坚信，"凭借自己的组织才能加上其他高管和员工的IT背景，定能创造奇迹"。任正非曾说过："我不懂技术，不过我可以让懂技术的人朝着共同的目标努力奋斗。"他取长补短，求贤若渴，逐步提高华为产品和服务质量，由此赢得国内外用户的广泛赞誉。

任正非说：**"对华为公司来讲，长期要研究的问题是如何活下去，积极寻找活下去的理由和活下去的价值。活下去的基础是不断提升核心竞争力，核心竞争力提升的必然结果是企业的发展壮大。对于我个人来讲，我并没有远大的理想，我思考的是这两三年要干什么、如何干，才能活下去。活下去，永远是企业的硬道理。"**

前几年，媒体上铺天盖地地指责华为的"垫子文化"。中央的一位领导视察华为时，让员工把桌子下面的垫子拿出来让大家看，让记者拍照。"垫子文化"代表着一种奋斗精神。华为早期的研发人员，每人都在办公桌底下有一个垫子，这个垫子是公司配的，用于午休。

创业早期的那一批华为人，用青春的加速折旧来奋斗、贡献。今天作为一个传统，垫子保留了下来，但是员工想加班，必须得通过好几层批准。今天的华为按照《劳动法》严格支付员工加班费，但华为更强调有效劳动，华为的首席健康官也要求大家在奋斗的同时更多地关注自身健康。但是，对于华为高层干部，他们必须有使命感，加班是没有加班费的。

华为的管理顾问田涛在演讲中曾提到，华为的高管们每天工作都在 10 小时以上，每天工作 12 个小时以上的占 60%。但令人吃惊的是，将近 50% 的高管们认为这么奋斗着有幸福感和成就感！他们奋斗并快乐的原因是什么呢？一位华为高管说："我不加班回到家里寂寞、空虚、无聊，甚至坐立不安，只有在公司把事情做完后心里才踏实。"我们从他们的身上看到了华为文化的力量、观念的力量有多么巨大！

为了活下去，任正非要求华为所有干部和职工要"眼睛对着客户，屁股对着老板"，一心一意把服务做好。任正非认为，很多公司为什么活不久，就是因为员工把力气花在讨好主管、讨好领导上，而不是专心思考客户需求。

华为公司有一条禁令："严禁讨好上司，机场接机也不行。"于是网络上曝出了任正非在职工食堂排队买饭、在机场排队打的的新闻。在华为只有客户才享有专车接送的待遇。

任正非认为，企业的激励机制、决策流程、规章制度、文化建设等固然重要，但企业领导的决心、勇气、自觉性、奉献精神等也绝不可少。推动、驱使、牵引 17 万知识分子，到全世界去攻城略地，开疆拓土，需要领导们"竭智"，领导们必须"竭力"——冲锋在前。

创办华为 30 年来，任正非每年有 1/3 的时间在飞机上、旅途中，奔走在世界各地。尤其是在 2003 年前的几年时间，他的身体累垮了，身患多项疾病，动过两次癌症手术。

"艰苦奋斗"是中华民族的传统精神。我们中华民族在几千年历史中历经磨难，依然能够在世界上有伟大的地位，很重要的一点就是一个奋斗的民族。很多人羡慕华为员工的高收入，但不知道华为员工，尤其是在非洲工作的员工工作的艰辛。

说来大家也许不敢相信，在非洲和南非等艰苦地区奋斗的华为员工大多都是“80 后”、“90 后”。

华为的一位在非洲工作多年的片区负责人对笔者说：“我们一共 30 多个人，由于这里生活条件非常艰苦，医疗设施落后，每个人都得过疟疾，有的人每年都得疟疾。有一个“80 后”的员工，主动要求到一个由三个岩石小岛构成的小国工作。只有一个人常驻，每天只有一小时有电，没有饮用水。这个小伙子去了以后就在门口挖了个坑，来积水洗澡，三四天只能洗一次澡。正是这个年轻人，在那儿坚守了三年。”

从华为总部派到非洲和南非地区的管理干部、技术人员都会自觉遵守一个准则，任何人到那里出差都不住酒店，要跟在那里坚守的员工住在一起。类似这样艰苦奋斗的故事非常多。

华为之所以有今天，相当重要的一点，就是华为有一种强大的个体和群体的奋斗精神，蓬生麻中，不扶而直！

战无不胜的“群体奋斗”文化

优秀的企业总是有独具特色的企业文化，华为是一家非常重视企业文化建设的公司，也从文化建设上获益匪浅。

任正非曾表示，华为的成功在某种程度上就是经营的、机制的和文化的成功。他说：“世界上一切资源都可能枯竭，唯有文化才会生生不息。”任正非重视文化建设，就是认定企业文化是公司永恒的资源，能够让公司基业长青。

任正非告诫员工：“华为公司有什么呢？连有限的资源都没有，但是我们的员工都很努力，拼命地创造资源。真正如《国际歌》所唱的，‘不要说我们一无所有，我们要做天下的主人。世间从来就没有什么救世主，也不靠神仙皇帝，全靠我们自己’。”

提到华为文化，人们就想到“狼性”，“狼性文化”成为华为企业文化的代名词。其实把华为文化简单理解为“狼性”是很片面的。

任正非是军人出身，也是“狼性文化”的缔造者。任正非对狼性精神做过精辟的概括：**“做企业就要发展一批狼。狼有三大特性，一是敏锐的嗅觉；二是不屈不挠、奋不顾身的进攻精神；三是群体奋斗的意识。企业要发展，必须要具备狼的这三个特性。”**于是，让公众认识了华为的狼性文化。

如果你随便询问一个 IT 行业的人：华为的文化是什么？十有八九他会告诉你：“狼性文化。”可见，华为的文化等于狼性文化的认知已经深入人心。不可否认，在华为创业的初期，从狼性文化引申出来的群体奋斗精神帮助华为在竞争残酷的通信设备行业中站稳脚跟，确立了自己在业界的地位。

众所周知，狼是一种比较凶残的动物，它能够在比自己凶猛强壮的动物面前获得最终的胜利，原因只有一个：团结。即使再强大的动物恐怕也很难招架一个狼群的攻击。所以说，华为团队精神的核心就是互助。

在任正非的语录里，曾提到狼性文化中的“群体奋斗”，这是从华为内部来讲的，说的是团队精神。如果把一个公司作为一个个体来看，中国“土狼”们在海外鏖战时，最缺少的就是团结协作了。曾不止一次出现过为争夺国外订单两强相争、恶性压价、相互龃龉诋毁，甚至拆台的行为。

在创业初期，为了华为的生存，为了华为能够抢占国内外市场，包括任正非在内的华为人牺牲了自己的健康，并将个人的生死荣辱与企业的命运紧紧地联系在一起。这也使得当时华为内部“狼性作风”盛行，无论是工程师还是市场人员，都具有可怕的进攻性，不惜代价地猛冲猛打，甚至以不规范的方式来获取竞争优势。这使得华为作为后来者得以迅速成长。然而，当华为度过了成长阶段，开始直面国内各强劲对手，以及后来走向海外，面对更为强大的国际大企业时，这种“狼性”文化就显然无法适应华为发展的需求了。

因此，从 1998 年开始，华为实施以 IBM 的集成产品开发、集成供应链为重点的管理变革。有了 IBM 这个老师，华为人逐步认识到了自己的弱点和局限性，开始了低调而坚定的改革之路。在 1998 年之前十分活跃的“运动”，到了 2000 年以后已经越来越少；原来的誓师大会，则被系统的宣传与培训所取代；总裁个人指挥的功能由跨部门的变革领导小组替代，任正非也有意识地走向管理的后台，而更多地由华为董事会集体来发挥管理作用。因此，将华为的文化简单地总结为“狼性文化”，可能是不恰当的。

“狼性文化”的实质是一种群体奋斗文化。任正非曾说过：“艰苦奋斗是华为文化的魂，是华为文化的主旋律，我们任何时候都不能因为外界的误解或质疑动摇我们的奋斗文化，我们任何时候都不能因为华为的发展壮大而丢掉了我们的根本——艰苦奋斗。”

其实狼的特性还有敏锐的嗅觉，是对客户、市场的关注。华为规模小的时候对客户保持敬畏，但当其体量已经超越他的客户时，依然对自己的客户保持敬畏。华为的员工永远追求“屁股对着老板，眼睛盯着客户”，感知客户、市场、精神追求的变化。一旦闻到肉味、看到机会就会本能地扑上去，这就是本能的进攻，不开会、不讨论、不沟通。

其实，狼最大的特性在于团队合作，当狼以群的形态存在时，几乎是无敌的。华为被业界以狼性喻之，同样是因为华为具有这样的特性。在华为的团队合作不仅是跨文化的群体奋斗精神，也是打通流程、提高组织效率的有力保障。

团队协作是华为最为推崇的文化基因，华为人从进入公司的第一天起，就会接受团队精神的培训。任正非在《致新员工书》中写道：“华为公司是一个以高技术为起点，着眼于大市场、大系统、大结构的高科技企业。以它的历史使命，它需要所有的员工必须坚持合作，走集体奋斗的道路。”

今天，华为内部管理更为规范，不再是“青纱帐里走出来的土八路”，变身为一家技术驱动性的世界领先企业，其价值主张也发生了变化，开始重视产业链和生态系统的构建，与人为友，并建立了“开放、共享、共创、共赢”的价值观。

“胜则举杯相庆，败则拼死相救”强调的就是团队合作精神。正是在这种精神的激励下，华为全球 17 万名员工才能做到如臂使指，团结一心地为构建全联接世界而奋斗不止。

绝不让雷锋吃亏

华为有一个最基本的准则，就是“绝不让雷锋吃亏”。《华为基本法》第五条规定：华为主张与顾客、员工、合作者结成利益共同体，努力探索按生产要素分配的内部动力机制。

任正非说：**“我们没有任何稀缺的资源可以依赖，唯有艰苦奋斗才能赢得客户的尊重与信赖。奋斗体现在为客户创造价值的任何微小活动中，以及在劳动的准备过程中为充实提高自己而做的努力。我们坚持以奋斗者为本，使奋斗者得到合理的回报，只有这样员工才愿意当‘雷锋’，只有艰苦奋斗才能活下去。”**

责任共担、利益共享是任正非的一项基本理念。为此，华为建立了一套合理的评价机制，并基于评价给予激励回报。华为价值分配导向冲锋，价值分配以奋斗者为本，导向员工的持续奋斗，激励奋斗者。

任正非说："要想火车跑得快，就给火车头加满油。"华为按价值贡献，拉升人才之间的差距，让列车做功更多、跑得更快，你追我赶。

华为管理顾问吴春波老师在《华为没有秘密》书中写道：任何一家企业的人力资源都可以划分为三类人：奉献的、打工的、偷懒的。人力资源是一个动态的选择，在一个不好的机制下，奉献者（投入大于回报）老是吃亏的，他就会反思，对自己的行为作出怀疑，进而减少自己的投入，使投入与回报在低层次相等，他就变成打工者（投入等于回报）。同样，打工的也会向偷懒者（投入小于回报）转变。结果是，奉献者变成了打工者，打工者变成了偷懒者，最后大家都偷懒了，没有付出和贡献。

因此，华为构建了一个"不让雷锋吃亏"的好机制，让奉献者得到更合理的回报，奉献者拿得多，打工者就会因为羡慕而向他们看齐；偷懒者将会受到惩罚，他们只有两个选择，要么离开公司，要么增加投入将自己变成打工者或奉献者。让小人不得志，让好人不吃亏，这样的公司就有了正气和正义。

一个有活力的机制的核心，关键是对员工利益进行调整，奉献者得到合理的回报，让雷锋不吃亏，会涌现出更多的雷锋。任正非说：**"华为绝对不让雷锋穿破袜子，你为公司做出了贡献，我就给你体面的回报。这样就是在用制度培育雷锋，而不是用道德培养雷锋。"**

"不让雷锋吃亏"的关键是企业要构建有活力的机制，建立一套科学的评价体系和科学的绩效管理体系。

任正非的高明之处在于，他把考核制度从"人评价人"转为"制度评价人"，这样就避免了考核当中存在的腐败。制度评价人，就是定性评价与定量评价相结合，这个员工属于哪类人？是奉献的，打工的，还是偷懒的？

吴春波老师还指出，除了考核个人，部门也要考核，要弄清楚，哪些是奉献的部门、打工的部门和偷懒的部门。解决了这些，薪酬问题就变得简单了，也就实现了从给“人”发工资到给“事”发工资的转变，从以前的给工龄、学历、职称发工资，到现在的给绩效发工资，这样就是将钱用到刀刃上，发多少都不冤枉。

随着华为的迅速崛起，外界许多人将华为的成功归结于中国政府的支持，实际上，最支持任正非的是17万华为员工。因为任正非用了中国企业中史无前例的全员持股和利益共享制度，华为还将每年所赚取的大部分净利润分配给全体股东。

2010年，华为净利达到238亿元人民币，华为的虚拟股票每股分红2.98元。若以一名在华为工作10年绩效优良的资深主管来计，配股可达40万股，一年光是股权红利就达120万元。这个数字，甚至比许多外资公司的高级经理人的收入还要高。

近几年来，随着华为利润不断增长，华为员工的股权红利也随之增长。2014年，一个18级员工的股权分红高达百万元。这是华为与员工分享利益的最好例证。这种激励机制能够激发每个员工艰苦奋斗，共同帮助公司取得成功，更重要的是，它确保了华为是一家真正由员工持有的公司。

只有正确的价值分配制度，才能激发出全体员工创造价值的热情，近十年来，华为员工积极性和组织活力有明显提高，正是华为的激励机制改革发挥了巨大作用，让全体员工及时分享到公司的成果，鼓励大家去冲锋。利益共享机制是华为成功的一大驱动力。

2015年10月，国内的媒体还披露了一位22级华为员工2014年的收入明细：工资、股票分红、年终奖、海外生活补助加在一起，税前收入超过500万元。据悉华为员工年收入达到500万元的超过1000

人，年收入过百万的有 10000 人，让业界震惊！

华为的薪酬架构由工资＋奖金＋股权分红组成，员工的收入大头都是靠分红，工资只占了一年收入很少的一部分。一般进入华为公司两年以后，公司就会配给员工一部分股权。

近 10 年来，华为销售收入和利润每年都保持在两位数增长，员工的薪酬和福利也同步增长，这保证了华为持股员工每年都能拿到极高的分红。据华为公布财报显示：2015 年华为花在员工身上的钱达 1377 亿元，员工人均年收入超过 80 万元。

华为员工除了丰厚的工资、奖金和股票分红外，还有很多精神奖励，比如荣誉嘉奖。

华为的《华为基本法》第二条就是“认真负责和管理有效的员工是华为最大的财富；尊重知识、尊重个性、集体奋斗和不迁就有功的员工，是我们事业可持续成长的内在要求；尊重人才、培养人才、激励人才，让人才在华为能够得到自我实现等高层次的精神满足是华为长期的探索和追求。”

在华为，只要你发挥自己的特长，工作上取得一定的业绩，都有可能得到相应的荣誉奖。如“员工进步奖”“项目奖”“明日之星”等。华为的“明日之星”评选比例非常高，按照部门总人数的 20% 来评选。

在华为，公司所颁发的每一个荣誉并不只是口头表扬，而是将物质奖励和精神激励紧紧绑在一起。所有奖项都由任正非或公司其他高管亲自颁奖并合影留念，并在内部广泛宣传，让受到表彰的员工甚感荣幸，倍受鼓舞！

现在很多企业都在讲激励，但很多都是非物质激励，或者每个单位每年只评出 10 名优秀员工，任正非认为这样太吝啬了，“六亿神州尽舜尧，遍地英雄下夕烟”，这是对华为人力资源管理的基本评价。

物质奖励和精神激励相结合，让优秀员工当明星、名利双收这就是创新，也是最有效的激励方式，虽然只是一个奖状和一个荣誉证书，只是一个小小的点，但作为一个杠杆，却撬动了全体员工奋斗的阀门，这也是对奋斗者的回报。

鼓舞正气上升，让大家看到前方的星，照耀着华为的前进道路，千军万马就跟着上战场，不断实现新的突破，创造新的业绩。

在国内外很多企业可能很容易做到竞争性的薪酬待遇，从物质利益角度激发员工动力，但往往最容易忽略在企业面临危急时刻更显重要意义的精神利益。精神激励是一项深入细致、复杂多变、应用广泛、影响深远的工作，不仅是考验人力资源管理对员工心理需求的把握，更多的是引导一种企业与员工共同认可且可触摸的集体价值和文化。

任正非强调：**“不奋斗，不付出，不拼搏，华为就会衰落！拼搏的路是艰苦的，华为给员工的好处首先是苦，但苦中有乐，苦后有成就感，有收入提高，对公司未来更有信心。快乐是建立在贡献与成就的基础上，关键是让谁快乐？企业要让价值创造者幸福，让奋斗者因成就感而快乐，如果一个企业让懒人和庸人占着位子不作为，不创造价值的人、混日子的人都快乐，这个企业离死亡就不远了！华为的薪酬制度就是要把落后的人挤出去，减人、增产、涨工资”。**

虽说吃亏是福，但作为管理者，不要老是跟员工讲吃亏是福，这是在害人。而要建立“不让雷锋吃亏”的机制，让奋斗者得到合理的回报，让更多员工愿意做雷锋，这样才会有更多的雷锋出现。

正是任正非懂得与员工们共享成果，才使各路英才的聪明才智得到充分发挥，成就了华为。

“以奋斗者为本”“不让雷锋吃亏”的分配准则，给华为注入了强大的生命力，使华为公司的组织力量由此脱颖而出。一个“胜则举杯相庆，败则拼死相救”的铁血团队就是在这样的土壤里培育出来的。

先学会管理世界，再学会管理公司

到 2017 年，华为创立已经 30 周年了。30 年来，华为始终关注“以客户为中心，以奋斗者为本，长期坚持艰苦奋斗”的核心点，这就是华为价值观的形成、实施、长期不懈的传播，已成为企业文化之魂。

任正非认为：**“要打造一支甘于艰苦奋斗的员工队伍，首先要激发员工斗志。”激发员工斗志也是任正非的一大人格特质。**

从欧洲到非洲，从亚洲到美洲，从珠峰到海底，无论是面临战乱、疾病还是自然灾害，都有华为人的身影。别人看到的是光环，看不到的是华为人连接世界的梦想、持续的艰苦奋斗和执着追求。他们也许会面临挑战，遭受挫折，经历失败，遇到迷茫，甚至不知道下一秒会发生什么，但他们永不言弃，拼尽全力，哪怕只有一线希望，都会紧紧抓住，变不可能为可能，这就是华为人的信念和价值！

任正非擅长讲故事，他经常通过一个个生动感人的故事，慷慨激昂地向员工传递他的理念。在华为创立早期，他经常给员工讲故事。他相信，20 年后，世界通信市场三分天下，华为必有其一。当时，华为只有几名员工，外界很多人都觉得他是痴人说梦。

尽管如此，多年来，任正非一直秉承这一信念并在各种场合向员工传递。这个故事常常被人津津乐道，华为成立 5 周年的时候，任正非正在厨房和厨师一起给员工做饭，中间他突然冲出厨房，大声宣布：20 年后，世界通信市场三分天下，华为有其一！但谁也没有想到，20 年后，华为不仅夺得三分天下，还成为世界通信行业的王者。

醉翁之意不在酒，任正非讲故事的目的在于：让员工充满斗志地投入到项目中去。特别是在公司创业初期，他运用这一战略，成为员工的思想导师和精神领袖。作为一位精神领袖，任正非不断给员工传递公司的愿景；作为一位思想导师，任正非引领员工朝目标迈进。例如，在创业初期，华为产品开发不尽如人意，任正非便亲自访问了很多海外研发机构。

1997 年，任正非访问了美国贝尔实验室，他当时对贝尔实验室的工作成果惊叹不已，竟然感动得哭了。回到深圳后，任正非告诉所有员工：他已经深深地爱上了贝尔实验室！这一激昂陈词旨在鼓舞员工，让华为研发人员坚信：总有一天会超越贝尔实验室的研究人员！

艰苦奋斗是中华民族的优良传统，也是华为成功的秘诀。试想，如果没有华为，西伯利亚的居民就收不到信号，非洲乞力马扎罗火山的登山客就无法找人求救，就连你到巴黎、巴西、悉尼等地，一下飞机接通的信号，都是华为的基站在提供服务。8000 多米的珠峰，-40℃的北极、南极以及穷苦的非洲大地……到处都可以看到华为人奋斗的身影。

据任正非介绍，现在华为奋斗在一线的骨干，都是“80 后”、“90 后”，特别是在非洲、中东疫情、战乱地区，阿富汗、也门、叙利亚等艰苦地区。“80 后”、“90”后是有希望的一代。华为的口号是“先学会管理世界，再学会管理公司”。

有华为员工在高原缺氧地带为了打开局面，爬雪山，越丛林，徒步行走了 8 天，为服务客户无怨无悔。有员工在国外遭歹徒袭击，头上缝了 30 多针，康复后又投入工作。有员工在宿舍睡觉，半夜歹徒破门而入拿枪顶着华为员工进行抢劫。有员工在拉美某地的班车也遭遇持枪歹徒抢劫，即使是货物运送，也经常需要雇用特殊人员护卫。有员工在飞机失事中幸存，惊魂未定又救助他人，赢得当地政府和人民的尊敬。也有员工在恐怖爆炸中受伤，或几度患疟疾，康复后继续坚守岗位。

一位曾在海外奋斗多年的华为高管对我说："从太平洋之东到大西洋之西，从北冰洋之北到南美洲之南，从玻利维亚高原到死海的谷地，从无边无际的热带雨林到赤日炎炎的沙漠……离开家乡，远离亲人，为了让网络覆盖全球，数万中外员工，奋斗在世界的每一个角落，只要有人的地方就有华为人的艰苦奋斗，我们肩负着为近30亿人的通信服务的职责，责任激励着我们、鼓舞着我们。"

笔者在与一些在海外工作的"80后"、"90"后员工交流时，他们用快乐、阳光的语调，向我讲述了他们艰苦奋斗的感人故事。

故事一

2003年，尼日利亚：坚持不懈的真诚，就是最好的敲门砖。

异国他乡，受尽嘲讽："华为？中国？我从来没听说过！"

2003年，华为员工李军被派到尼日利亚做销售。环境陌生，语言不通，没有人脉。试图谈合作，却一次次被拒绝，有的连公司的门都进不去，甚至被当地人嘲笑："华为？中国？我从来没听说过！"

不言放弃的人总会遇到机会。不经意间，李军得知当地项目负责人的女儿婚礼的消息。举行婚礼当天，不顾天气恶劣，汽车抛锚，李军赶到婚礼现场，脸上混着泥和雨水，却带来了最真挚的新婚祝福。不管感动对方的是真挚的祝福还是李军的坚持不懈，最终项目成功完成。

2003年，尼日利亚手机用户不到200万，而到2015年，就突破了1.3亿！这背后，是无数个像李军这样的华为员工的坚持与努力！

故事二

2005年，巴基斯坦：拼了命，也要守住客户对华为的信任。

"Sir，你为项目这么拼命，如果有颗子弹，我愿意为你去挡。"

2005年，公司某TOP级项目陷入僵局，项目实施进展缓慢，基站建设问题重重，客户已经完全失去了耐心，很有可能永久终止与华为的合作。孙继被任命为项目总监，力图挽回局面！

孙继在去往基站的路上遭遇交通拥堵，为了尽快到达基站，他弃车徒步40千米，全身衣服都被汗水湿透了，赶到基站后，顾不上休息，孙继立即开始投入工作，与客户沟通，推动项目进展，客户感激之情溢于言表。

他这种"一切为了客户"，想客户之所想，急客户之所急的工作精神感动了与他一起工作的员工！

在华为的服务文化中，一切都是为了客户，不管服务过程中有多么难以想象的困难，他们都会毫不犹豫地坚决执行，以赢得客户的满意。

坚持不懈的努力对应着丰硕的成果，孙继团队解决了客户问题，守住了客户对华为的信任，也赢得了员工们的心！能拼命，才是最强劲的动力。

故事三

2013年，法国：客户满意，设计才有价值。

没有标准，就是最高的标准。

Bruce是华为的一名设计师。2013年的软银峰会，Bruce和他的团队受命做一个小基站的设计工作。组委会没有设定任何标准，但Bruce认为没有标准就是最高的标准。

面临前所未有的挑战，有恐高症的Bruce亲自爬上楼顶测试使用的场地，只为体会塔上安装的难处，力求更加人性化的设计！

最终，Bruce 团队的设计斩获了国际最著名的奖项之一——德国 IF 国际设计大奖。Bruce 说：客户满意，设计才有价值。

故事四

巴西：任何一个路人甲，都可以成为一颗闪耀的星星。

不爱表现的“路人甲”，为华为从巴西税务局申请退回了 2 亿冤枉钱。

Carlos 是华为的一名法务专员，身边出色的人太多，他不爱表现，显得毫不起眼。直到有一天，Carlos 发现 INSS 里规定社保税可以抵扣，他深知，公司已经花了太多“冤枉钱”。

Carlos 放弃休假，花费两个多月的时间，在堆积如山的仓库中找到 150 多份退税证据。由于 Carlos 的努力，2007 年－ 2012 年，华为总计从巴西税务局退回了 3000 万美元税款，约合 2 亿元人民币。

每个黯淡的个体里，都可能隐藏着强大的光芒。任何一个“路人甲”，都可以成为一颗闪耀的星星，照亮夜空！

在华为像这样真实感人的故事还有很多很多，这四个故事的主人公是成千上万华为员工的缩影。一个个平凡的故事背后，都有着一段段不平凡的人生。他们为了追寻梦想，在自己的岗位上努力工作，为了华为可持续发展的目标和梦想，为了人类社会更美好而艰苦奋斗，贡献力量。

华为公司的 CFO 孟晚舟说：“华为人在海外需要面对战争、流血、疫情、疾病、贫穷、排外，但仍然能够坚守岗位，并且圆满完成具有挑战性的工作。就连乔布斯都望而生畏的巴西市场，华为却能实现了扭亏为盈。一个个生动感人的小故事，传递出了华为人的奋斗精神与情怀。”

2016 年 1 月 15 日，华为公司召开主题为“铁血荣光，决胜疆场”的市场大会，华为宣布：2016 年的销售收入目标是 818 亿美元，到 2020 年达到 1500 亿美元。

如果 1500 亿美元的目标实现，华为将向全球巨无霸公司迈出坚实的一步，这将是中国高科技公司前所未有的高度。

年销售收入 1500 亿美元对很多世界级企业来说也许是个不可能完成的任务，但在“以艰苦奋斗为本”的 17 万华为人的字典里没有什么不可能！

华为目前已经成为全球最大的通信设备制造商，今后用什么样的价值观来塑造什么样的一代青年？任正非表示：**“蓬生麻中，不扶而直。奋斗、创造价值是一代青年的责任与义务。我们处在互联网时代，青年的思想比较开放、活跃、自由。我们要引导和教育，也要允许一部分人快乐地度过平凡的一生。”**

2016 年 10 月 28 日，在当前行业数字化及网络转型的时机，华为从研发队伍里集结了 2000 名高级专家及干部，奔赴战场，与几万名熟悉场景的前线将士结合在一起，形成一股铁流。这次出征的目的就是要抓住云化时代的机会，占领全球图像高地。

任正非在研发将士出征大会上，对即将奔赴战场的 2000 名将士说道：“今天我们的勇士又要出征了，我们已经拥有 170 个国家武装到牙齿的铁的队伍，我们的流程 IT 已经能支持到单兵作战。每年我们仍会继续投入上百亿美元，改善产品与作战条件。我们要从使用‘汉阳造’向驾驶‘航母’的现代作战方式转变。我们除了在传统增量市场大量培养将军，创造成绩，多生产粮食外，在新的机会领域，我们也要努力成长……战略预备队只能一边学、一边教、一边干，让‘小老师’逐渐成为‘大教授’，让二等兵在战火中升为将军。大时代呼唤着英雄儿女，机会将降临到有准备的人头上。大江东去浪淘沙，天翻地覆慨而慷，不能打仗的主官将会离开岗位。随时准备下台，才能不下台。”

2016 年，华为出版了又一本小书——《枪林弹雨中成长》，书中就记录了一代华为人的艰辛。任正非感慨地说：“华为今天能达到 800 多亿美元的销售收入，融进了多少人的青春、血汗与生命。我们今天成功了，不要忘记一起奋斗过的人。不要忘记不管是因公，还是因私，献出了生命的人。我们今天已有大片土地，一定能找到纪念他们的形式。”

任正非说：“经过 30 年的奋斗，华为已从幼稚走向了成熟，成熟也会使我们怠惰。只要组织充满活力，奋斗者充满一种精神，没有不胜利的可能。炮火震动着我们的心，胜利鼓舞着我们，让我们的青春无愧无悔吧。春江水暖鸭先知，不破楼兰誓不还。”

任正非还表示，不论时代怎么变，但华为艰苦奋斗的文化不会改变。华为人艰苦奋斗的精神非常值得学习。华为人这些感人的故事，为那些志在走出去的中国企业提供了非常好的成功案例。

痛，并快乐着！

伟大的背后都是苦难。华为表面成功的背后，全是一把辛酸泪。

2015 年 1 月，华为公司首次在国内外同时发布了一幅企业形象平面广告，广告画面不是什么影视明星，而是一只“烂脚”，一只脚穿着舞鞋优雅光鲜，脚尖点地，而另一只脚却赤裸并伤痕累累，让人心酸。

“烂脚广告”图片配文：“我们的人生，痛，并快乐着！”

这幅构图对比鲜明、充满冲击力的广告图片，来自美国著名摄影

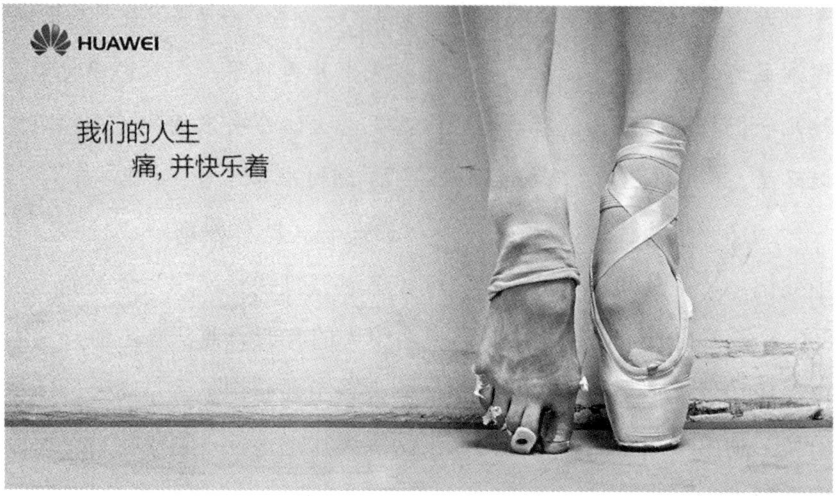

华为发布的企业形象平面广告“我们的人生，痛，并快乐着！”

艺术家亨利·路特威勒（Henry Leutwyler）的摄影作品“芭蕾脚”。

众所周知，芭蕾舞是一门高贵典雅的艺术，它庄重而优美，令人陶醉。但同时，对芭蕾舞者来说，这也是一门艰辛的艺术，绝非轻易就能掌控。而路特威勒是一位非常了解芭蕾舞的摄影师，他热爱芭蕾，花了近30年时间拍摄芭蕾舞照片。在他看来，芭蕾舞“不仅仅是舞蹈”，更“表达了人类情感的各种形态：爱、绝望、热情、希望，还有最重要的是，快乐”。路特威勒专门花了4年时间，用镜头跟踪记录纽约芭蕾舞团成员的工作与生活，从台前到幕后，从排练到演出，点点滴滴都不错过，最终精选照片形成《芭蕾脚》一书刊出，“芭蕾脚”就是其中的一张重要作品。而“芭蕾脚”这幅作品所呈现的，就是芭蕾舞的极致美丽与背后的汗水。

当任正非一看到这幅图，就怦然心动。他感慨地说：**“这不正是华为的真实写照吗？！华为就是凭一双烂脚走到了今天！”**后来华为买断了路特威勒“芭蕾脚”这幅照片的版权和使用权。

作为全球ICT领导者，华为今日的成功和辉煌的成绩，正如广告上芭蕾舞者的左脚，光鲜亮丽。但华为作为一家民营企业，而且身处高门槛、竞争激烈的ICT领域，有谁知道成功背后的艰辛，正如广告中的右脚，“我们的人生，痛，并快乐着！”这传递的是华为人奋斗、坚持不懈、追求完美的精神！

2015年5月26日，任正非在达沃斯论坛发表演讲时说：**“我们除了比别人少喝咖啡，多干点儿活，其实我们不比别人有什么长处。就是因为我们起步太晚，我们成长的年轮太短，积累的东西太少，我们得比别人多吃苦一点，所以我们只有一只是芭蕾脚，一只是很烂的脚，我觉得就是华为的人，痛并快乐着，华为就是那么一只烂脚，走向世界，走到今天！”**

“芭蕾脚”其实依旧承袭了华为多年来所宣扬的“华为精神”，也就是艰苦奋斗，也就是吃得苦中苦，方有甜上甜，也就是不经历风雨，哪得见彩虹……“芭蕾脚”背后的华为相信，一切美好有序事物的背后，总有努力与付出，华为不相信不劳而获与天上掉馅饼。华为走向明天，依然要坚持以奋斗者为本！

“以奋斗者为本”，不是华为的一句口号，而是华为的灵魂。这个灵魂可以连接到天地宇宙万物的灵魂，可以连接到各民族的灵魂。

华为亮出它的“芭蕾脚”，试图给全社会看到华为不同的一面：华为不只是财大气粗、四处做广告的世界500强，同时还是一个只有30年历史，靠艰苦奋斗才成功的新公司。华为亮出它的“芭蕾脚”，是提醒17万华为员工，不要忘记华为是因为什么成功的！也是告慰华为员工，没有人会忘记那些默默付出的“烂脚”，要共患难，也要共荣光。

一位外国的总理看到华为的“烂脚”广告后感动地说：“这个广告非常有意义！这样的故事要讲给大家听，一定会得到很多人的认可，进一步了解华为。”

“烂脚”广告是一曲中国梦的颂歌。很多互联网的大佬，都在议论怎样站在“风口”当飞起来的猪，而已经一飞冲天的华为，却拨开了光鲜的另一面，亮出疤痕累累的“芭蕾脚”。这是中国梦的最重要的支撑。感谢华为，以一则“烂脚”广告，展现了中国人的豪迈，展现了中国人的精神！

一双烂脚走世界，痛，并快乐着！华为就是这样走向了世界，走向更加美好的未来！

恐惧造就伟大，在自我批判中进步

自我批判是华为核心价值观之一，是华为的传统。正是这种传统，使华为从只有几个人的时候那股劲儿，到 17 万人还保持着当年那股劲头，华为当年那股劲，一直由几个人传承到 17 万人，那股激情、那股玩命精神，没衰落，这个队伍始终保持着旺盛的战斗力。

其实，自我批判不是今天才有，几千年前的曾子曰“吾日三省吾身”；孟子亦云“天将降大任于斯人也，必先苦其心志，劳其筋骨，饿其体肤，空乏其身，行拂乱其所为，所以动心忍性，曾益其所不能”；毛泽东在写文章时，要求“去粗取精，去伪存真，由表及里，由此及彼”，都是自我批判的典范。没有这些自我批判，就不会造就这些圣人。

毛泽东曾经这样强调“自我批评”的重要性：“有无认真的自我批评，也是我们和其他政党互相区别的显著的标志之一。”他将“自我批评”作为一种思想武器，彰显出一个政党的特点。任正非在部队时曾是“学毛标兵”，他将“自我批评”转化为华为的管理思想，提出了管理人员必须要具备“在自我批判中进步”的观念。

为什么要开展自我批判呢？任正非在一篇名为《为什么要自我批

判》的文章中详细解答了这一问题：

华为还是一个年轻的公司，尽管充满了活力和激情，但也充塞着幼稚和自傲，我们的管理还不规范。只有不断地自我批判，才能使我们尽快成熟起来。我们不是为批判而批判，不是为全面否定而批判，而是为优化和建设而批判，总的目标是要导向公司整体核心竞争力的提升。

这些年来，公司在《华为人》《管理优化》、公司文件和大会上，不断地公开自己的不足，披露自己的错误，勇于自我批判，刨松了整个公司思想建设的土壤，为公司全体员工的自我批判打下了基础。一批先知先觉、先改正自己缺点与错误的员工已经快速地成长起来。

我们处在IT业变化极快的十倍速时代，这个世界上唯一不变的就是变化。我们稍有迟疑，就失之千里。故步自封，拒绝批评，忸忸怩怩，就不止千里了。我们是为面子而走向失败，走向死亡，还是丢掉面子，丢掉错误，迎头赶上呢？要活下去，就只有超越，要超越，首先必须超越自我；超越的必要条件，是及时去除一切错误。去除一切错误，首先就要敢于自我批判。古人云：三人行，必有我师。这三人中，其中有一人是竞争对手，还有一人是敢于批评我们设备问题的客户，如果你还比较谦虚的话，另一人就是敢于直言的下属、真诚批评的同事、严格要求的领导。只要真正地做到礼贤下士，没有什么改正不了的错误。

真正的科学家，他的一生就是自我批判的一生，他从不满足于现阶段的水平，不断地深究、探索。当一个科学家要退休时，你问他，他的成果怎样？他滔滔不绝说的是存在的问题、改进的方向，以后要达到的目标，他就是在自我批判。没有自我批判，我们的C&C08机早就死亡了。正因为我们不断地否定，不断地肯定，又不断地否定，才有今天暂存的C & C08iNET平台。如果有一天停止自我批判，

iNET 就会退出历史舞台。

任正非很清楚，每一个华为管理人员都会遭遇到个人责任能力临界点，这是一个不争的事实。客观地讲，管理者的成长与企业组织的成长，是一场马拉松式的速度赛跑——管理者个人素质与能力的成长速度，必须快于或等于企业组织的发展与成长速度。如果管理者个人素质与能力的成长滞后于企业规模和扩展要求的能力，就会达到所谓的痛苦的“个人能力临界点”。

每一个管理者，遭遇的每个临界点都是管理者能力素质的制约瓶颈，都是他们面临的自我超越的时刻。管理者只有通过不断地学习和自我否定，像蛇蜕皮一样，每蜕一次皮，就获得一次成长。尽管这个蜕皮的过程很痛苦，甚至很危险。

1998 年，《华为基本法》定稿之时，任正非就提出在华为总部新基地门口立一块石碑，上书：“一个企业长治久安的基础是接班人承认公司的核心价值观，并具有自我批判的能力。”可见，华为之所以能够成功，没有垮下去，靠的就是围绕核心价值观的长期自我批判。

任正非认为，在这个大变革时代，自我批判是拯救公司最重要的武器。当互联网思维肆虐的时候，当“猪都能飞起来”的时候，任正非又在内部开展自我批判的行动。

2000 年，华为研发体系更举行过一个万人规模的“呆死料”大会，一起回顾反思历史上犯过的错误，并领取很特殊的“奖品”——因自己的幼稚和错误而造成的呆死料和机票。自我批判，帮助产品体系时刻保持清醒头脑，不自满，虚心向外界学习。2010 年，在马来西亚电信产品出了事故被投诉后，公司上上下下开反思会，分析原因，系统改进，大家从思想深处剖析自己如何改进，基于此案例优化了解决方案管理能力并强化了以客户为中心的文化。

任正非在华为内部建立了一个叫“蓝军”的组织和制度。自我批判的一个制度性设计就是蓝军。蓝军是相对红军而言的，是一个专门的组织，研究怎么打败华为，打败华为的产品和解决方案。换句话说，是专门挑刺、说不好听的话，而不是来迎合大家的。当年某个接入网产品，为了满足欧洲客户的需求，红军设计了一个平台架构。这时蓝军的一个专家跳出来，写了很长一篇文章，说这个产品架构有缺陷，肯定会失败，写了很多条理由，每条都有论证。红军就开始反击蓝军，召集了硬件、软件一堆的专家，不断去优化架构和设计，来证明自己正确。蓝军的“攻击”把整个红军团队激发了，这个产品 2004 年开始设计，2006 年上市，到今年 10 年了，架构还是领先的。这就是蓝军机制。这种机制能激发我们的潜力，使华为在产品和技术上不断创新。

华为已经成为全球通信设备企业的领导者，但任正非认为，今天的华为恰恰可能是最脆弱的时候，为什么呢？成功容易让人变得怠惰和自大，让组织变得盲目骄傲和故步自封。过去的成功不是未来成功的可靠向导，不能陶醉于过去的成功，迷信过去成功的经验，要敢于不断地批判自己。

2016 年 8 月，华为的一位海归程序员泥瓦客从组织、流程、环境、工具四个方面痛斥在华为做研发的不易，并写了一篇名为《华为到该炸掉研发金字塔的时候了》的文章发布在一本内部刊物上，呼唤“炸掉华为研发金字塔！”

他在文章中直言不讳地指出华为在研发方面存在的四大弊端：

一、组织问题：1. 架构设计 SE 与开发分离，一些架构师与专家基本不懂开发；2. 开发者多为低级别，比较难有技术积累；3. 多头管理；4. 沟通成本高。

二、流程问题：1.IPD 流程不太适合需要快速迭代的软件；2. 安全红线耗费资源巨大。

三、环境问题：1. 没有时间抬头看路；2. 技术任职资格效果不佳，传、帮、带困难。

四、工具问题：1. 研发办公环境；2. 代码库管理、Review、Checkin 和 Bug Tracking 工具，基于 Web/Git 的 Review 和 Checkin 的相应工具差距非常大；3. 知识资源的获取。

这篇文章被华为"心声社区"网站转发，一石激起千层浪，在华为引发了一场轰轰烈烈的内部讨论。

一位员工在留言中写道："很多研发的同学都抱怨过，聪明的人都去做管理了。根源还是研发团队的作战方式。一个项目需要那么多人，必然需要有管理，就有所谓的管理者，管的人越多，管理者做技术的时间越少。要转变开发的模式，班长的战争。如果都是一个个的小团队，就不需要那么多的所谓的技术管理者了。"

……

内部激烈的讨论惊动了任正非。他在看完这篇文章和所有人的讨论后，签发了一封总裁办邮件，把文章和大家的讨论贴出来，告知全公司，此举动背后的心思不得不说耐人寻味。

任正非在他签发的邮件中写道：**在技术工作上客气是毒品，直面的批评、争论才是良药。**钛媒体编辑把这篇作者原文和上述任正非邮件的核心内容整理了出来，倒是一份很好的关于"研发"与技术管理的研究材料，也能更深层次地帮助理解华为变大之后的内部问题。

华为的快速成长，其实就是华为管理团队不断否定过去，自我否定的结果。

30 年的艰苦奋斗和残酷的竞争使任正非领悟到："自我批判对于一个公司的发展有多么重要，但是很多企业没有领悟到，如果没有坚持这个原则，华为绝对不会有今天。没有自我批判，我们就不会认真听取客户的需求，就不会密切地关注并学习同行的优点，就会以自我为中心，必将被快速多变的经济市场环境所淘汰。世界上只有那些善于掌握自我批判的公司才能存活下来，我们要不断地自我批判，不断地进步，世界是在永恒的否定之否定中发展的。自我批判不是为了批判而批判，不是为了全面否定而批判，而是为了优化和建设而批判，总的目标是导向公司整体核心竞争力的提升，只有具备牺牲精神的人，才有可能成为将军，只有长期坚持自我批判的人，才会有广阔的胸怀。”任正非一直通过自我批判的哲学工具来锻炼队伍、选择优秀的人才。华为的自我批判不是一种口号，而是一种制度，一种文化。

任正非说：**“我也不在乎接班人是否忠诚，接班人都是从底层打出来的，打出来的英雄同时又能够进行自我否定，自我批判，同时又有开放的胸怀，又有善于妥协的精神，同时在看人的问题上能够多元视角，而不是黑白分明，他就是自然而然成长的领袖。领袖不是选拔出来的，是打出来的。”**

任正非一直坚信，自我批判是拯救公司最重要的行为。这个时代前进得太快了，若我们自满自足，只要停留 3 个月，就会注定从历史上被抹掉。

这种自我批判精神使任正非在新业务上采取完全放权的策略，让新人做新事。

恐惧造就伟大。任何组织，包括个人，如果没有与你成长所相伴随的那种不安全感，那种始终追随着你的不安的影子，你可能就会变得很放松、很悠闲。但是，这种放松跟悠闲可能的结果是：在一个猝不及防的打击面前，你的安逸、对危险的麻木，会导致组织快速崩溃。

第四章

灰度哲学：在黑白之间寻求平衡

“灰度管理”是企业的生命之树。一个领导人重要的素质是方向、节奏。他的水平就是合适的灰度。坚定不移的正确方向来自灰度、妥协与宽容。灰度给了我更大的心胸，我用它来包容整个世界。

——任正非

只有开放才能永存

中国历来都不缺乏政治家、企业家，但从来都缺少真正的商业思想家，在当代中国，任正非应该算是一个商业思想家。这也是笔者 20 年来坚持研究华为的主要原因之一。

作为中国改革开放以后成长起来的第一代企业家，军人出身的任正非在带领华为快速发展的同时，更加重视其企业哲学思想的发展，并形成了特点鲜明的哲学思想。

企业离不开哲学，管理一个企业，需要管理思想。任正非说过：**“看哲学使人快乐，看历史使人痛苦。”通过哲学思考，会沉浸在一种自由思考的快乐过程中，看中国的历史及现在，历史及未来，是很悲观的。**

任正非的管理哲学根源在于对商业本质的把握，“在商言商”就是回归常识、回归朴素、回归真理、回归简单、回归商业理性、回归商业的本质。如果一个企业不能把握商业本质，那么它就会变成机会主义，机会主义是没有未来的，机会主义可以赚钱，但是机会主义不会成为伟大的公司、伟大的商业机构。商业的本质其实并不神秘，商业本质就是一些尝试，一些朴素的尝试，一些基本的底线、规则和范式。

“真理都是赤裸裸的”，探寻常识、遵循常识、坚守常识、以商业常识来经营管理企业也就成了任正非进华为20多年来所坚守的最基本的底线。做哲学思考的人都孤独，任正非是孤独的，他在孤独中悟道，在孤独中布道，在孤独中建道，在孤独中述道。

经常有人问究竟是什么驱动了华为的成功？笔者认为是华为的核心价值观描述的利益驱动力，驱动全体员工共同奋斗，是一场从精神到物质的转移，而物质又巩固了精神力量。近30年来，华为不断推行的管理哲学对全体员工的洗礼，每个员工身上小小的原子核在价值观的驱使下，发挥了巨大的原子能。对于华为成功质疑的一个结论，华为的成功就是靠哲学和文化的力量。

“开放、妥协、灰度、均衡”是华为文化的精髓，也是一个领导者的风范。

任正非在内部讲话中多次强调“开放”的重要性。他说：“**一个不开放的文化，就不会努力地吸取别人的优点，逐渐就会被边缘化，是没有出路的。一个不开放的组织，迟早会成为一潭死水的。我们无论是在产品开发上，还是销售服务、供应管理、财务管理……都要开放地吸取别人的好东西，不要故步自封，不要过多地强调自我。创新是站在别人的肩膀上前进的，同时像海绵一样不断吸收别人的优秀成果，而并非封闭起来的‘自主创新’。与中华文化齐名的古罗马、古巴比伦已经荡然无存了。中华文化之所以活到今天，与其兼收并蓄的包容性是有关的。今天我们所说的中华文化，早已不是原教旨的孔孟文化了，几千年来已被人们不断诠释，早已近代化、现代化了。中华文化也是开放的文化，我们不能自己封闭它。向一切人学习，应该是华为文化的一个特色，华为开放就能永存，不开放就会昙花一现。**”

5年前，任正非曾这样说：“在舆论面前，公司长期的做法就是一只把头埋在沙子里的鸵鸟，我可以做鸵鸟，但公司不能，公司要前进，公司在开放的同时还要允许批评。”任正非还表示：“公司任何员工都可以自由接受记者采访，讲错了观点不要紧，只要你讲的是事实。”后来，华为公司有5位高管开通了实名微博，聆听用户对产品的看法，并与网友互动交流，频繁接受媒体采访，这是华为主动接近媒体的开始。

任正非给外界传达出这样一种信号：华为正在试图建立一种更加透明化和开放化的公司制度体系，它的形象变得更加亲民。而事实上，这是一场更深层次的战略转型，华为正在从一家神秘的B2B公司转型为一个世界级的消费者品牌，因此，它必须敞开心扉，只有与世界对话，与世界握手，才能拥有全世界。

任正非有一个不做“黑寡妇”的观点。什么叫“黑寡妇”呢？就是拉丁美洲有一种毒蜘蛛，这种毒蜘蛛，母蜘蛛跟公蜘蛛交配以后，它就把公蜘蛛给吃了，为什么要吃了呢？因为它交配以后要生幼蜘蛛，要供给营养，所以它宁可把自己的公蜘蛛都给吃掉。因此任正非说，我们绝对不能做“黑寡妇”。

任正非在内部讲话时强调：**“我们要学习美国的创新精神、创新机制和创新能力。要打破自己的优势，形成新的优势。我们不主动打破自己的优势，别人早晚也会来打破。我们在学术会议上要多和爱立信、阿朗、诺西交流，并在标准和产业政策上与它们形成战略伙伴，就能应对快速变化的世界。”**

华为过去就是一个“黑寡妇”的形象，华为的合作者没有一个有好下场，这样只会带来越来越多的对手，不会带来同盟者。

不过今天的华为，面对全球竞争，也不再像当初那样打价格战了。如今的华为在很多时候的报价都不是相对最低的，甚至有时还是比较高的。这说明什么呢？说明华为慢慢在这个生态布局里处于领导地位，它求和，和谐的“和”，已经在追求和谐共生的商道。

华为成功登顶之后，任正非确立了“开改、合作、共赢”的经营理念。从与竞争对手的相处方式来看，华为与竞争对手既有竞争又有合作，不称王不称霸，与友商共谋发展。

如何解决开放问题，任正非受李冰父子修建都江堰得到的启发得出“深淘滩，低作堰”：“深淘滩”，强化管理，挖掘潜力，一个企业不是靠规模、靠物质投入来实现高增长，而是靠人均效率的持续增长，人均效率是个对标，华为人均效率的持续提高，衡量指标就是对标，和别人还有差距，但是这个差距大大缩小，就是深淘滩，挖掘自己；“低作堰”，不到处建拦水坝，把利润和供应商利益相关者给予分享，形成同盟。未来的竞争是产业链的竞争，而不是一个个体企业的竞争，允许意见就是战略储备。

华为的“2012 实验室”就是从文化制度、产品层面和组织层面来培养意见，有些意见在目前可能是“歪理邪说”，未来可能就是正确的，这就是一种开放。华为实行“鲜花一定要插在牛粪上”的战略，这个“牛粪”，可以是华为的“牛粪”，也可以是别的“牛粪”，不封闭起来自娱自乐搞创新，这就是一种开放心态；创新的导向就是市场成功，市场成功的评价标准是客户需求，华为用了很多年的时间消灭工程师文化，这就是一种开放的态度。

任正非说：**“开放是公司生存下来的基础，如果我们公司不开放，我们最终会走向死亡，开放要以自己的核心成长为基础，加强对外开放合作，华为坚持开放的道路不动摇，开放是我们的出路。”**他认为，迪拜的文化就是建立一个开放的社会，借用全世界的智慧，使用别人的钱，建设一个全球最美的城市。它开国时的一句口号，“揭开面纱，穿上西装，走进世界”，对世界文明是一个启迪。

16 年前，任正非路过迪拜时，写了一篇文章《资源是会枯竭的，唯有文化才能生生不息》，就是指迪拜这种开放性。他号召华为人向迪拜学习，建设一个强大的华为。

华为长期推行的管理结构，就是一个“耗散结构”。任正非认为“耗散结构”，就是让公司在稳定与不稳定、平衡和不平衡间交替进行，这样的公司才能保持活力。“有能量一定要把它消耗掉，使华为获得一个新生。如果不能开放，这个组织就没有能量交换，就缺乏活力。”

任正非告诫华为的高管：**我们在前进的路上，随着时间、空间的变化，必要的妥协是重要的。没有宽容就没有妥协；没有妥协就没有灰度。不能依据不同的时间、空间，掌握一定的灰度，就难有合理的审时度势的正确决策。开放、妥协的关键是如何掌握好灰度。每一个将来有可能承担重任的干部，一定要对开放、宽容、妥协和灰度有深刻的理解，这是将来要成为领袖最重要的心态和工作方法。**

任正非说：**“我们不强调自主创新，我们强调一定要开放，我们一定要站在前人的肩膀上，去摸时代的脚。我们还要继承和发展人类的成果。”**

华为是开放的，不开放只有死路一条。20 多年来，华为坚持做一个开放的群体，始终没有停止过开放。华为以开放为中心，和世界进行能量交换。因为开放，才有今天的华为；只有开放，华为才能有更加美好的未来！

清晰的方向来自灰度

任正非就是当今中国最具思想力的企业家，他对老子和庄子有着深深的感悟，同时又对米歇尔·沃尔德罗普的《复杂》深感共鸣和共振。任正非在华为倡导“灰度管理”，提出了一个在混沌和颤抖中把握平衡和节奏的新视角。

任正非说：**“一个领导人重要的素质是方向、节奏。他的水平就是合适的灰度。坚定不移的正确方向来自灰度、妥协与宽容。”**

在任正非看来，一个清晰的方向，是在混沌中产生的，是从灰色中脱颖而出的，方向是随时间与空间而变的，它常常又会变得不清晰。并不是非白即黑、非此即彼。合理地掌握合适的灰度，是使各种影响发展的要素，在一段时间和谐，这种和谐的过程叫妥协，这种和谐的结果叫灰度。

任正非在一篇文章中写道：**“妥协的内涵和底蕴比它的字面含义丰富得多，而懂得它与实践更是完全不同的两回事。像华为的干部，大多比较年轻，血气方刚，干劲冲天，不大懂得必要的妥协，工作就会产生较大的阻力。”**

有很多人觉得任正非就是一个奋斗精神的实践者，永远都在奋斗，好像就是一个单向路、不屈不挠一直在往前走的人。但事实上，我通过对任正非更多地了解以后，发现他也是一个矛盾的混合体，他的思维经常往东又往西，往南又往北，所以他有的时候可能是在这种混合的灰色地带里面，找到了处理问题的一个最佳方法。在某种意义上，他这就是实事求是和不走教条主义的道路。

追溯任正非灰色思想的根源主要是“文化大革命”期间他父母所受的折磨、家庭对他人生的影响、他本人经历的时代变迁以及历次“政治运动”的洗礼，使他对许多事物产生了新的认识与反思，从而形成了他的灰色思想。

任正非在《我的父亲母亲》一文中写道：**“我们亲眼看到父母的谨小慎微、忘我地拼尽全力工作，无暇顾及我们，就如我拼死工作，无暇孝敬他们一样。他们对党和国家、对事业的忠诚，已经历史可鉴。”因此，任正非总结道：革命的中坚分子在一个社会中是少数的，而像**

他父亲、母亲那样追随革命，或拥护革命，或不反对革命的人则是大多数。

社会应认同他们，给以机会。不必要求他们那么纯洁，花上这么多精力去审查他们，高标准要求他们，他们达不到也痛苦。而且要精神文明与物质文明一同来支撑，以一种机制来促使他们主观上提高生存质量，客观贡献是促进革命，充分发挥他们贡献的积极性。

另外，正是由于父亲“文化大革命”受审的影响，任正非本人一直受到牵连，没能入党，也始终当不了红卫兵，没能戴过红卫兵袖章，那时戴上袖章可是一种政治地位的象征，任正非只有羡慕那些家庭清白的同学的份儿。

任正非在《我的父亲母亲》一文中坦言：**“‘文化大革命’中，无论我如何努力，一切立功、受奖的机会均与我无缘。”**粉碎“四人帮”后，任正非才入了党，并且各种嘉奖排山倒海式地涌来。

正是他父母亲的亲身经历和“文化大革命”时期遭受到的迫害，以及亲历了父母的思想改造过程，加上家庭问题对他产生的影响，从而形成了他独特的哲学思想——灰度。任正非曾表示，“文化大革命”对国家是一场灾难，但对我是一次人生的洗礼，使我在政治上成熟起来。

创办华为以后，任正非对待员工，包括辞职的员工都是宽容的。任正非说：**“我们只选拔有敬业精神、献身精神和有责任心、使命感的员工进入干部队伍，只对高级干部严格要求。这也是亲历亲见了父母的思想改造的过程，而形成了宽容的品格。”**

灰色思想是在是非分明之间寻找一种两全其美的平衡点。这种寻求平衡点的过程就是让“是”与“非”、“对”与“错”之间相互吸收，相互取舍，相互融合，达到互相促进和作用的目的，这是符合自然发展规律的。对于在企业运作中，特别是企业变革中，或与对手或是上下级交锋时出现的矛盾与争端不可避免，甚至不可调和时，找到一个双方都能接受的“灰色”方法，沉静而御，平缓地过渡，化解激烈的矛盾冲突，常常是一种更为理智的选择，避免走入极端，以至于“过犹不及”“亢龙有悔”。因此，一定在控制有效的基础上，进行转制改革，使变革平稳地软着陆。

在任正非看来，管理企业要与时俱进，变革就免不了。但纵观古今中外历史上无数的变革都伴随着流血甚至牺牲，不成功的变革比成功的更多，特别是触动人的利益、进行利益再分配时，很容易出现大的动荡甚至骚乱，造成组织分裂等。任正非在华为二次创业时期，为了使公司与国际管理接轨，进行了一系列变革。任正非是如何避免在公司内部大的变革中出现大的动荡或骚乱呢？其实就是掌握灰度，不走极端。使变革沉静而御，平稳地软着陆。

任正非在对华为变革的论述中有一段话，阐述了他这一灰度思想的内涵。**“我们处在一个变革时期，从过去的高速增长、强调规模，转向以强调效益的管理变革，以满足客户需求为目标，从而获得持续生存的能力，在这个变革时期中，我们都要有心理承受能力，必须接受变革的事实，学会变革的方法。同时，我们要有灰色的观念，在变革中不要走极端，有些事情是需要变革，但是任何极端的变革，都会对原有的积累产生破坏，适得其反。”**

任正非以前自嘲华为元老是一帮“土八路”，华为从 1996 年开始进行第二次创业，任正非要求将“土八路”转变成国际职业经理人，从游击作战转变为全球跨文化战略；从技术导向转变为以客户需求为导向的企业，从人治走向法治；从过去高速增长、强调规模，转变为以强调效益与规模俱进，变革是不可或缺的。但任何极端的变革，都会对原有的积累产生破坏，所以变革要灰色，做到进取而不盲动，稳健而不保守，敢冒风险，又善于稳中求胜：敢于创新，又要把握分寸，恰到好处。

任正非说：“面对我们所处的时代环境，我们的变革太激进、太僵化，冲破阻力的方法太苛刻。如果我们用较长时间来实践，而不是太急迫、太全面，收效也许会好一些，其实就是缺少灰度。”

做人力资源要理解企业、理解老板、理解人性，理解人性其实很难，任正非对人性的管理，是一个很大尺度上的把握，它对人性的理解就是灰度。任何黑的或白的观点，都是容易鼓动人心的，而我们恰恰不需要黑的或白的，我们需要的是灰色的观点，介于黑和白之间的灰度，是十分难掌握的，这就是领导与导师的水平。坚定不移的正确方向，来自于灰度，来自于妥协，来自于宽容。现实中中国人是讲极端的，从组织的运作来看，不管是公共组织还是企业组织都是在走极端，一个组织如果走向了极端，再回归到灰度是很难的，其实黑和白是最容易走的两条路，非黑即白，冲向一端去怎样把握这个度，既有黑又有白，融合黑和白的两种思想，形成合力可能是最难的。

任正非强调：**“我们各级干部要真正领悟妥协的艺术，学会宽容，保持开放的心态，就会达到灰度的境界，就能够在正确的道路上走得更远，走得更扎实。”**任何事物都有对立和统一的两面，管理上的灰色是我们的生命之术。在华为的管理实践中，到处都充满着灰度，我们尊重员工，但要集体奋斗，华为的很多做法，都是先拉到一个端，然后再拉回来，最后形成闭合，绝对不走极端。在我们现实生活中也是如此，中国人本身的灰度决定了我们不能拿着一个简单的白或者黑的管理工具来管理中国人。

灰度哲学，是华为管理思想和实践的根本方法，是其哲学层面的管理方法论，是任正非和华为的价值观、经营哲学、管理理念的精神实质。任正非讲过：**“一个领导人重要的素质是方向、节奏。他的水平就是合适的灰度。”**

我们从任正非的身上看到很多不同向度的立场和观点，却恰恰很完整地统一在他的身上。我相信这样的一种统一、这样的一种消化，需要有巨大的包容心来支持，我相信这个过程也会是非常非常痛苦的。

游走于“灰度”之上的任正非说他长期有焦虑症，也患过严重的抑郁症，我相信可能就是他要处理如此之多的矛盾，如此之多的方向，但最后他消化了，所以他才能够最后成就“开放、灰度和妥协、中庸”的管理哲学，是非常值得我们更多地理解和挖掘的。

从本质上讲，灰度哲学是正确反映客观世界和现实情况的思维模式。从字面意义上讲，灰度既不是黑，也不是白；既不是对，也不是错；既不是好，也不是坏，是一种融合体，不走极端。灰度思维既不是“非白即黑”的反向思维，也不是“白加黑”的并存思维，而是“白黑融合”的和合思维。

灰度哲学符合事物普遍联系和永恒发展的客观规律。从联系的观点看，灰度是事物存在的一种状态，也是事物发展的一种结果。

任正非说：**“合理地掌握合适的灰度，是使各种影响发展的因素在一段时间内的和谐，这种和谐的过程叫妥协，这种和谐的结果叫灰度。”**另外，从发展和变化的视角看，灰度是事物未来的预期目标和执行过程。就目标而言，“一个清晰方向，是在混沌中产生的，是从灰色中脱颖而出的，方向是随时间与空间而变的，它常常又会变得不清晰。并不是非白即黑，非此即彼”。就过程而言，“方向是坚定不移的，但并不是一条直线，也许是不断左右摇摆的曲线，在某些时段中来说，还会画一个圈，但是我们离得远一些，或粗一些看，它的方向仍是紧紧地指着前方”。

著名管理学家彭剑锋认为，“灰”是一种颜色，是黑与白的融合，意味着企业的生存环境和未来不是简单、纯粹，易于辨别的，而是多元、复杂，存在不确定性的。“灰”又是黑与白之间的过渡，它混沌、模糊，同时也蕴含着多重元素，在混沌的表象下实则孕育着活力和生命力。

当然，灰度哲学也不是普遍真理和万能钥匙，自有其适用范围。华为30年的实践证明，灰度哲学要对症下药，“黑白分明”也能够对号入座。其一，战略、战术可以讲“灰度”，多些辩证分析和随机调整，核心价值观却是17万华为人最高的“形而上学”，不能有丝毫的扭曲和变通。其二，对人讲“灰度”，用“两分法”，用全面和发展的眼光去看，以激发信任、释放潜能，对事和运营流程讲“黑白分明”，要坚持“形而上学”，容不得一点“灰度”和弄虚作假，以真正体现“以客户为中心”的价值理念。

“灰度”的本义是指在黑与白之间能够平滑过渡的一种方式方法。企业要跨越“中间状态”的迷惘，在黑与白的融合之中找到自己的方向和路径，在各种复杂因素交织的运动中控制自己的步伐节奏，其实也有一些方式方法，我们可以称之为“灰度领导力”。

“灰度时代”要求企业家重树使命、承担责任和提升能力。在“灰度时代”，企业家和企业高管所需要的思维意识和核心能力素质就是一种“度”，即对方向的判断、分寸的拿捏、火候的控制、时机的把握、节奏的掌控和管理艺术的最佳发挥。

其实，没有哪个企业能够始终为自己设定出正确的发展方向；相反，只有在不断发展、不断试错的过程中，随着对市场认知的提升和对自身实力的精确判断，企业才能够摸索出符合自身的发展方向。

华为的成功是一种战略的成功。30年的管理实践，给予任正非的是对商业规律与商业模式的领悟，对企业运作与成长规律的深刻思考，对公司内外部环境变化的敏锐感知，对国内外市场与行业发展的洞察和正确判断，对客户需求及其变化的准确把握，并形成了自己独特的管理哲学和管理理念：坚守均衡、灰色和妥协，关注大势、方向和节奏，不断制定出华为正确的发展战略，通过先人一步的经营理念，坚持不懈地自我批判，信守在商言商和实事求是，追求无为而治，崇尚天道酬勤和艰苦奋斗，坚信“从泥坑里爬起来的人是圣人”“是太阳总会升起的”“烧不死的鸟是凤凰”，而获得最终的成功。

尼采说：“庸人们围着演员转，世界围着新价值的创立者转。”30年，华为经历了蛮荒中求生存的艰辛和磨砺，有灵魂中的英雄主义在升腾！更有神圣的博爱与希望在茁壮！那就是根植于中国土壤和最新科学发展的华为灰度哲学。这是一种全新的价值观！

笔者在与管理专家王育琨先生交流时，他这样评价任正非的灰度哲学：“由灰度哲学浸润和滋养的华为人，已经不是用自己的眼睛在看世界了，他们开始用客户、供应商、供应链的眼睛看世界，用万事万物的真来看世界、感触世界和建设世界。那种不设限的开放与聚集，那种在所有层面分分钟聚集全球最先进与最接地气的智慧的努力，让华为卓而不同。正可谓：‘贵以身为天下若可寄天下，爱以身为天下若可托天下’。”

任正非说：“灰度给了我更大的心胸，我用它来包容整个世界。”是的，一个企业家只有学会了宽容，保持开放的心态，才能真正达到“灰度”的境界，才能够在正确的道路上走得更远，走得更扎实。

宽容是领导者的成功之道

任正非作为华为的“教父”，他对下属是很宽容的。在任正非看来，宽容是领导者的成功之道，为什么要对各级主管说宽容？这同领导工作的性质有关。任何工作，无非涉及两个方面：一是同物打交道；二是同人打交道。不宽容，不影响同物打交道。一个科学家，性格怪僻，但他的工作只是一个人在实验室里同仪器打交道，那么，不宽容无伤大雅。一个车间里的员工，只是同机器打交道，那么，即使他同所有人都合不来，也不妨碍他施展技艺制造出精美的产品。

但是，任何管理者，都必须同人打交道。有人把管理定义为“通过别人做好工作的技能”。一旦同人打交道，宽容的重要性立即就会显示出来。人与人的差异是客观存在的，所谓宽容，本质就是容忍人与人之间的差异。不同性格、不同特长、不同偏好的人能否凝聚在组织目标和愿景的旗帜下，靠的就是管理者的宽容。

任正非说：**“宽容别人，其实就是宽容我们自己。多一点对别人的宽容，其实，我们生命中就多了一点空间。宽容是一种坚强，而不是软弱。宽容所体现出来的退让是有目的、有计划的，主动权掌握在自己的手中。无奈和迫不得已不能算宽容。”**

在任正非看来，**只有勇敢的人，才懂得如何宽容，懦夫绝不会宽容，这不是他的本性。宽容是一种美德。只有宽容才会团结大多数人与你一起认知方向，只有妥协才会使坚定不移的正确方向减少对抗，只有如此才能达到你的正确目的。**

很多伟大的科学家、艺术家、思想家、企业家都有一些极端怪癖，比如不洗澡是个普遍的怪癖，乔布斯不爱洗澡……休斯飞机制造公司的创始人休斯也很少洗澡，休斯在20世纪60年代被称作美国的“世纪英雄”，他是一位疯狂的冒险家，也是亿万富豪，同时患有严重的幽闭症，却又生活放浪不羁……很多科学家的灵感不是来自于实验室，而是在马桶上一边排泄着肚肠里的污浊，灵感就出来了，还有就是洗澡时产生的灵感。

那么对这样类型的一些狂人，华为要不要给予包容？任正非的观点叫作“灰度理论”，反对非黑即白的用人观。有文化洁癖的人，尤其有道德洁癖的人是做不了企业领袖的，所以任正非多次讲，我们不是培养和尚、牧师，我们是一支商业部队，华为要容得下各种异类人。

任正非甚至刻意在公司倡导和配置反对的声音，甚至在组织体系上构建与“红军”力量唱反调的“蓝军”。而且从“蓝军”的优秀干部中，选拔“红军”司令。

“‘蓝军’存在于方方面面，内部的任何方面都有‘蓝军’，‘蓝军’不是一个上层组织，下层就没有了。在你的思想里面也是红蓝对决的，我认为人的一生中从来都是红蓝对决的。我的一生中反对自己的意愿，大过我自己想做的事情，就是我自己对自己的批判远远比我自己的决定还多。我认为‘蓝军’是存在于任何领域、任何流程，任何时间、空间都有红蓝对决。如果有组织出现了反对力量，我比较乐意容忍。要团结一切可以团结的人，共同打天下，包括不同意见的人。进来以后就组成反对联盟都没有关系，他们只要是技术上的反对。百花齐放、百家争鸣，让人的聪明才智真正发挥出来。”

任正非不仅宽容员工，在公司内部他还强调在创新上要宽容失败。任正非指出，在华为公司的创新问题上，第一，一定要强调价值理论，不是为了创新而创新，一定是为了创造价值。但未来的价值点还是个假设体系，现在是不清晰的。“我们假设未来是什么，我们假设数据流量的管道会变粗，变得像太平洋一样粗，建个诺亚方舟把我们救一救，这个假设是否准确，我们并不清楚。如果真的像太平洋一样粗，也许华为押对宝了。如果只有长江、黄河那么粗，那么华为公司是不是会完蛋呢？这个世界上完蛋的公司很多，北电就是押宝押错了，中国的小网通也是押错宝了，押早了。小网通刚死，宽带就来了。它如果晚诞生几年，就生逢其时了。”

第二，在创新问题上，华为要更多的宽容失败。宽容失败也要有具体的评价机制，不是所有的领域都允许大规模的宽容失败。因此，任正非要求华为的专家在思想上要放得更开，可以到外面去喝咖啡，喝咖啡可以报销，与别人的思想碰撞，把你们的感慨写出来，发到网上，引领一代新人思考。也许不只是华为看到你了，社会也看到你了，没关系，我们是要给社会作贡献的。当你的感慨可以去影响别人的时候，别人就顺着一路走下去，也许他就走成功了。所以在创新问题上，更多的是一种承前启后。

在任正非的领导哲学里有很重要的一个观点，“允许异见，就是战略储备”，任正非本人称之为灰度领导力。他认为灰度领导力是管理者的必备素质。

中国企业发展到今天，很多都是产业链式发展、集团化管理，需要企业家和企业高管具备跨业务、跨团队、跨职能合作的能力。同时，随着中国企业全球化的速度加快，如何跨地域、跨文化的沟通、合作和领导，也是摆在企业家面前的迫切命题。还有，和企业命运直接相关的消费者和员工也更加多元化：文化多元、价值多元、诉求多元。面对种种新问题，企业家只有努力提升自己的开放、宽容、沟通、协同的思维意识和领导能力。进一步开放才能融入全球市场、整合全球资源，不断发现和寻找到新的机遇；有包容心才能学会妥协，能容忍他人的缺点，允许下属失败，任用比自己更能干的人；沟通的前提是接纳，接纳不同文化信仰、不同代际特征、不同性格差异；协同是开放、宽容、沟通之后的结果，在协同中解决矛盾，由协同产生价值。

只有宽容才会团结大多数人与你一起认知方向，只有妥协才会使坚定不移的正确方向减少对抗，只有如此才能达到你的正确目的。

在我们的人生历程和企业经营管理中，应该意识到一个人拥有宽容的胸怀是非常重要的。莎士比亚曾说过：“有时，宽容比惩罚更有力量。”的确，宽容是一种美德。

宽容是一种非凡的气度、宽广的胸怀，是对人、对事的包容和接纳；宽容是一种高贵的品质、崇高的境界，是精神的成熟、心灵的丰盈；宽容是一种仁爱的光芒、无上的福分，是对别人的释怀，也是对自己的善待；宽容是一种生存的智慧、经营的艺术，更是一份自信和超然。正如任正非所说：“宽容别人，其实就是宽容我们自己。多一点对别人的宽容，其实，我们生命中就多了一点空间。”

妥协也是管理者必备素质

一说到“妥协”，就很容易让人想到中国传统文化中的“中庸之道”。“中庸之道”是中国儒家文化的精华，它的主张是“取中贵和”。但是任正非的思维与之比较存在很大区别。

“中庸之道”讲求的是做事不偏不倚，取折中之法，即所谓“不求有功，但求无过”的立身之道。而任正非所讲的“妥协”其实是非常务实、通权达变的丛林智慧。凡是人性丛林里的智者，都懂得在恰当时机接受别人妥协，或向别人提出妥协，毕竟人要生存，靠的是理性，而不是意气。妥协是双方或多方在某种条件下达成的共识，在解决问题上，它不是最好的办法，但在没有更好的方法出现之前，它却是最好的方法，因为它有不少的好处。

任正非认为，妥协是实现职业化的必要途径。每个人在这样复杂的情势中，要保持足够的宽容、妥协或灰度。宽容别人，其实就是宽容我们自己。多一点对别人的宽容，其实，我们生命中就多了一点空间。

任正非讲求的这种“妥协”并不是完全放弃原则，一味地让步。

而是以退为进，通过适当的交换来确保目标的实现。相反，不明智的妥协，就是缺乏适当的权衡，或是坚持了次要目标而放弃了主要目标，或是妥协的代价过高遭受不必要的损失。任正非认为“为了达到主要的目标，可以在次要的目标上做适当的让步。明智的妥协是一种让步的艺术，妥协也是一种美德，而掌握这种高超的艺术，是管理者的必备素质”。这就是任正非运用“灰度”思维来把握和指导自己的长期战略。

在任正非的灰度哲学中，坚持正确的方向与妥协并不矛盾。相反，妥协是对坚定不移方向的坚持。其核心是，方向是不可以妥协的，原则也是不可以妥协的。但是，实现目标过程中的一切都可以妥协，只要它有利于目标的实现，为什么不能妥协一下？当目标方向清楚了，如果此路不通，我们妥协一下，绕个弯，总比原地踏步要好，干吗要一头撞到南墙上？

而在长期战略制定上，现在很多企业都把“创新”当作一个重要的方向，但又有几家企业成功呢？

任正非认为在管理改进中，要继续坚持遵循“七反对”的原则：坚决反对完美主义；坚决反对烦琐哲学；坚决反对盲目创新；坚决反对没有全局效益提升的局部优化；坚决反对没有全局观的干部主导变革；坚决反对没有业务实践经验的人参加变革；坚决反对没有充分论证的流程进行实用。因为他深知，“完美主义”是扼杀管理创新的，“烦琐哲学”是要让改进搁浅的，“盲目创新”是自杀，“局部利益”是魔鬼，主政者“胸无全局”是自残，“空谈理论”是大忌，没有充分论证的流程是短命的。

在界定“灰度”上，任正非认为改良的积极作用大于变革。因此他不主张激变，而是谋定而后动。这将让华为在发展进程上更趋稳健，尤其在后危机时期，对于多数中国企业具有指导意义。另外，“灰度”思维对于组织管理也同样具有指导作用。目前，中国不少企业仍用金字塔形的层级命令控制体系，各部门各自为政、自利取向。在垂直管理控制下，部门之间的职能行为因缺少有机联系导致效率低下。

任正非最欣赏的领袖是拉宾，他觉得沙龙是一个政客，拉宾则是一个伟大的政治领袖。拉宾以土地换和平，必要时妥协，保持清醒理性的头脑，保持弱者的姿态至关重要，该示弱时向别人示弱。

在华为的决策体系中充满争辩和妥协，通过争辩、通过妥协，集中大家的智慧，在这种氛围中形成正确的角色，达成共识。宽容是领导者的成功之道，只有宽容才会团结大多数人，只有妥协才能坚定不移地在正确的方向上减少对抗，只有如此才能达到你的正确目的。

只有妥协，才能实现“双赢”和“多赢”，否则必然两败俱伤。因为妥协能够消除冲突，拒绝妥协，必然是对抗的前奏；我们的各级干部真正领悟了妥协的艺术，学会了宽容，保持开放的心态，就会真正达到灰度的境界，就能够在正确的道路上走得更远，走得更扎实。

由此可见，在任正非的管理思想中，任何事物都有对立和统一的两面，管理上的灰色，才是我们的生命之树。开放、妥协、灰度需要深刻去理解。

第五章

敞开胸怀：一杯咖啡吸收宇宙能量

华为的干部要敞开胸怀，拥抱世界，不断与外界交流，与全球的各类精英们撞击思想，并且敢于和勇于做“技术思想领袖”，用一杯咖啡吸收宇宙能量，把技术研讨会变成一个“罗马广场”，一个开放的科技讨论平台，让思想的火花燃成熊熊大火。

——任正非

只有文化生生不息

任正非非常注重企业文化建设，在华为建立了兼容并包的企业文化。华为的成功与其企业文化是密不可分的，而兼容并包的企业文化无疑是华为贡献给中国企业界最有价值的经验所在。

任正非说：**“世界上一切资源都可能枯竭，只有文化生生不息。”**作为当今最具影响力的商界领袖，30 年来，任正非以其令人荡气回肠的商业智慧和兼容并包的企业文化，不断地激荡着 17 万华为人和全球商界。

任正非强调文化，不仅仅是华为企业文化，不仅仅是每天所需执行的流程和制度，而是文化本身，积极将文化渗入了华为人的自身修养中去。在一个知识爆炸与急剧变化的时代，如何培养忠实的追随者，显得越来越扑朔迷离。大凡真正的大企业家，首先应该是思想家，对企业战略有清晰的认识，以自己独特的思想认识，影响和指导企业的发展。

对企业来说，产品可以模仿，技术可以学习，管理模式可以借鉴，流程也可以引进，唯一无法学习和复制的就是企业文化。

1997 年 7 月，任正非视察华为北京研究所并召开座谈会，他在讲话中指出：“华为的企业文化首先就是不排他的，它不完全是孔孟之道，也不完全是美国文化、日本文化和德国文化，实际上它是兼容了所有的文化。只要是好的文化，大家在思想上能接受，能认同，就可以转化为华为文化。所以华为文化本身是一种开放的不断学习的文化，如果我们完全封闭地去创建自己的文化，最终是要垮掉的。大家看鸦片战争失败的关键就是闭关锁国，我们不以开放的意识向全人类学习的话，华为公司也是要死亡的。”

“灰色”，还表现在华为文化的兼容性。在创立初期，任正非就注重内部管理改进。

任正非 1987 年筹资 2.1 万元创办华为，到 2016 年公司营收超过 5000 亿元，成为全球领先的信息与通信解决方案供应商。华为董事长孙亚芳认为，“这得益于公司恭恭敬敬地向西方公司学管理”。

华为引入西方企业的实践经验，探索现代企业制度，提升企业运营效率，但这仅局限于企业运营。在指导思想上，华为不吃西方那套。有一次，笔者在与海尔集团首席执行官张瑞敏交流时，他问我：余老师您长期研究华为，您觉得华为和海尔在管理上有什么不同？我回答说：华为与海尔的管理是不同的，海尔用管理理论指导企业运作，华为则用思想推动公司前进。今天，华为的管理思想，仍然基于任正非对中国传统文化的解读而来，很复杂，很宽泛。有时候，任正非的一篇内部讲话，就是华为的指导方针。

通读任正非的内部讲话，我们发现他并不是一个循规蹈矩的人，华为也没有高大上的系统的管理思想。但恰恰这正是华为独特的也是最厉害的地方，不囿于一隅，及时更新。企业在运行过程中一旦出现偏差，任正非就会及时自我批评，予以纠正；管理层一旦飘飘然，任正非就会及时浇冷水，让他们冷静、清醒。

国内很多企业发展到一定程度，就会出现各种各样的问题，是因为它们在按固定的理论指导行事，一旦出现新的问题，而旧有理论又无法解决，企业就会陷入一筹莫展的困境，甚至偏离航道。华为没有条条框框的束缚，作战更加灵活，随机应变，运筹帷幄之中，决胜千里之外。

事实上，西方所推崇的一些管理思想，在今天看来，很多值得商榷，有些已经过时。曾经输出管理思想的美国企业、日本企业，它们当中不少都遇到了麻烦。日本就在自我反思，究竟问题出在哪里？索尼前常务董事天外伺郎说，正是“绩效主义毁了索尼”。

在思想上，华为一直没有脱离中国传统文化。中国传统文化对华为的影响远胜过西方管理思想对华为的影响。比如“利出一孔”(出自《管子·国蓄第七十三》“利出于一孔者，其国无敌”）。任正非在部队就是一个“学毛标兵”，华为早期业务的开展是从经济落后、环境恶劣的第三世界国家开始，慢慢向欧美发达国家渗透，这与毛泽东的“农村包围城市”战略颇为相似，是在毛泽东的军事战略基础上改良而成；任正非的“让一线直接呼唤炮火”，让听得见炮声的人去决策，消化了毛泽东的“枪杆子里出政权”的思想；任正非呼喊冬天，时刻警告华为人艰苦奋斗、自我批判的文化不能丢，与毛泽东的“整风运动”颇为相似，提醒务必保持戒骄戒躁。

如果把任正非的内部讲话和文章集结起来，就是一部企业管理的经典巨著。《华为的冬天》《一江春水向东流》《北国之春》《让听得见炮声的人来呼唤炮火》《烧不死的鸟就是凤凰》《天道酬勤：幸福不会从天降》等文章极具号召力和煽动性，振聋发聩。看任正非的文章，很容易被他“洗脑”。今天，华为手机业务的快速崛起，很大程度上是受任正非的人格魅力的影响，很多“花粉”，其实都是任正非的粉丝。笔者就是华为的忠实粉丝，近几年来一直坚持使用华为手机。

华为企业文化就是中西融合，博采众长，它既吸收了中国古代道家、儒家文化，又兼容了美国文化、日本文化和德国文化。实际上它是兼容结合了古今中外东西方文化的杂家文化，它的特点首先就是不排他性、兼容性，在前人的基础上有所发展，有所创新，有所突破，有所改进，使之更加有自己的特色，更加华为化。只要对企业有用，大家在思想上能接受，能认同，就可以转化为华为文化。

同时华为文化本身是一种开放的文化，是不断学习与不断自我批判的文化。华为要以开放的意识向全人类学习，要破除狭隘的民族文化、民族自尊心与自豪感，否则华为公司也是要死亡的，这是华为文化真正有力量的地方。

正因为华为文化是一个开放的文化，所以它不断吸收优秀的文化，不断修正自己，不断自我批判，不断改进，不断进步，站在巨人的肩膀上，以世界为师，学习和吸收世界上一切先进的东西。正如任正非所说：**"我们公司聘请了这么多高级知识分子，花了很多钱，但从长远来看是值得的。原因就是文化层次高就能吸收所有合理的文化并转化为新的文化，所以华为文化是不断优化的文化。我认为华为是能够吸收全民族、全世界著名公司的优点的，所以我们敢于挑战这个社会，敢于挑战跨国公司进入国际市场，因为华为文化是兼容的，不排他的。"**

华为是东方与西方的管理文化的结合体，现代与传统的矛盾体。在任正非的领导下，华为凭借自有"宪法"激活内部制度，全员持股却拒绝上市、兼容民主的家长式管理。他不仅熟悉各种管理方法和手段之"术"，在"道"的方面也有着通透的领悟，以"道"来统领"术"，达到"道术合一"的境界。他善于从《孙子兵法》中吸取养分，但又不盲从。

同时，任正非又不是那种崇尚计谋、蔑视规则的人。他讲诚信，讲商业规则与商业道德，遵从法律，小胜凭智，大胜凭德，先做人后做事都是他的商道真经。兵法，不是你死就是我活，即使“不战”也要“屈人之兵”，消灭敌手，“卧榻之侧，岂容他人酣睡”。而任正非的“商道”是非零和游戏，可以达到双赢与多赢，可以和对手和平共处，还把“开放、合作、共赢”作为华为发展的重要基石，携手合作伙伴共同成长，共同创建全联接世界，这就充分体现出了任正非的胸襟与气度。

华为之所以成为中国民营企业的标杆，不仅仅因为它用30年时间成为中国最大的民营高科技企业和全球最大的通信设备生产企业，不仅仅因为它在技术上从模仿到跟进又到领先，而是因为华为独特的企业文化，这种文化的背后则是任正非穿透企业纷繁复杂表象的深邃的思想力。从产品到技术再到文化，华为做得有条不紊。任正非对企业目标的界定，对企业管理的创新，对智力价值的承认都开创了中国民营企业之先河。华为带给我们的不只是中国企业实力的彰显，更多的是其文化力和思想力的彰显与启示。

30年只做一件事

华为是一个用理想牵引发展的伟大公司，任正非是一个坚守理想的企业家，创立华为30年来，他不忘初心，甘于寂寞，始终坚持只做一件事——专注ICT领域。

在华为的成长过程中，正逢中国房地产爆发，很多做实业的企业家都去做房地产生意，赚得盆满钵满，一夜暴富。面对巨大的诱惑，但任正非从没有动摇过，不说没做房地产，就连股票也没炒过，仍然不忘初心，坚守“上甘岭”，坚守实业，坚守自己的理想。

1992年，正是深圳股市疯涨的时候，汹涌的人流带着一夜暴富的梦想涌入深圳交易所，通宵彻夜地排长龙买股票，而深圳最早的证交所就设在华为办公楼的一楼，华为员工每天目睹这楼下发生的种种财富神化和骚动，但没有一个人受到影响和诱惑，所有人都在楼上埋头工作，对窗外的事充耳不闻，别人都把钱拿来炒股，而任正非却把钱投入研发，当时有人想不明白，说任正非是“任大傻”。这种风暴中的宁静，这种对自有核心技术研发的痴迷的追求，让拜访华为的客户由衷地发出感慨：华为不成功是不可能的。

任正非回忆说：“那时，我们公司楼下的交易所里，买股票的人里三层外三层包围着。我们楼上则平静得像水一样，都在专心致志干活。我们就是专注做一件事情，攻击‘城墙口’。”这种专注与坚守已经成为华为人的一种执念。

任正非说：**“创新是寂寞的事业，容不得非黑即白、否定一切、唯我代表潮流的‘红卫兵思维’和敲锣打鼓、大干快上的‘大跃进思维’，如果所谓的‘互联网思维’要以一场运动的方式呈现才叫作创新的话，我宁可选择做‘保守’的孤独主义者。硅谷是全球的创新心脏，半个世纪以来，什么时候，硅谷的创新者们成天满世界地为自己造势？为所谓的创新革命大张旗鼓地造神？真正的创新英雄们大多是寂寞人。”**

很多企业都在寻找成功的捷径，但任正非却认为，成功没有捷径，华为的成功可用一个“傻”字来概括。

“傻”：30年坚持只做一件事——坚守实业，专注ICT领域；华为从1997年起，开始向IBM学习IPD集成开发管理体系，华为向西方公司支付了十几亿美元的学费；别的企业都把钱用来搞房地产、搞资本运作，而华为不为所动，坚持不上市，投入几千亿元搞研发。

不忘初心，方得始终。回顾华为30年来的发展历程，任正非的确有点傻：他就像一个阿甘，带领一群傻傻的人埋头苦干、傻傻地坚守、傻傻地投入、傻傻地付出，最后傻出世界第一！

任正非坚持将每年销售收入的10%以上用于研发，投入了世界上最大的力量去进行创新。他说，“没有技术创新与管理体系的‘傻投入’，就不会有华为的今天”。

由此可见，任正非的“傻”是一种超越一般“聪明”的、有智慧的“傻”，是一份难得的坚守、执着和付出。由此可见，任正非不是“真傻”，而是一种战略眼光，是基于客户价值的最高生存智慧。

任正非30年如一日，通过“守望”心中这个纯洁的理想，始终坚持认认真真、踏踏实实，真心诚意地为客户服务。他认为：**“泡沫经济对中国是一个摧毁，我们一定要踏踏实实搞科研。一个基础理论变成大产业，要经历几十年的工夫，我们要有战略耐性。要尊重科学家，有一些人踏踏实实做研究。如果学术研究泡沫化，中国未来高科技很难有前途。不要泡沫化，不要着急，不要大跃进。没有理论的创新是不可能持久的，也不可能成功。”**

绳锯木断，水滴石穿。今天，各行各业都在寻觅“一举成名天下知”的突破式创新，却忽略了如果没有矢志不渝的坚持，创新只能是无本之木、空中楼阁。

“一哄而上，一哄而散”式的泡沫不断涌现，楼市火了赶紧去炒房，股市牛了赶紧去入市，挣快钱已经成为社会上的浮躁风气，推崇走捷径、一夜暴富、当“飞猪”者大有人在，像任正非一样脚踏实地几十年坚持做一件事的人却罕见。

博观而约取，厚积而薄发。古今中外，登峰造极、开宗立派者无不付出了常人难以想象的努力和坚持，任何灵光一现的创新都是成年累月的血汗凝结而成。

笔者在北大讲课时，有同学问："21世纪什么东西最值钱？"我回答说，富有创新和专注精神的人才！今天，推崇创新的"工匠精神"已经成为共识。甘于寂寞，在一个喧嚣的时代已属不易，而抵挡住物质的诱惑，在"风口"和"飞猪"满天飞的时候，更要有定力，耐得住寂寞，专注执着，更是十分困难。任正非用30年的专注与坚守对上述问题作出了最好的诠释。

修炼执着心态需要度过两个关口：一个是寂寞关；另一个是诱惑关。执着是一种坚守，在纷至沓来的诱惑面前，如锚碇般坚强稳定，稳住左顾右盼、游离不定的心思；执着是一种专注，是一心一意的、全神贯注的追寻与探索，是锲而不舍、孜孜不倦的探求。

华为能够取得今天的辉煌成就，得益于任正非和华为人始终坚守自己的理想，甘于孤独寂寞，持续创新，以及对内外躁动的警惕。"忍者神龟"的寓意也许体现着专注精神、创新精神、奋发进取精神乃至于真正的企业家精神的本质。

任正非的学习与"血洗"

任正非没有什么业余爱好，唯一的爱好就是阅读。他称自己是"宅男"，下班就回家，不是看书学习就是看电视。

几十年来，任正非手不释卷，出差时必带的物品就是书籍，基本上一个礼拜要读一两本书，每天看几本杂志。

任正非说："我阅读速度非常快，书读得很多，不知哪本书影响了我，哪件事影响了我，思想是怎么生成的。我脑袋里产生的想法我也找不到源头在哪里。"

任正非每当看到好书、好文章和好看的电视剧，还忙不迭地推荐给公司高管，这也熏陶了这家卓越的公司，日渐将华为的事业推升到哲学与历史的高度。

任正非喜欢阅读政治、经济、社会、人文等方面的书籍，中外历史方面的书读得最多，而很少读小说和经营管理之类的书。他认为**“小说太假，不真实，管理的书都是教授们闭门造车，读多了限制思想，真正的管理哪是几条原理那么简单”。**

在任正非看来，学习本身不是目的，学会举一反三，灵活运用知识才是真正的目的。为此，就必须进行积极、认真的思考，弄清知识的来龙去脉以及知识的有机联系。

任正非平时很少和别人闲聊，他会有计划地去选书读，有计划地和人交流。他一直处在学习、思考、求生存状态。所以说，他一直有着超乎寻常的对现实的担忧、对未来辉煌的向往，急迫感与成就感交织，被时不我待的使命感驱使着前行，放下名利，专心于自己的事业。

孔子曰："学而不思则罔，思而不学则殆。"意思是指，如果学习书本知识而不思考，就会不辨真伪，更不能融会贯通，学以致用；如果只是苦思冥想却不认真读书学习，就会孤陋寡闻，才疏学浅。

任正非认为：**学习与思考是人们在获取知识过程中，两个相辅相成、密不可分的思维活动。一味地读书，而不思考，只能被书本牵着鼻子走，就会被书本所累，从而受到书本表象的迷惑而不得其解。所谓"尽信书则不如无书"。只学习不思考不行，只思考不学习也不行。只有将二者正确地结合起来，才算真正懂得学习与思考的辩证关系。**

古今中外，凡成大学问者，无一不是博览群书的。人非生而知之，只有不断学习前人的经验、成果，充实自己的头脑，才能进一步有所发现，有所创造。

任正非是一位勤于学习、善于思考的企业家。他能够博览群书，能够从任何谈话当中，吸收别人的知识和经验，所以他才能一直跟得上自己的事业发展的步伐。

在任正非的思想体系中，你不仅可以看到中国古代传统的哲学智慧，比如"无为而治""利出一孔""深淘滩，低作堰"，也可以看到近代毛泽东思想中的"批判与自我批判""农村包围城市"；不仅可以看到古希腊神话中的丹科，而且可以看到美国第二次世界大战期间的英雄人物"蓝血十杰"；不仅可以看到"凤凰""乌龟""狼狈"，还可以看到"黑寡妇""猫头鹰"甚至是"眼镜蛇"，至于"青纱帐""土八路""上甘岭""炮楼"等更是比比皆是。

华为所有的管理运动，要么是学植物，要么是学美国、学毛泽东、学军队，都是通过生活化的案例进行学习。

任正非是一位兼具哲学思想与人文情怀的企业家，也是一位史学发烧友，始终"以史为鉴"。我们可以从任正非所写的文章中和内部讲话中体味到这位大企业家的思维轨迹，以及他是如何做企业的；可以更切近地感受到任正非，更真实地感受到华为公司。

2009年，任正非在游览四川都江堰时，从李冰父子治水的故事中得到启示，写了一篇《深淘滩，低作堰》的文章，第一次明确提出：“将来的竞争就是一条产业链与一条产业链的竞争。从上游到下游的产业链的整体强健，就是华为生存之本。”常识推到极致就是宗教。这句话用在华为身上是恰如其分的。

任正非具备极强的学习能力，他看电视剧《大秦帝国》，对商鞅这位中国历史上杰出的悲剧性改革家充满了敬重，又充满遗憾。他说：**“商鞅变法的路子是对的，可惜太激进，变革不能太激进，会人为增加变革的成本。”**

任正非注重在实践中积累和学习。他认为企业家就要终身学习。任正非从中国人民大学、浙江大学请了几位大学教授做顾问，顾问们的办公室和他的办公室挨着，只要他一有时间就跟教授们泡在一起辩论问题。有时候他跟教授们拍桌子，辩论完他就走了，隔了一会儿，他又晃回来跟你聊，发现刚才你批判他的观点已经变成他的了，而且从他口里说出来比你的水平更高、更有思想、更有深度。

任正非一直倡导高中级干部要有“宽文化背景”。他说：**“未来公司需要什么样的干部？我认为未来公司需要的管理干部是对市场有深刻体验和宽文化背景的人。宽文化背景怎么理解？大杂烩，什么都懂一点。要成为高级干部，都要有宽文化背景，干部要进行必要的循环，这是宽文化学习的好机会。”**

什么是任正非定义中的“大杂烩”？历史、哲学、军事、天文地理、古今中外……这是他30年来的一贯倡导，不仅对中高级干部这么要求，甚至在10多年前的秘书工作会议上，也这样要求公司的秘书们。

读的书多了、杂了，文化背景深厚了，同时在实践中又时常面对和处理各种复杂情形，一般来说，一个人的思维方式就会变得系统和多元，而不是简单和机械，不是形而上的黑白分明。领导者最可贵的就是灰度思维。

任正非的思想极其开阔，经常有一些天马行空、海阔天空的观点，但这一切都离不开关于华为的思考，都自觉不自觉地把各种思想火花与华为这个组织的生死相关联，也许正是他把华为放到更大的背景中去思考，从而能够不断地看开、看透、看淡——既不可能建立永恒的帝国，也不存在永恒的伟大者，其实华为也不过是个过客，只求把过程做到最好。只有看开、看透、看淡，才能更少一些名与利的负累，才能无所畏惧地持续奋斗，做大战风车的“堂·吉诃德”。事实上，华为 30 年的历史，就是一部东方的“堂·吉诃德”大战西方“风车”的历史。

中国人民大学教授彭剑锋曾写过一篇题为《任正非的学习与“血洗”》的文章，任正非看到这篇文章后对他说：“我就是要‘血洗’你们的知识！知识只有‘洗’完以后才是你的。”

思考是孤独的，难以让商业领袖享受到成就感。30 年来，任正非思维的兴奋点几乎从没有离开过华为。一个白手起家的知识型退伍军人，一个从来都不甘居人后的理想家，一个贫困潦倒、走投无路，44 岁才开始创业的男人，一种或自发、或自觉的使命感，使他付出了全部的身心。

任正非善于交流，从国内到国际，经济、政治、外交，无一不侃侃而谈，但这一切也都不离开对华为的深入思考。

在任正非看来：**“未来的文盲不是不识字的人，而是不勤于学习和思考的人。”**学习能力、思维能力、创新能力是构成现代人才体系的三大能力，学习是思考的基础，思考是学习的升华。在学习的基础上思考，思考才能深入。在思考的前提下学习，学习才有效果。同时对所学的知识必须结合实际反复运用，知识才能巩固，技能才可纯熟，这就是我们掌握知识的必由之路。

员工的行为文化

和国内一些经常抛头露面的企业家相比，任正非似乎过于低调了。他创立华为 30 年来很少公开露面，甚少接受媒体采访，从不参加颁奖典礼，不向任何圈子靠拢。但就是这样一位略带神秘色彩的人物，用他执着的信念、战略的眼光和完美的市场策略换来了华为的成功。

由于任正非极少接受媒体采访，于是有很多记者抱怨任正非有点不近人情。任正非解释说：**“记者总喜欢将成绩扣到我一个人头上，甚至把我神话了，这是一件可怕的事情。我不认为自己像外界传说的那样有影响力，但是很专注、敬业、无私、爱学习，耐得住寂寞，能团结人。这些年华为有一点成绩，是全体员工的努力奋斗，以及在核心管理团队的集体领导下取得的。我只不过是用利益分享的方式，将他们的才智黏合起来。”**他还坦诚道：“外面的报道把我们说得太好了，我们其实也有许多缺点。很多网站在转发我的讲话和文章时，往往把标题更改了，有时甚至把内容也改了，这样一来让人曲解了我的原意。”因此，近两年来任正非不得不走上前台面对媒体和公众，还原一个真实的华为。

任正非认为，华为并不神秘，更没有什么秘密，华为是可以复制的。华为之道就是“以客户为中心、以奋斗者为本”。

华为踏实、务实的企业形象一直深入人心，这得益于任正非的行事风格。任正非在华为内部禁止上司接受下属招待，就连开车到机场接机都不行。有一年，任正非去新疆办事处视察工作，当时华为的新疆办主任刚从业务一线提拔上来，基于中国传统企业对高级领导“巡视”的重视，他特意租用了一辆加长的林肯轿车去机场迎接任正非。任正非刚下飞机，看到有人开车来接他，非常气愤地说：“你现在应该在办公室接待客户，而不是开车来接我！”

任正非曾经说过：“企业文化的实质就是员工的行为文化。”而在一个组织内部，员工的行为在很大程度上受到其上级的影响。任正非通过自己的行为影响到高级管理者的行为，而各级管理者又将这种行为层层传递下去。

30年来，任正非谢绝担任一切社会职务，从不参加任何评选、颁奖活动，他多次谢绝担任全国人大代表、政协委员职务。

有一年，CCTV评选年度十大经济人物，央视财经频道的负责人找到我说，想授予任正非为“中国经济年度人物”，请我帮忙邀请任总来北京参加颁奖盛典。

我说，我没有这么大的面子，你们直接打电话找他吧。他说：“给华为公司打了几次电话，一直没有回复。”我看在朋友的面子上把任总秘书的电话告诉他，电话打过去，秘书回复说：“任总从不参加任何评奖，请谅解！”

这位负责人不解地说：“办了几届年度人物评选，还是第一次遇到送不出的荣誉！”我说您不了解任正非，“经济年度人物”称号也许是其他企业家梦寐以求的殊荣，但对任总来说只是一个虚名，他是一个淡泊名利的企业家，他无视赞美和荣誉，却赢得了更多人的尊敬，正因为如此，华为才基业长青！

作为中国最大的民企老板，任正非的生活非常俭朴，穿着很朴素，上下班自己开车。最喜欢吃家常菜，与好朋友相聚，偶尔也喝点酒，平时在外面应酬陪客人喝点咖啡。

任正非是一位严于律己、谦卑务实的企业家，从不玩虚的。30 年来，他所提出的口号往往都很实在，因此常有人说是“灰色的”。但是，华为的员工们都觉得很亲切、很现实，于是就跟着做了起来。这些宣教的效果经过一段时间的积累、沉淀与叠加，就在潜移默化之中影响了员工的精神面貌，确保了华为的健康发展，并逐渐形成了华为的企业文化。而这正是任正非所想要的。

与华为相比，中国很多企业的价值观都是引用他人，缺乏自己的思考与实践，是借来的口号，而不是真正落实的价值观和员工的精神动力。中国人民大学曾做过一个调查，中国企业 500 强中 80% 的价值观都提到了“以人为本”。

任正非不提倡“以人为本”，而是坚定不移地奉行“以奋斗者为本”，华为的激励机制就是不断地吐故纳新、淘汰落后，不断地激励长期提升能力并具有奋斗精神的员工，华为建立了以任职资格为代表的能力主义评价标准，以及虚拟受限股的长效激励机制，从而解决了困扰绝大多数企业“我们究竟需要什么样的人，以及我们应该如何长久地激励他们？”这个核心难题，通过持续优化的价值评价和利益分配机制，任正非让“为自己而战”成为被大家普遍接受的核心价值观，华为所锻造的职业化人才，已经让众多企业受益。

华为 17 万员工几乎都是清一色的中高级知识分子，其个性迥然不同，但血液中全部流淌着相同的商业价值观。如同铀原子在中子的轰击下产生核能量一样，员工身上的小小的原子核，在价值观的驱使下发出巨大的原子能。

任正非是中国最大的民企老板，但在他的身上却没有大老板的派头。他在华为要求别人做到的他总是率先垂范，从不搞特殊化。他没有专车、没有保镖。即便现在他已 70 多岁了，下飞机后仍自己打的，拒绝下属和客户接机。他经常去职工食堂和员工一起吃工作餐。我们不难从任正非身上看到可贵的创业家精神。

笔者在深圳和北京机场曾两次偶遇任正非，一次在机场的摆渡车上，另一次在机场候机室，他只身一人，带着行李，穿着 T 恤，坐在那里翻阅一本杂志。

没有架子，是华为员工对任正非的一致评价。2016 年 4 月 16 日晚，72 岁的任正非在上海虹桥机场排队等出租车的照片刷爆朋友圈。照片上，任正非独自拉着拉杆箱，在排队等候出租车，没有保镖和专车，神态自若。

一向低调务实的任正非，没承想自己 72 岁了，却不小心成了“网红”。

当天，华为消费者业务 CEO 余承东在微博上说：“过去二十多年，

2016 年 4 月 16 日晚，任正非独自一人在上海虹桥机场排队等出租车（陈雪频 摄影）

任总一个人打出租车是常事了。昨天早晨我在酒店向他汇报工作，他就是打出租车来的。他把自己的股票分给员工了之后，又没有上市，不是大富翁，就无须保镖了。”

对于任正非来说，打的、坐经济舱、乘摆渡车、到职工食堂吃饭只不过是内化到他骨子里的一种习惯而已，华为人对此已经习以为常。这就是任正非和其他企业家与众不同之处。也许是任正非过惯了苦日子，即便是腰缠万贯，也愿意过简朴的生活。

任正非是 17 万华为人的精神领袖，是公司干部职工的榜样，其一举一动不但影响到员工对企业家的信任和评价，也影响到企业在社会上的声誉。

孔子曰：“其身正，不令而行；其身不正，虽令不从。”告诉我们“正人务必先正己，打铁还需自身硬”。体现于企业领导人身上的工作作风，是引领企业干部职工作风的方向标，有着上行下效的引导作用。任正非律己以服人，艰苦奋斗的精神在华为产生了强大的引领力量。

律己以服人，不能律己便不能服人。有很多企业家在创业时艰苦奋斗，能够过苦日子，一旦企业小有成就，就开始贪图享受，铺张浪费，购买豪车和专机，配备保镖。随着老板生活作风的腐化，企业的好日子很快就到头了。企业家不能律己，腐化堕落，这是中国民营企业大起大落，富不过三代的重要原因之一。

老子在《道德经》中说道：“自伐者无功，自矜者不长。”意思是：自我炫耀的人不能见功，自高自大的人不会有长进；一个真正有智慧、有成就的人，内心是很朴实的，不想自负傲慢，因为他不想把自己置于高处，因为他懂得尊重和平衡，他没有精力去设计那些虚华，因为他务实求真，有这种思想和追求是很容易成就大事的。任正非就是这样一位低调朴实，令人尊敬的企业家。

永远在思考失败

华为从一个小作坊，发展成为全球顶尖通信设备制造企业和世界500强企业，华为30年的发展史犹如一幅波澜壮阔的画卷。但是伴随着华为成长的不仅是欢呼与喜悦，更是如影相随的死亡威胁。这个死亡威胁不是来自竞争对手，而是来自华为创始人任正非的内心深处。

任正非的危机意识来自三个方面，一是来自于任正非儿时经历三年自然灾害和十年“文化大革命”浩劫后留下的印记；二是来自于任正非父母的言传身教（任母生前曾一直为任正非存钱，以待华为不行的时候救他），为了活下去；三是改革开放后中国第一批企业家或多或少都有一些危机意识，这种危机意识来自于不确定性和不安全感。

任正非与他们还有些不同，他的危机意识已经深入骨髓，融入身心，甚至近乎偏执。为此，任正非用《华为的红旗能打多久》《活下去是企业的硬道理》两篇文章来警示员工，居安思危。

2001年，在国际高科技产业哀鸿遍野、进入寒冬，华为却凭借不俗的成绩位居全国电子百强首位时，任正非又发表了《华为的冬天》，他在文中写道：**“10年来我天天思考的都是失败，对成功视而不见，也没有什么荣誉感、自豪感，而是危机感。也许是这样才存活了10年。我们大家要一起来想，怎样才能活下去，也许才能存活得久一些。”**并认为“我们公司的太平时间太长了，在和平时期升的官太多了，这也许就是我们的灾难。“泰坦尼克号”也是在一片欢呼声中出的海。而且我相信，这一天一定会到来。面对这样的未来，我们怎样来处理，我们是不是思考过。我们好多员工盲目自豪，盲目乐观，如果想过的人太少，也许就快来临了。居安思危，不是危言耸听”。他还在内部会议上提出华为要为过冬做准备。

也正是在他的倡导下，华为人始终没有放松学习。而当华为已经成为全球通信行业的领先者的 2010 年，他又提醒华为管理者“让听得到炮声的人作决策”，全力打造企业的管理转型。2011 年的新年，他再一次创造性地设计了“轮值 CEO 制”，带领这个已经站在行业高端的企业进行全面的组织转型。任正非是一个敢于自我否定并把自我否定作为一种领导者关键气质的人。

30 年来，在华为任何一个值得鼓掌的关头，任正非都是采取这种当头棒喝的做法，让每个华为人头脑清醒，因为他知道天道循环的道理，生与灭其实只在一线之间，唯有如此，华为才能在更多的挑战中找到下一个惊喜。

任正非将自己的这种危机管理解释为假设管理，即“只有正确的假设，才有正确的思想；只有正确的思想，才有正确的方向；只有正确的方向，才有正确的理论；只有正确的理论，才有正确的战略……”

在带领华为前进的同时，任正非时刻把握着华为的发展方向，并不断优化华为的管理体制。

2016 年 5 月 30 日，任正非作为民营科技企业家的代表在全国科技创新大会上发言，他当着习近平主席、李克强总理和全国亿万观众的面再放危言：**“未来二三十年人类社会将演变成一个智能社会，其深度和广度我们还想象不到。华为已感到前途迷茫，找不到方向。”**

此话一出，引发轩然大波。作为中国高科技企业的标杆和国际化典范的华为，2015 年的营收超过国内 BAT 总和，颇有盖过三星与苹果逐鹿天下的气势，任正非为何会发出如此感叹？

在任正非看来，华为正在本行业逐步攻入无人区，处于无人领航、无既定规则、无人跟随的困境。要想打破这一困境，任正非给出的药方是：坚持科技创新，追求重大创新。他认为：**“华为现在的水平尚停留在工程数学、物理算法等工程科学的创新层面，尚未真正进入基**

础理论研究。重大创新是无人区的生存法则，没有理论突破，没有技术突破，没有大量的技术积累，是不可能产生爆发性创新的。虽然近年来在应用性创新上到达极限，但是在理论性创新上空白一片，长此以往，我们原有的成绩必然被德国、美国等擅长'从0到1'的国家击溃。"

其实，感到前途迷茫，找不到方向的不只是华为，几乎所有的企业也感到困惑和迷茫。感到前途迷茫是互联网浪潮下全球性的集体"症状"。但是，任正非作为中国高科技行业无与伦比的智者，站在全国科技创新大会这样的殿堂上，当着国家主席、总理的面出人意料地喊出"华为已感到前途迷茫"，当然不是危言耸听。

对企业来说，最好的时候也就是最危险的时候。而危机意识，是华为走到今天的秘诀。这种时候，任正非的"前途迷茫说"，当然是对公司内部最好的清醒剂。但最重要的是任正非的迷茫是真切的，是发自内心深处的。这种迷茫，可能超越了大多数人的认知。我觉得有必要深入分析一下，任正非真正的迷茫究竟是什么?

任正非虽然对华为的未来感到迷茫，但他同时又表示"华为有信心在2020年销售收入超过1500亿美元"。

由此可见任正非提到的"无人区"和"前途迷茫"是纯粹对科学技术的迷茫。作为信息论基础的香农定理，作为信息工程技术基础的摩尔定律都已逼近极限，如果不能突破时延和带宽的极限，人类社会如何走向智能社会?

而迷茫中也酝酿着新技术、新机会、新突破，这是对科学家、未来人才突破基础理论的期许。华为已经炸开人才金字塔塔尖，通过多种多样的方式吸引更多优秀人才的加入，共同突破迷茫，走向未来的智能社会。

华为的2012实验室早已开始对未来5~10年的前瞻性技术进行研

究。在下一代通信技术5G领域，已经取得重大技术突破，领跑行业。

居安能思危，居高能谦卑，是智者任正非“感到前途迷茫”背后的清醒。走出迷雾，充满野心，甘于孤独，相信华为会走出迷茫，走得更远！

华为是当今全球通信技术行业的领导者，但任正非却认为：“今**天的华为恰恰可能是最脆弱的时候。为什么呢？成功容易让人变得怠惰和自大，让组织变得盲目骄傲和故步自封。精美的地毯下布满了细菌，一个国家如此，一个组织如此，一个企业同样如此。警惕这些细菌的滋生繁衍就是在为企业加固未来。**”

在任正非看来，华为发展越快，规模越大，他的危机意识反而更强烈。任正非这样告诫华为的高管：“一个企业，一个组织，如果总是背负成功与辉煌的包袱，这个企业其实也离死亡不远了。”所以，任正非讲华为是没有历史的公司。

任正非的危机意识源自他对市场的深谋远虑，渗透在华为发展的每一个阶段。对于这种危机意识，任正非认为绝不是危言耸听，在这瞬息万变的信息社会，唯有惶者才能生存。

其实华为这么多年没有本质变化，都是面对客户需求、面对技术困难不退缩、去挑战，对华为来说，这叫惶者生存，保持空杯心态，开放进取。任正非试图将他的危机意识传承下去，让华为成为一个没有历史的公司。

与高手过招才能进步

中国历来不缺乏企业家，但一直都缺乏商业思想家，在当代中国，任正非算是一个真正的商业思想家。他喜欢跟世界顶尖的企业家、科学家打交道，30年来，他几乎逐一拜访了世界最杰出的企业家和顶级的科学家。他认为只有跟比你水平高的人打交道，你才能感受到压力，你才进步得快，你只有以世界为师，永远谦虚地做学生，才能学到更多的东西。

记得有一次任正非在瑞士达沃斯论坛上，他的主要精力并没用在听会上，而是在达沃斯小镇旁边租下一座会所，不停地接见全球各界的顶尖人物，与他们面对面地交流，促膝谈心。

通过与任正非零距离接触，笔者觉得他的知识渊博，视野广阔，思维敏捷，非常健谈，也很有远见。他的学习精神、融会贯通能力是很多人比不了的，跟他交流几乎每次都被他给“洗脑”了。

任正非喜欢与世界各国的商业领袖交流思想。他说：**“学习很重要的一条就是和高手过招，和比你能干的人去交流，只有与高手过招才能发现自己的不足和差距，才会有危机感。只与比自己差的人在一起，只有输出没有输入，与高手过招才能成长。”**

任正非在华为干部会上多次要求**“高级干部要少干点活儿，多喝点咖啡。视野是很重要的，不能老像中国农民一样，关在家里埋头苦干。美国是很开放的，这是我们不如美国的地方”**。

华为副董事长兼轮值 CEO 胡厚崑 2014 年写了篇文章——《数字社会的下一波浪潮》，他在文中指出，“过去拥有的知识已经没有意义了，知识不是最重要的，重要的是掌握知识和应用知识的能力和视野”。任正非非常赞同胡厚崑的观点。

任正非举例说：“我做过一个测试，让服务员制作榴弹炮，他们之前对榴弹炮完全没有概念，通过上网搜索原理和图纸，之前完全不懂榴弹炮的人瞬间就进入了这个领域。高级干部与专家要多参加国际会议，多和大师喝咖啡，与人碰撞，不知道什么时候就擦出火花，回来写个心得，你可能觉得没有什么，但也许就点燃了熊熊大火让别人成功了，只要我们这个群体里有人成功了，就是你的贡献。公司有这么多务虚会就是为了找到正确的战略定位。这就叫一杯咖啡吸收宇宙能量。”

2015 年 1 月 22 日，任正非出席达沃斯论坛

近两年，随着华为全球经营规模的不断扩张，任正非经常鼓励华为的干部、科学家要多参加国际性的论坛，不断与外界交流。要求他们每年至少有 1/3~1/2 以上的时间用到世界的各个大学、技术论坛、学术会议上……与全球的各类精英撞击思想，并且敢于做“技术思想领袖”。

任正非说：**“咖啡是引爆人类灵感的助燃剂，一杯咖啡吸收别人的火花与能量，把战略技术研讨会变成一个‘罗马广场’，一个开放的科技讨论平台，让思想的火花燃成熊熊大火。”**

华为的“心声论坛”就是一个开放的“罗马广场”，在这里任正非渴望听到大家的批评；华为的文化是开放的咖啡文化，在这里他渴求吸收宇宙的能量。

2016 年 4 月 5 日，任正非与华为日本代表处员工和日本研究所专家座谈时指出：“我们组织结构的改革，就是在我们的顶部设立一个思想研究所，我们的高级专家、高级干部可以在这个思想研究所里面头脑风暴，来理解世界未来可能的方向是什么，我们华为 2012 实验室来做些验证。我们过去很重视工卡，没有工卡的，我们就认为不是我们的人。我们的视野与我们的工卡有那么大关系吗？在我们这个咖啡杯里面有很多没有工卡的科学家，我们也要支持，这样我们才有这么大的胸怀，才能去拥抱世界。要胸怀世界就要敢于气吞山河，富士山、喜马拉雅山都吃到你的肚子里面去了，你看下你的心胸有多大。我们要敞开心胸，拥抱这个世界，拥抱未来。思想研究所需要确定一个边界，在一个边界范围内的项目，我们允许创新，既允许外部科学家创新，也允许内部创新，这样即使出现‘黑天鹅’，也是从我们的咖啡杯里面飞出来的，我们有条件把这个‘黑天鹅’变成‘白天鹅’，我们未来的组织结构要改革，这个改革正在酝酿之中。”

任正非说：“比世界还大的世界，就是你的心胸！”“一杯咖啡吸受宇宙能量！”什么样的心胸比世界还大呢？什么样的咖啡可以接受宇宙能量呢？这是任正非自始至终一直在说明的问题。他是想把有华为工卡的和没有华为工卡的科学家、专家、匠人，都囊括在他的心胸里。不仅仅如此，他也把大自然活泼泼的生命囊括在其中。比如在樱花盛开和薰衣草茁壮的季节，邀请全球顶级科技人才聚集在生命最具张力时的能量场，激发顶级人才的灵感，甚至员工过春节回家他都不放过。他要在那个寻根且跟土地连接最紧密的时候，让员工脚踏生养自己的土地，给公司建言献策！

管理专家王育琨先生在一篇文章中写道：“唯有一颗具有万物一体之真善美的心胸，才可以‘一杯咖啡吸收宇宙能量’，才可为现在、为未来的人类和宇宙，创造出不同凡响的价值。”

任正非就有这样的心胸，他能把涉及许多未来华为战略选项的谈话跟全世界分享。这有可能唤醒几个知音，说不准还真能给未来的世界创造出不同凡响的价值。

武侠世界有“与高手过招，才能成为高手”的说法，经营企业又何尝不是如此。和什么样的人打交道可以决定了你的格局。你和成功人士打交道，交朋友，那么你也会逐渐成为成功的人，你也就拥有成功者的境界与格局。你与伟人能够成为朋友，那么你也就拥有伟人的视野与胸怀。

大境界才能有大胸怀，大格局才能有大作为。其实，中国企业要走向国际市场，就是要更加开放，要虚心向高人学习交流，盲目自大只会让自己变成井底之蛙。

创办华为30年来，任正非走遍了全球150多个国家，与全球数百位政要、商业巨子、著名学者、科学家、竞争对手乃至于艺术家、寺院中的高僧等各色人物有过多次沟通和交流。可以说，任正非是中国企业家中与全球各界交流最多、交流层次最高的一位。广泛的交流，让他有了更加广阔的视野，成为中国当代商界最杰出的思想家和最伟大的企业家。

舍与得的智慧

华为的成功，在于建立了一个分享机制，与员工分享利益，分享权力，分享成就感。分享是企业家精神的动力，一直以来任正非把“财聚人散，财散人聚”这句话作为自己的经营理念和准则，懂得分享，善于分享，激发组织活力。

任正非说：**“作为管理者，一定要把最基本的东西想明白。第一，财富这个东西越散越多；第二，权力、名声都是你的追随者赋予你的，假使哪一天你的追随者抛弃你，你的权力，你的所谓成就感，你的所**

谓聚光灯下的那些形象，乃至于财富，都会烟消云散，乃至于灰飞烟灭。”

上市几乎是每一个企业的梦想，然而，华为在过去 30 年里一直在回避资本市场的诱惑，拒绝上市，实行全员持股，分享利益，华为的全员持股制度开创了中国企业之先河。

任正非放弃了企业物质利益分享的优先权，他自己仅持有公司 1% 的股份，而 99% 的股份由员工拥有。也正是由于任正非有如此的胸怀和魄力，华为才聚集了一大批优秀人才并发扬艰苦奋斗的精神，成就了华为今日的辉煌。这是一般企业家难以企及的大智慧，也正是这种大智慧使华为一直乘风破浪，奋勇前行。

全员持股和利益分享机制的建立，反映了任正非对员工利益的基本态度，体现了他对员工的真正的尊重，因为人的最基本诉求首先是利益获取的问题。

中国自古以来一直存在着义利之争，形成了各种各样的义利观。“义”指的是特定的伦理规范和道德约束，“利”则指的是物质利益。对二者关系的不同看法形成了不同的义利观。儒家强调“见利思义”。孔子认为“君子喻于义，小人喻于利”。孟子认为应当“重仁义轻私利”。墨家强调“交相利”。法家则与此相反，商鞅提出“利者，义之本也”，韩非认为要有“计算之心”。总体而言，在义利之辩中，形成了重义轻利、重利轻义和义利并重三种说法。企业作为一种功利性经济组织，是以逐利为根本的，因此一般的企业老板都把利作为经营企业的第一要义。

作为华为的创始人，任正非在义利观上实现了超越。他强调企业是功利性组织，企业的使命首先是活下去，如果没有利润，企业就会死亡。企业同时也是社会性组织，必须守法经营、合法纳税、创造就业。他要求华为员工要热爱祖国、热爱人民、热爱华为，关心国家和民族的前途命运。在利益的分配上，和一般的企业老板不同，他把个人利益看得比较轻，愿意和员工分享公司发展创造的财富。无论是从华为的股权结构还是华为的薪酬制度上,任正非都做到了最大限度的分享。

一直秉承“要活大家一起活”观念的任正非认为企业赚了钱首先要大家分，大家都有份才会愿意跟着他干。

任正非还有一个**“耗散利润，对未来投资”的观点。他认为“利润越高，死得越快”。原因是因为利润高了，会不断刺激那些持股的资本家们的欲望，资本的贪婪是无止境的。因此，华为的利润都用在了对未来的投资上。**

华为除了每年将销售额的10%以上投入研发，还有大量的股权分红和奖金。仅2012年，华为拿出125亿元给员工发奖金；每年招收上万名新员工，为组织输入新鲜血液，通过招人“吃利润”的方式打造公司未来的人才实力。

“力出一孔”是华为的成功之道。大家都知道水和空气是世界上最温柔的东西，因此人们常常赞美水性、轻风。但大家又都知道，同样是温柔的东西，火箭可是空气推动的，火箭燃烧后的高速气体，通过一个叫拉瓦尔喷管的小孔扩散出来的气流，产生巨大的推力，可以把人类推向宇宙。我们中国的“神舟”九号、“神舟”十号载人飞船就是这样飞向太空的。像美人一样温柔的水，一旦在高压下从一个小孔中喷发出来，就可以切割钢板。可见力出一孔的巨大威力。

“力出一孔”就是把所有的资源集中起来做好某一件事情。即业务聚焦，华为坚持聚焦管道战略，无论是“云—管—端”的战略还是进军消费和企业市场，都是沿着信息管道进行整合和发展，千方百计满足客户的需求。

20多年来，华为始终聚焦在一个目标上持续奋斗，从没有动摇过，就如同是从一个孔喷出来的水，从而产生了今天这么大的成就。这也是力出一孔的威力。

华为的利益分享机制牢牢抓住了奋斗者的心，不仅体现了“以客户为中心，以奋斗者为本”的核心价值观，也为企业不断发展奠定了坚实的人才基础。

任正非是华为公司的创始人、CEO，但他却不是法人代表，他自己甘愿服从董事会的领导，在公司推行轮值 CEO 制度，不搞独裁，实行民主决策，发挥集团智慧。

任正非是在生活所迫、走投无路的情况下创立华为的。那时他已经领悟到个人才是历史长河中最渺小的。他坚信组织的力量、众人的力量才是无穷的。

华为的力量来源于组织整体，而绝非仅仅依靠领袖个人，这也是华为持续发展的动力所在，是任正非创造的组织整体的可持续力量。任正非重视组织的成就远远超过对自己的成就描述，也没有将自己放在组织的顶部，他做得更多的是托起这个组织，并用组织的整体力量成就华为。

人感知自己的渺小，行为才开始伟大。正是因为任正非舍得放权，才使得各路诸侯的聪明才智得到充分发挥。任正非的分享理念更让我们理解了一个人的渺小，更清晰地明白在一个巨大变化的环境中，只有认识到个人的局限，并借助于组织的力量才能与环境互动，而这也是任正非与华为能够驾驭变化的本质驱动力。

正如任正非所说：“一个人不管如何努力，永远也赶不上时代的步伐，更何况在知识爆炸的时代。只有组织起一支队伍共同奋斗，你站在这上面，才摸得到时代的脚。”在一支队伍中，个人能力凸显各异的团队往往会负于个人能力平平但整体能力凸显的团队。这一观念，让任正非在处理利益的问题上有着宽广的心胸。一个是董事，另一个是员工，在一致对外开拓时，大多数员工都是积极的，但在事关利益时，大多数员工会选择利益。那么，对董事来说，如何产生组织的最大力量，让大多数员工选择华为利益就是最最重要的核心。

任正非不仅让华为人共享发展成果，对华为的合作伙伴也如此，在经济危难时期，华为还承诺“绝不让合作伙伴吃亏”。由此可见，华为的市场逻辑其实很清楚，那就是打造“利益共同体”，有钱大家赚。

华为专门下发了《关于与供应商合理分享利益的决议》，用来改善与供应商之间的关系，特别是改善与战略供应商的关系。任正非指出：“为了确保产品高质量，就要找到关键供应商，与它形成战略伙伴关系。我们要给供应商分享利益，供应商把零件提供好一点、质量做好一点，我们才能最终对消费者服务好。所以，华为公司的政策是坚定不移‘对外开放、对内开源’，对于供应链生产线，不一定要入股和自建，我们只要诚心诚意与供应商做好价值分配，就会共同发展。”

任正非认为：**现代企业竞争已不是单个企业之间的竞争，而是供应链的竞争。企业的供应链就是一条生态链，客户、合作者、供应商、制造商的命运在一条船上。只有加强合作，关注客户、合作者的利益，追求多赢，企业才能活得长久。**

当谈到华为的成功时，任正非说，“华为有今日成绩是因为17万员工长期以客户为中心，艰苦奋斗取得的，自己只不过是用利益分享的方式，将他们的才智黏合起来”。

“万般神通皆小术，唯有空空是大道”。舍得放权，舍得分钱，“舍得”是任正非的大智慧，他不仅仅创造了华为传奇，也形成了他独特的哲学思想。当任正非说“哲学改变中国”的时候，也意味着他已经不仅仅着眼于目前的华为，而是开始思考华为的未来和中国企业的未来。同时，中国的企业家也可以在学习任正非的经营哲学中获得启迪与智慧。

第六章

唯才是用：让天下英雄尽入吾彀

华为在 10 年内将实现大体系支撑下的精兵战略，我们要不拘一格地选拔使用一切优秀人才，不要问他从哪里来，不要问他有何种经历，只要他适合攻击“上甘岭”。

——任正非

英雄不问出处，贡献必有回报

华为的成功很大程度上得益于对人才的重视。早在1996年任正非邀请中国人民大学6位教授撰写《华为基本法》的时候，就创造性地提出了“知本家”的概念，可见他对人才的重视。

华为从创立那一天起，任正非就一直求贤若渴，特别重视技术人才，任人唯贤，唯才是举。华为早期的成功，就在于“不懂技术”的任正非用对了技术人才。

其中有一位是郑宝用，他为华为开发出了第一台模拟空分式用户交换机，让华为成功地完成了从代理商向自主研发的制造商的第一次转型。有一次公司高层开会，任正非指着郑宝用说：“郑宝用，一个能顶一万个。”然后指着另一位公司高层领导说，“你，一万个只能顶一个。”可见当时任正非对郑宝用的器重和依赖。

创业初期的华为对于技术人才的招聘可谓不惜一切代价，对国内重点理工大学的应届毕业生甚至采取了“掠夺式”的策略。

1998年，华为招聘的应届毕业生超过3000人，其中硕士研究生占1/3。对于西安电子科技大学、成都电子科技大学、华中科技大学等重点院校的通信工程与计算机等相关专业的研究生，华为采取了“一网打尽”的招聘策略。

据说当时的教育部部长在听说许多关于华为的传闻之后，让下属将华为录用的毕业生名单全部打印出来，结果发现：全国前 20 所重点高校的计算机与通信相关专业的毕业生，有将近 20% 去了华为。

华为从 2002 年开始提升人均劳动生产率，明显减少了对理工科应届毕业生的招聘力度，2002 年只招了 600 多名应届生。

随着大规模国际化扩张，华为意识到自己缺少 Marketing、BD、财务、人力资源等领域的高端专业人才，开始大规模地启动针对性更强的社会招聘。许多电信行业的资深人士都是在 2002 年前后加入华为的，也都成为骨干，受到了重用。

任正非强调指出：**“用人所长，不求全责，要不拘一格降人才。华为要创造条件使优秀干部和专家快速成长，破格提拔优秀干部。在干部队伍建设中，对干部要多一点宽容，让天下英雄尽入吾彀中。要理解我们有些员工，只要他思想、道德没有问题，我们要用宽容的精神对待他们。”**

任正非坦言：**“我从小到大就是一个很有争议的人，如果没有这个世界的宽容对待，我也没有今天。要看新干部的优点，不要老看缺点，不要求全责备，这个世界上没有完人。当然，道德品质上是一票否决。”**

在华为，英雄不问出处，贡献必有回报。华为评价人才只有一个要素，就是责任结果。有个简单统计，华为市场体系担任驻外代表的，41.4% 都是 30 岁出头的年轻人，他们管理的业务规模是 10 亿 ~100 亿元。在研发领域的专家中，70% 都是“80 后”。

在人才选拔上，任正非有一个“歪瓜裂枣”的观点：“歪瓜”是指长得不圆的西瓜，“裂枣”是指表面平滑但有裂痕的大枣。但实际上，歪瓜裂枣虽然外表丑陋，但它们反而比正常的瓜枣更甜。

任正非把华为公司里一些“歪才”“怪才”比喻成“歪瓜裂枣”，就是指那些绩效不错，但在某些方面不遵从公司规章的人，尤其是一些技术专家，都有着特别的个性和习惯。

任正非为什么要坚持使用“歪瓜裂枣”，因为“歪瓜裂枣”看起来并不完美，但它们很甜，可以给企业带来业绩上的突破！所以他要求宽容“歪瓜裂枣”的奇思异想。以前在华为一说“歪瓜裂枣”，就有人把“裂”看成劣质的“劣”。对此，任正非在员工大会上指出：“你们搞错了，枣是裂的最甜，瓜是歪的最甜，他们虽然不被大家看好，但我们从战略眼光上看好这些人。今天我们重新看王国维、李鸿章，实际上他们就是历史上的歪瓜裂枣。我们要理解这些‘歪瓜裂枣’，并支持他们，他们可能超前了时代，令人不可理解。你怎么知道他们就不是这个时代的凡·高，这个时代的贝多芬，未来的谷歌？所以，要合理评价这些人，对‘歪瓜裂枣’不求全责备，才能真正发挥他们的价值并获得与其贡献相符合的回报。”

举一个例子。2011年年初，任正非让敢打敢拼的余承东担任华为消费者业务CEO。余承东到任后，立即开始了完全不同于运营商业务的打法。

2012年，在巴塞罗那电信展的时候，消费者业务别出心裁地在会场搭建了一座由3500部华为手机组成、高达6米的飞马雕像，引起了现场轰动。

当然，此举也引起了部分华为老员工特别是运营商部门的不满，因为过去华为都是低调做生意，从来没有这么张扬过。此外，余承东在微博上频频与粉丝互动，使劲地夸自己的产品，经常与苹果产品PK的那种劲头，也让一些老华为人看不惯，他们就跑到任正非那里告状，说余承东爱出风头，搞个人崇拜。好在任正非一直秉承着“用人不疑”

的原则，也知道新业务必须用新办法，每次都是坚定地支持余承东。

当然，任正非对余承东只有一个战略要求："我让你做手机，不是赚吆喝，是让你赚钱。你们要考虑，到底怎么赚钱，还要控制好风险！"

在华为终端业务的拓展中，余承东确实也遇到了诸多挑战。他大刀阔斧地砍掉了功能手机，砍掉了90%以上的机型，大幅度地降低对运营商渠道的过度依赖。这些动刀的行为，曾使得华为终端业务的收入直线下降。而花重金打造的 Ascend D1、P1、Mate 1 等精品手机一开始也并没有达到预期的效果。

一时间，华为内部要求撤换余承东的声音不绝于耳。不过，任正非却坚决使用这样的"歪瓜裂枣"，坚决地支持余承东，让他放手大干，将变革进行下去。

余承东果然不负众望，华为终端业务二次创业，在5年内销售收入占华为销售总额的1/3，跻身全球三大智能手机品牌，华为手机成功实现逆袭。

华为从不以先来后到论英雄，不管什么时候加入华为都不晚，只要你肯干，任何时候都有机会。因为华为是以责任结果为导向的。华为现在有"85后"的大国代表，有"80后"的地区部总裁和具有国际影响力的技术专家。

目前，华为正在建立的三大人才梯队分别是："黑天鹅"梯队，预备梯队，能工巧匠梯队。

一是"黑天鹅"梯队。任正非称，随着移动芯片的发展，网络标准从简单到复杂，随着技术进步，标准又会变得越来越简单。在这个交替过程中，很容易出现“黑天鹅”事件①。例如，手机巨头诺基亚在短短几年时间就被干掉。而在任正非看来，“黑天鹅”可以出现，但是必须出现在华为的“咖啡杯”中，不能在别人的湖里游泳。

华为要扩大“蓝军”的编制，不仅集团有研究战略的“蓝军”，各大业务线和产品线也都要有自己的“蓝军”，而“蓝军”的目的就是提供与“红军”主流观点不同的思路，颠覆和打败“红军”。当华为努力自己颠覆自己的时候，它就不会被别人颠覆。

二是预备梯队。这个预备梯队主要是指未来接班的年轻人队伍。任正非提出，未来的华为管理层和骨干层至少要有两个梯队。第一梯队如果只是忙于公司业务，没时间读书，几年下来能量就耗尽了。这个时候就需要第二梯队递补上去，他们将带来新的思想和方法，而不是重复前人的做法。如果第二梯队能够做到这一点，未来也将会将星闪耀。

三是能工巧匠梯队。任正非表示，华为要提高大学生的起薪，生产系统要以技术为中心，招收大量的高端技师。这个梯队不仅要招中国人，还要招全世界的能工巧匠。华为要在全球制造业的两大高地（日本和德国）建立精密制造中心，只要是能工巧匠都高薪招进来。

到2015年年底，华为的技术研发人员达8万多名，其中1万名博士，各领域的专家3000多名，是全球各类组织中研发人数最多的公司。

从2016年开始，华为坚持每年从应届生中招收5000~6000人的新生力量，不让华为的作战梯队有断代的问题。任正非表示：**“凡是**

①黑天鹅事件（Black swan event），指非常难以预测，且不寻常的事件，通常会引起市场连锁负面反应甚至颠覆。从次贷危机到东南亚海啸，从“泰坦尼克号”的沉没到“9·11”事件，从瑞士央行放弃欧元兑瑞士法郎汇价下限后，瑞士法郎的暴涨。“黑天鹅”存在于各个领域。

工作得好的，都是分权合理的部门，事无巨细、眉毛胡子一把抓的人，就不适合作为主管。”

任正非认为，有了这三个人才梯队，还远远不能够领导世界。他提出，2016 年要把华为的科学家队伍人数翻一番。华为可以招一些有歧见的科学家，支持他们做研究。

华为建立了培训制度，员工每年都要接受培训，年轻人一批批派往国外考察学习，一批批走向领导岗位。华为向十多所著名大学提供奖学金、奖教金或特殊津贴，依此建立长久的人才供应渠道。

不唯学历，注重实际才干。华为提拔高学历的人才，也重用有实际才干的人才。华为不考理论，注重实际作业能力，干什么，考什么，因此有学历是优势，没学历也不用自卑。这种考核机制逼着所有的人都得奋力划船，争取进步。

2016 年 1 月 13 日，任正非在华为市场工作大会上讲话中这样表达自己的人才观：“华为在 10 年内将实现大体系支撑下的精兵战略，我们要不拘一格地选拔使用一切优秀人才，不要问他从哪里来，不要问他有何种经历，只要他们适合攻击‘上甘岭’。各部门、各专业、各类工作……不要误解了只有合同获取才是‘上甘岭’。华为要奋斗者，而不是老好人。我们在对待干部职工缺点和工作中的差错时，要宽容，不要随意否定一个冲锋的干部。我们一定要促使千军万马上战场。”

在任正非看来，精英不仅仅是金字塔塔尖的一部分，而是存在于每个层级、每个类别。有工作的地方，就有精英。做面条有面条精英，其他领域有焊接精英、咖啡精英、支付精英、签证精英、仓库精英……华为的政策要覆盖激励所有精英，形成组织合力，千军万马搞好质量，提高效率，增加效益。

当年，唐太宗李世民看到熙熙攘攘进京赶考的人群，不禁喜形于色:"天下英雄尽入吾彀中矣!"如今,当华为张开臂膀广纳人才的时候,说明它已经具备了领导世界的能力!

机制牵引人才成长

有很多人都在探寻华为的成功之道,究其成功的原因,其魔力就在于华为建立了独具特色的、富有活力的干部培养选拔机制,用机制牵引人才成长。

任正非非常喜欢研究和学习各国优秀的管理模式,而这些先进的管理模式在针对人的管理中,个人收益与贡献大小几乎严格对等,不容有一点轻率与忽视。任正非由此得到启发,并在华为的人力资源体系上进行了许多大胆的尝试。

一、强调责任结果导向,让有经验的人带团队

华为的干部队伍非常庞大,目前1万多名干部,有非常多的具有全面综合能力的人才。华为的人力资源管理政策是人才需求、人才政策导向。管理机制的核心是面向多元人才,做好选拔培育储备,张扬血性、激发活力,实现超越。

华为从2012年开始构建人才管理体系,这个体系包括商业管理者、职能管理者、业务专家,应该说,比过去华为由任职资格构成的人力资源通道要丰富得多,这也是一种创新。

在干部选拔上,华为强调责任结果导向,强调成功实践经验,强调会带团队。在此基础上,敢于破格提拔。在人才发展方面,坚持用选拔机制牵引人才发展,对选拔上来的人要培养,员工为自身成长担责,从实践到理论,理论到实践循环提升。

在干部监管方面,任正非要求在公司授权的同时做好全面监督,管好自己、管好业务内控、管理好下属。

华为倡导建设专业队伍，打通专业通道，鼓励员工“爱一行、干一行、专一行”，发挥专业价值。同时完善专家管理基础，打通专业通道，支撑人才输出。建立开放透明、自由流动的机制，促进干部的人员管理改进。

二、建立富有活力的用人机制

华为通过持续的人力资源开发和培训实现公司人力资本增值的目标，包括：管理者技能开发体系、新员工培训体系、用户培训体系、业务技术培训体系。通过职能工资制，促进人才能力的发挥。为干部提供机会，创造能担当重任的条件，高中级干部必须强制轮换，有效防止高中层管理人员在自己管辖的范围内形成局部势力或者合谋。

华为在干部选拔上做到三个优先：一、优先在成功实践和成功团队中选拔干部；二、优先在主攻战场、一线和艰苦地区选拔干部；三、优先在影响公司长远发展的关键实践中选拔干部。

同时，华为还建立了有效的激励机制。华为之所以能够吸引人才，一是因为这项事业的崇高性和辉煌远景；二是因为华为遵循“知本主义”，实行员工持股制度，在分配体制中能体现出知识劳动的价值。股权分配的主张向核心层和中间层倾斜，强调持续性贡献。华为的股本结构是：30% 的优秀员工集体控股，40% 的骨干员工有分量地控股，10%~20% 的低级员工和新员工适当参股，而且员工持有的股份会根据其“才能、责任、贡献、工作态度与风险承诺”做出动态调整。“权力智慧化，知识资本化”。把崇高的精神追求与切身的利益回报相结合，是华为文化的最大特征。

三、在有风的地方筑巢，而不是筑巢引凤

华为强调在全球进行能力布局，把能力布在人才聚集的地方，机构随着人才走，不是人才随着机构走。和一些企业把人才招回国内使用不同，华为是在全球找人才，找到这个人才围绕他建一个团队，不一定要把他招到中国来。

微波就是一个例子。前几年，华为在米兰找到了合适的顶尖专家，就决定把能力中心建在米兰，围着他建立一个团队。现在华为已经在米兰建成了一个研究所，成为微波的全球能力中心。

南橘北枳，一个橘子在南方长叫橘，在北方长叫枳。任正非认为，人才的产生是需要环境的，一个人的创新能力跟他在哪个环境关系很大。我们经常听到“筑巢引凤”，但任正非认为：**“离开了人才生长的环境，凤凰就成了鸡，而不再是凤凰。”**

米兰是有微波环境的，有人才、产业环境和高校资源。他在那样的环境，跟别人喝咖啡的时候就吸收了各种信息。而要是离开米兰到了中国，会怎样？中国没有微波的产业环境，他连喝咖啡都不知道跟谁去喝。

四、“三权分立”选对人，用好人

如何形成分权制衡和威慑系统，使干部既可以放开手脚工作，又能不越过公司红线？华为在干部选拔体系上进行了“三权分立”的探索，在最大限度上选对人，用好人。

华为的干部选拔机制是一个“三权分立”的机制，业务部门有提名权，人力资源体系有评议权，党委有否决权。干部考核机制有三个方面，一是责任结果导向、关键事件个人行为的评价考核机制；二是基于公司战略分层分级述职，即个人绩效考核和末位淘汰的绩效管理机制；三是基于各级职位按任职资格标准认证的技术、业务专家晋升机制。走专业线的就是技术专家、业务专家，他们可以根据各种职位标准来申请，认证通过了就能够上去。华为在干部考核过程中不完全重视绩效，因为绩效只能证明你可能会克服被淘汰，不能证明你可以被提拔。关键要看个人行为考核，要综合各种要素来考虑。

“三权”，即一是建议权与建议否决权，二是评议权和审核权，三是否决权和弹劾权。实际上就是把干部选拔的过程从提名，到由谁来发起建议、怎样进行建议、由谁来进行审核评议，然后由谁可以提出否决意见。让这三个权力分别由不同的组织进行行使，相互制衡。

第一个权力是建议权，由日常直接管辖的组织的 AT 来行使，对于在举证组织里的这些部门来讲，是由他举证的另一方来行使建议否决权。

在华为各个管理决策体系中有两个决策组织，一个叫 AT（行政管理团队），另一个叫 ST（经营管理团队）。干部选拔的建议权，是由负责日常直接管辖的组织来进行行使，也就是说，某一个干部他如果属于某一个 BU（业务单元），那么是由这个 BU 的 AT 组织，也就是行政管理团队来进行行使。ST 是由业务组织常设的各部门一把手来共同形成，所以它是跟岗位、角色直接相关的。AT 组织的成员是从 ST 中来进行选拔的，不是说所有部门的一把手都可以进入 AT，而是在其中挑选在人员管理方面具有比较强的能力、具有丰富经验的人来组成。

AT 的职权范围是对所有跟人的评价相关的工作来行使权力。譬如说干部选拔评议、绩效考核、调薪、股权发放，等等。

第二个权力是评议权和审核权。评议权是由促进公司过程成长中能力建设与提升的组织来进行行使，也就是华为大学。审核权是由代表日常行政管辖的上级组织来进行行使，也就是由建议权行使的组织的上级部门来行使。

第三个权力是否决权和弹劾权。这是由代表公司全流程运作要求、全局性经营利益和长期发展的组织来行使，实际上就是党委。党委在干部选拔任命的过程中行使否决权。在干部日常管理的过程中行使弹劾权，这个否决权和弹劾权都是要有基础的，要有依据。也就是在这个过程中，由各级员工的举报到经过调查核实，查实这个干部确实有问题，党委就可以行使否决权和弹劾权。

同时，华为在干部培养、干部能力提升等方面，非常重视干部上岗的环节。因为华为的干部流动性很大，有很多干部都是跨了多领域进行发展的，华为叫作干部的资质型发展。对于关键岗位的干部，如果管理跨度比较大，华为还会单独给他们进行新干部上岗的“90 天转身”计划。

华为非常重视对一线基层干部转身的过程，也开发了相应的基层干部在岗角色认知和实践的检验项目，在这个项目里会进行核心价值观的学习研讨、角色认知的研讨，并且进行半年的在岗实践，然后再进行述职、答辩，合格的人才能够进行人岗匹配。

五、不搞干部终身制，做到能上能下

华为干部不搞终身制，能上能下已经是华为人能够普遍接受和认可的文化现象。

任正非认为：**“干部不是终身制，长江一浪推一浪。必要的淘汰是需要的。我们提倡能上能下，在实践活动的大浪淘沙中，把确有作为的同志放到岗位上来，不管他的资历深浅，我们也坚定不移地淘汰不称职者。绝对的公平是没有的，但在努力者面前，机会总是均等的。被降职的干部，要调整好心态，以实际行动来证明自己。”**

能上能下涉及的范围很大，涉及的人员非常广，华为员工岗位发生变动之后会易岗、易薪。华为每年都会对干部进行末位淘汰，末位淘汰是分层进行的，高层、中高层和基层都是分层来淘汰 10% 的干部。如果不分层的话，可能最后被淘汰的会集中在基层。高层的干部同样也需要进行淘汰，这在华为都是强制执行的。

华为的“能上能下”还体现在轮岗制度上。这源于华为认为人才应是全面的、适应力强、综合素质高的，而非专才。轮岗有助于促进人才的合理流动，通过岗位轮换来激活员工的潜力，实现人力资源的合理配置。同时华为还明确规定，中高级干部必须强制轮岗。

建立健全干部能上能下、能进能出、充满活力的用人机制，是长期以来在组织工作上面临的一道难题。为破解这道难题，华为致力于完善考核评价机制，坚持用制度管人，畅通干部出口渠道。

这种制度的最大好处在于，组织的整体性得到最大限度的保障。有员工评价华为的这种制度，就像每个人都是这台庞大机器上的一枚螺丝钉，你的离去不会对这台机器的运转带来任何影响，随时会有合适的人补充你的岗位。所以这个制度在某种意义上保证了华为在动荡的外部环境里高速前进，而不会受到任何内部的干扰。

六、横向换岗机制

华为建立了横向换岗机制，建设内部人才市场，实现人才合理流动。

华为的在岗干部不到三年就要进行岗位调整，而且干部“之”字形的发展是华为提倡的。也就是说，一个干部不是在自己的领域里一直往上走，这是“烟囱”式的发展，华为是“之”字形的发展，是在干部的周边领域发展，比如说研发的干部到市场，到供应链，再到采购，经过多个业务领域的历练，综合的管理素质、对业务以及端到端流程的理解都会很深刻。

对于在同一岗位上工作超过一定年限的干部，组织上应主动关心了解，如个人有换岗需求，也有合适的新岗位安排，在做好工作交接的前提下开展横向换岗，以避免职业疲劳。

华为还建立了内部人才市场，为那些期望到更适合自己的岗位上做出更大贡献的员工以及组织精简释放的人员等，提供内部岗位选择和变动机会，员工在符合一定条件下可以不经部门审批直接进入内部人才市场。对于根据身体状况和意愿，申请调整到较低级别的岗位工作，胜任新岗位要求，接受易岗、易薪的老员工，公司在氛围上要正常化这种选择，而不应作为负面现象来看待。

“轮岗制”是华为实行的一种体验式的快速学习方式。华为干部轮换有两种，一种是业务轮换，如让研发人员去搞中试、生产、服务，使他真正理解什么叫作商品。另一种是岗位轮换，即让高中级干部的职务发生变动。

今天，华为在全球攻城略地所取得的成就，与华为能产出一批批能打仗、善用兵、践行公司价值观的各级干部息息相关。在干部的导向上，华为保持了很好的一致性，20 多年来几乎没有变化，这种强执行力的干部文化成为华为成功的重要法宝。

年轻也能当将军

得人才者得天下，华为在干部选拔过程中有一句话叫作“猛将必发于卒伍，宰相必取于州郡”，意思是说华为的干部一定是要来自于基层一线，没有基层一线成功实践经验的人员是不能被选拔成为干部的。

华为不论资排辈，年轻也能当将军。华为在实战中选拔人才，通过训战结合培养人才。华为的英雄都是在泥坑中摸爬滚打打出来的。只要你努力奋斗，只要你积极进取，3 年，就可以从士兵成长为将军。

华为在选拔干部的时候长期遵循九大准则：

一、坚持从有成功实践经验的人中选拔干部

华为强调要从有成功经验的人中选拔、培养，反对纸上谈兵。有成功经验，就表明管理者有一定的方法论以及领导能力，他们经过培养，容易吸收公司的管理方法。

华为遵循人才成长规律，要让最有责任心的明白人担负重要的责任。华为不拘泥于资历与级别，依据制度性甄别程序，对有突出才干和突出贡献者实现破格晋升。

任正非认为，**华为未来最大的危机还是干部员工队伍的惰性。内部合理化的目标，就是激发组织活力，让队伍不畏艰险去冲锋、增长；“猛将必发于卒伍，宰相必取于州郡”，干部一定要有成功实践经验。**

二、大仗、恶仗、苦仗出干部

华为强调，一些在艰苦国家和地区工作的干部，如果这个干部在市场做得也称职，不要虚位以待，就让他上。华为的干部要从那些愿意干的人中选拔。所以对不同地区工作的干部要有不同的认识、选拔、甄别，要让他们上岗，可以当代表、副代表，可以把工资涨起来，有需要就要有导向。

任正非指出：**“我们就是要在艰苦地区培养和选拔干部，那是不是说发达地区就不能成长优秀干部？不是的。发达地区培养出来的干部更要注意职业化，你的对手及客户比你水平高得多。他们如果愿意到艰苦地区来工作，做新方法的种子，我们十分欢迎，他们能像白求恩一样放弃优裕的生活环境来艰苦地区工作，那就更好了。”**

在这个世界上并不是有文化的人一定会成为将军，否则这么多名牌军校的老师，应该都是司令。当然别人也不一定成得了教授。因此，知识要在实践中成熟为经验与能力。因此，任正非强调：“文化素质较高的员工，应到一线去，到艰苦的工作中去取得成功。大仗、恶仗、苦仗一定能出干部。总部机关、产品体系都要派后备干部到艰苦地区锻炼，在艰苦环境中成长，公司要在‘上甘岭’培养和选拔干部。”

三、在关键事件中考查干部

核心员工是公司在发展过程中，面对危机或重大内外部事件时可以信赖和依靠的员工群体。

核心员工选拔，首先考查关键事件中表现出的忠诚。华为公司重视员工在关键事件，如当公司经营出现危机时、当公司需要采取战略性对策时、当公司实施重大业务和员工管理政策调整时、当公司业务发展需要员工牺牲个人短期利益等事件上的态度和言行，公司核心员工必须在关键事件中表现出鲜明的立场,敢于为公司利益而坚持原则。

任正非指出：**公司核心员工是公司在发展过程中，尤其是当公司面对危机或重大内外部事件时可以信赖和依靠的员工群体，是一群与公司同呼吸、共命运，在各层、各级、各类岗位上忠实履行职责、持续奋斗的员工。业务能力强的员工公司都可以使用，但并不一定就可以进入核心员工范围。核心员工的忠诚与否须经时间及关键事件的过程行为检验。**

四、机关干部必须到海外去锻炼

华为坚持让机关干部到海外去锻炼，要长期身先士卒待在国外，完成全项目的工作。

华为在监控有效的条件下，尽力精简机关，坚定不移地把一部分机关干部派到直接产生增值的岗位上去。任正非认为：“不懂战争的人指挥战争，这一定是高成本。总部机关的干部一定要对自己服务的业务有成功的实践经验，并具有快速准确、任劳任怨的服务精神与服务能力。机关的职员也一定要有服务业务的实践经验。”

华为总部逐步从管控中心，转变成服务中心、支持中心，机关要精简副职及总编制，副职以下干部要转成职业经理人。华为规定，拥有决策权的正职，必须来自一线，而且经常转换。今后总部不再从机关副职中选拔正职。任正非强调："干部的选拔，一定要有基层成功经验。什么叫'指挥中心建在听得见炮响的地方'，就是在这个项目或战役上的指挥调控权在前线，机关起服务作用，炮弹运不到就要处分机关的责任人，而不是推诿前方报表的问题。"

五、赛马文化，选拔干部要重实绩，竞争择优

华为在选拔人才上注重实绩，竞争择优，做不好本职工作的，就做不好更重要的工作。

在华为，每个员工都可以通过努力工作，以及在工作中增长才干，从而获得职务或任职资格晋升的可能。与此相对应，保留职务上的公平竞争机制，坚决推行能上能下的干部制度。

华为遵循人才成长规律，依据客观公正的考评结果，建立对流程负责的责任体系，让最有责任心的明白人担负重要的责任。华为不拘泥于资历与级别，按公司组织目标与事业机会的要求，依据制度性甄别程序，对有突出才干和突出贡献者实现破格晋升。

任正非强调：**"是千里马都拉出来赛，跑得最快的前 25% 留下来交给有关部门去考查素质，去看看牙齿啊，看看蹄口啊，看看这些东西。你们选谁就选谁，但必须在跑得快的马里面选。"**华为的文化是一个赛马文化，在地区部专业业务骨干的选拔上，给"小马"一些机会。当然包括代表处的存量维护的专家队伍，也可以通过"赛马"来产生。

六、优先从成功团队中选拔干部

华为坚持在英勇善战、不畏工作艰苦的员工中选拔后备干部，但并不意味着"上甘岭"会自然产生将军。任正非说："一屋不扫，何以扫天下，一个人领导一个小团队不能成功，如何领导一个大团队？我们不以成败论英雄是指整个大势来说的，而对基层干部，在本职范围内不能与团队一起成功，我们是不能肯定的。"

七、培养敢于抢滩登陆的勇士

任正非强调，**“华为要培养起一大群敢于抢滩登陆的勇士，这些人会不断激活我们的组织与干部体制。尽管抢滩的队伍不担负纵深发展的任务，但干部成长后，也会成为纵深发展的战役家。”**

抢滩登陆就是勇士，但是勇士能不能纵深发展成为将军，要对选拔出来的25%的勇士进行培训，培训后进行筛选，从25%中选1/3，有8%左右人员推荐到干部后备队。进入干部后备队的员工，公司就要给他们机会去实践。对那些经过素质训练还达不到素质目标的人，也应该是公司的英雄，给予“黄继光”的称号，当然英雄不一定是将军。

八、以全球化的视野选拔干部

未来公司需要什么样的干部？在任正非看来，未来公司需要的管理干部是对市场有深刻体验和宽文化背景的人。宽文化背景怎么理解？大杂烩，什么都懂一点。要成为高级干部都要有宽文化背景，干部要进行必要的循环，这是宽文化学习的好机会。任正非认为这是很重要的，是非常有意义的，是对大家的培养和关怀。

华为选拔干部的基本策略是通过引进少量高成本的明白人，带起来一批低成本的聪明人。华为招进来的明白人，主要是利用其经验和方法，把自己的队伍带起来。任正非认为，华为公司的年轻人悟性好，激情也高，就是没经验、没方法，有个明白人带一带，他们就能做得好。

大胆、开放、积极地引入外籍CFO、外籍专家，与华为的优秀青年组成混合团队，建设财经“混凝土”组织。任正非指出：**“让有为的员工走上合适的管理与专家岗位。过去华为的管理开放不够，使一些优秀人才得不到充分发挥，欢迎他们回来，与我们一起奋斗。”**

九、从内部挖掘人才

华为善于从内部挖掘人才，各部门主要领导人都与华为一同成长，同呼吸，共命运，对华为充满热爱。在这样的文化之下，员工对公司的战略理解更深刻，对制度贯彻更彻底，做起事来也更得心应手。

任正非在华为2013年度干部工作会议的讲话中提及：**“公司管控目标要逐步从中央集权式转向让听得见炮声的人来呼唤炮火，让前方组织有责、有权，后方组织赋能及监管。”**

管理者就像战场上的将军一样，不能让士兵服从的将军，打不了胜仗。在华为，任正非一直主张让听得见炮声的人呼唤炮火，这一点对华为很关键。现在，一些企业走入误区，老员工长期得不到重用，它们宁可从外部高薪挖人，也不愿给忠于自己的员工加薪，这种企业文化，会伤害员工的积极性，导致人心涣散，公司各项工作推进遇阻。

在人才选拔上，华为有成熟的体系，一直坚持从战略贡献中选拔出优秀人才。在华为，干部获得提拔须具备两个条件：一是所在部门有不错的盈利；二是对公司有战略贡献，两个条件缺一不可。这种选拔方式近乎苛刻，但又最为公平，只有达到这两个条件，才能在华为内部树立起威望，员工才会绝对服从，并有力地贯彻公司的战略意图。

相比挖掘外部人才，如何从企业内部培养人才，意义更为重大。因为，企业文化是有沿袭的，员工忠诚度需慢慢培养。让一个外部人才突兀地出现在核心要职上，会让跟公司一同奋斗的人寒心，如果这个人的管理和业务能力不是出类拔萃，其结果必定是员工口服心不服，执行力遇阻。

华为坚持“不拘一格降人才”，创造条件使优秀干部和专家快速成长，承担更大的责任。这是在当前经营环境下保证公司持续有效增长的重要战略性举措。为此，华为在现在的干部任用和个人职级管理

规则程序的基础上，建立了针对优秀人员的破格升级制度。

在华为，几乎所有的高层管理者都不是直升上去的，今年你还是部门总裁，明年可能就成了区域办事处主任，后年可能又到海外去开拓新的市场。几起几落，经受若干失败的打击，是司空见惯的事情。因此，华为人对自己的成就和所处的位置，都能秉持一种比较平常的心态。

华为是用最优秀的人来培养更优秀的人。华为的培训体系十分完善，是像战斗一样训练。例如，新员工培训，帮助你理解公司、快速融入，还有针对优秀员工的战略预备队培训等，通过循环训战积累专业能力。

在华为，员工们所获得的不仅仅是优厚的薪酬回报，更多的是事业的平台、成长的空间、国际化的视野。

激发员工的“洪荒之力”

作为全球通信技术行业的领导者，华为在对人才的重视和激励上也是力度空前。华为是中国民营企业中最早将人才作为战略性资源的企业，任正非很早就提出了“人才是第一资源，是企业最重要的资本”的观念，而很多企业当时乃至现在还停留在人力成本控制上，华为则建立起一套基于人性基础之上的四大激励机制：

一、文化激励

文化是企业的灵魂，为大家所认同的文化具有极强的凝聚力。文化激励在华为的创业初期曾经发挥了重大的作用。创始人任正非在初期给华为人定的一个目标是：华为有一天会变成一个世界一流的企业，华为将为此坚持不懈。于是，华为上上下下萦绕的都是任正非的个人权威与语录下衍生的理念。这种精神激励方式在华为发展的早期是华为飞速发展的推动力。经过多年的积累，华为建立了符合自身特色的企业文化。

一是“奋斗文化”。“以奋斗者为本”“长期坚持艰苦奋斗”是华为的核心价值观，任正非倡导并建立起了“奋斗文化”。任正非说：“艰苦奋斗是华为文化的魂，是华为文化的主旋律，我们任何时候都不能因为外界的误解或质疑动摇我们的奋斗文化，我们任何时候都不能因为华为的发展壮大而丢掉了我们的根本——艰苦奋斗。”

“胜则举杯相庆，败则拼死相救”就是华为团队合作和艰苦奋斗精神的充分体现。正是在这种精神的激励下，华为 17 万名员工才能做到如臂使指，团结一心地为构建全联接世界而奋斗不止。

二是“家”氛围。华为一直强调企业就是家的理念，让员工感觉时刻是在为自己的家服务，将企业文化建设融入 8 小时之内的日常管理中，在 8 小时之外，华为也努力丰富企业文化与生活，使家庭成员在文化活动中增进彼此的情感，提高员工的工作质量和思想境界，从而进一步提高 8 小时之内员工工作的协作精神和创新意识。

三是“战马文化”。“要让马儿跑，给马儿吃草”，华为探索出了一整套关于知识劳动者的管理理论和经验，即把“秀才”改造为“战士”，把“野马”训练成“战马”，从而推动华为获得成功。

“战马文化”是华为二十多年既具有活力，又具有秩序性的极为重要的组织性格，也是华为的战斗力之所在。华为在原始积累时期，上上下下充满了激情与“海盗精神”，但当它成功之后，通过文化改良和组织创新，十几万华为人，坚持以客户为中心，以奋斗者为本，“屁股对着老板，眼睛对着客户”。二十多年坚持聚焦在主航道，抵制一切诱惑，坚持不走捷径，拒绝机会主义，踏踏实实，长期投入，厚积薄发，一往无前。

华为强调“以奋斗者为本”，其实就是“要让马儿跑，就得给马

吃草”，华为的做法就是“工者有其股”，以及一整套的激励制度。

如今，华为员工的待遇已成为全球业界的标准。员工各方面的福利都很好，华为人，尤其是中高层的华为人还有饥饿感吗？肥马轻裘，华为还能跑多远、跑多快？戴金的翅膀是飞不起来的，尤其当华为有一天成为上市公司之后……这其实都在挑战华为的核心价值观和华为传统的组织文化。

二、物质激励

在当今人力资源管理中，物质激励仍是一种人才激励的重要手段。华为作为我国当今高科技企业的佼佼者，是中国员工收入最高的公司，在外界的传说中，在华为工作5年以上的中层干部可以支付一条游轮。华为的高薪一方面使得优秀的人才聚集华为，另一方面也激励了人才的积极性。

物质激励是必不可少的。近年来，华为在国内各大名牌大学招聘到了大量优秀学生，完全归功于“撒手锏”——起点高薪，也就是华为所说的有竞争力的薪酬。这种竞争力体现在，华为员工的薪资一般要高于行业平均水平，所需人才一旦被聘用就能享受优于同行业外资企业的薪资待遇，这与华为的高效率、高压力一致。

任正非坚信，**高薪是第一推动力，重金之下必有勇夫。另外，华为实行基于能力的职能工资制，员工的工资不仅与其业绩挂钩，还与其工作态度、责任心和能力挂钩。**

华为实物收入的分配和奖励形式有：工资、奖金、退休金、股权、红利。其中工资是职能工资制；奖金的提取与利润挂钩，其分配是根据贡献与责任；退休金依工作态度；股金依贡献、责任和时间。同时，华为采取按劳分配与按资分配相结合的分配方式，始终认为劳动、知识、企业家和资本共同创造公司的全部价值。在具体物质奖励中，华为坚持做事作风，既要保证短期的激励，也要保证长期的激励，并真正把激励落到实处。

华为一方面利用高工资进行短期的物质激励，另一方面注重长期的物质激励。华为的工资分配是实行基于能力的职能工资制。员工的工资不仅与其业绩挂钩，还与其工作态度、责任心和能力挂钩。这使员工受到长期的激励，促使员工在做好分内工作的同时，还努力寻求自己能力的成长。职能工资制最能体现员工发挥其能动性和创造性。只要能够施展自己的才华，每时、每刻、每个岗位、每条流程都能够成为员工发挥自己能力的舞台，这样的制度叫作全员接班制，从而为所有有能力的员工提供了一个宽松发挥自己才能的环境。

此外，华为所推行的员工持股制是华为公司价值分配体制中最核心、最有激励作用的制度。**“人人是老板”的员工持股机制充分体现了知识的价值，又兼顾了各方的利益，结成了员工与公司利益和命运的共同体。**

三、精神激励

物质激励的作用毋庸置疑，但精神方面的激励也是必需的，也是员工更高层次的需要。企业在进行物质激励的同时，也要注重对员工的精神激励，这样才能使员工产生荣誉感、成就感和自豪感，从而充分激发职工的积极性和创造性。对知识员工来说，他们需要追求个性的发展，获得更大的发展机会。

在华为，追求人力资源的增值恰好是他们的重要目标，他们强调人力资本不断增值的目标优先于财务资本增值的目标，并努力为员工提供成长和发展的机会，以激励员工。如公司为员工提供了大量的培训、参观和学习的机会，华为公司的员工不再被看成是雇员，不是用过后就可以被丢弃的对象，而是公司的主人，随公司的成长而发展。作为主人，员工在企业内更享有建议权、质疑权和获得帮助等系列的权利，能够获得公司开放的资源，这样，员工在有需要时就能够很方便地得到企业资源的滋养，因而更容易获得成长的机会。

另外，在华为各种各样的奖励应接不暇，公司还专门成立了一个荣誉部，专门负责对员工进行考核、评奖。

任正非为华为"蓝血十杰"颁奖并合影

华为的非物质激励有两个方面。一个是华为的金牌个人奖、蓝血十杰奖，等等。金牌个人奖占员工总数的5%，各级管理者根据各种量化指标从上到下来进行评比。华为要给火车头加油，让5%的人作为火车头，来引领十几万华为人的巨型商业火车。

很有意思的是，华为还推出"明日之星"评比，是由群众民主投票选举，比例占员工总数的20%。有人认为这不符合激励的原则，组织激励的要素是小比例激励或者叫"活力28曲线"。任正非却坚决认为，"我们这是肯定大多数、孤立极少数落后的人，也是一种激励办法。毛泽东曾有诗句称'六亿神州尽舜尧'，这句话背后的深刻哲理是，我们首先要承认大多数人是优秀的。华为也认为 17 万员工大多数是优秀的，尤其是华为的员工是层层考核、筛选出来的优秀人才，他们绝大多数都应该是华为的‘明日之星’。”笔者曾在华为公司总部与四个不同国家和地域的外籍员工交流，他们都很自豪地说，我是华为的“明日之星”。

只要员工在某方面有进步就能得到一定的奖励，华为要对员工点点滴滴的进步都给予奖励。

华为的荣誉奖有两个特点：第一，面广人多，所以员工很容易在毫无察觉的情况下得知自己获得了公司的某种奖励。只要你有自己的特点、工作有自己的业绩，你就能得到一个荣誉奖。对新员工就有进步奖，你参与完成了一个项目就有项目奖。第二，物质激励和精神激励紧紧绑在一起。只要你获得了一个任意的荣誉奖，你就可以随之得到一定的物质奖励。一旦得到荣誉奖，你就能得到相应的奖励，而且荣誉奖没有上限，假设你成了荣誉奖“专业户”，你的物质奖励就不菲了。

除了这些之外，华为还把职权作为员工晋升的通道、奖励的形式。在华为，职位不单单是权力的象征，也是收入的象征。如荣誉奖，华为把职权和货币收入捆绑在一起。得到一个比较高的位置，从这个位置上获得的收入是起源收入的若干倍。另外，职权的激励在华为是非常重要的，为华为留住人才起到了非常大的作用。通过给予一部分员工一定的职位，为员工提供晋升的机会，从而使员工有更强烈的进取心，还可以提升员工工作的满意程度，获得员工的认同感与忠诚度。在华为，良好的氛围是华为宝贵的财富。其实在良好的氛围中工作，本身就是一种奖励，有员工就表示，这种满意感，也正是华为吸引他们的最大原因。

在通常的观念中，工作被看成是谋生的手段，是为了索取报酬而必须付出的代价，工作和生活在内容上、时间上都有明确的分界线，在8小时之内，员工认为自己“卖”给了公司，8小时以外则是自己的时间。华为员工正在改变这种观念，努力让大家把公司当成是一个大家庭，大家的工作是为了共同的事业。华为在8小时之外对员工关怀备至，组织多种多样的活动丰富员工的生活，使员工把从中获得的良好心情和饱满精力带入到工作中来。

华为采取灵活多变的方式来增加工作的趣味性。例如，选择高级的度假酒店来召开会议，这时与其说员工是在工作，还不如说他们是在享受。又如，华为给予工作小组一定的活动经费，鼓励他们下班后走出公司去共同活动，而不是各回各家，他们聚集在一起可以打球、聚餐等，进行多种多样的活动。华为的这些做法是聪明的，有效地提升了员工工作的满意度。

总之，华为利用物质激励与精神激励等方法相结合使用。物质激励是基础，精神激励是根本，在两者结合的基础上，以精神激励为主。所以华为取得今天的辉煌业绩，与所推行的高工资制和激昂的精神教育这两种政策是分不开的。

四、其他激励

1. 科学的职业生涯规划。华为深刻地认识到职业规划的重要性，因此，华为也为自己员工制定了职业生涯规划，使员工更好地把握自己的事业目标，激励员工不断向着正确的方向和目标前进。对新员工，给予丰厚的物质激励，并提供富有挑战性的任务，可以最大限度地激发他们的斗志与激情，协助他们自己寻求未来在生涯发展上的成功。

2. 完善的绩效考核管理。在华为，每年的年初，每位员工都需要制定绩效目标，然后，根据这个目标由直接主管对他进行不定期的辅导、调整，考核目标完成的情况和存在的问题，在年中六七月时做回顾和反馈，最后才是年底的评估考核，并把绩效结果和激励机制相挂钩，在考核结果全部集齐到管理者手中之后，管理层就要着手做纵向与横向的比较，通过多向的沟通与反馈得出考核结果，这样的考核结果更加公平，使得高度追求公平感的员工心理得到了平衡。

3. 宽松自由的软环境。在深圳，没有人不知道华为。当你走进华为园区，绿意盎然犹如大安森林公园，绿化程度居然高达 40% 以上，园区中心竟然还有一个人工湖。

华为园区的建筑物里更令人惊讶，环境设计有如 Villa 般的员工训练中心，博物馆般的办公室，美术馆般的展示厅，以及三大洋、五大国料理的员工餐厅。当我们看到这些，仿佛来到了美国硅谷，整个园区充满了如大学城般的活力。

华为公司有两个大型的员工公寓，一个是百草园，另一个是荔枝苑。百草园内树木葱郁，绿草如茵，景色宜人，生机勃勃。除了园林式的小区环境，超市、饭店、图书馆、美发厅、艺术中心、会所、露天游泳池、运动场地等一应俱全，洗衣房随时上门服务，员工在公寓内，不管是购物还是吃饭，一张小小的工卡全部解决，居住在华为的员工公寓，舒适惬意，玩得酣畅淋漓，就如度假般惬意自在，为员工们营造了一个温馨的家园。这对于那些整日忙于技术研究，无暇顾及自己日常生活的研究人员来说，无疑是一项很大的福利。

任正非是一位人性激励大师，30 年来，他在组织内部充分释放权力，开放权力，注重思想建设，注重团队激励，想出各种办法激励团队，使团队从上到下有活力、有激情。进入华为公司，可以鲜明地感受到华为人惊人的相似点，当谈到业务、谈到客户时都像打了鸡血一样，背后的原因除了财富、权力、成就感的激励外，还有多年来华为的组织文化建设始终呈现着多样性、丰富性、变化性，从而激发出了员工的洪荒之力。

炸开人才金字塔塔尖

人类社会正处在一个转折时期，未来是什么样的？任正非这样描述：**“未来二三十年人类社会会演变成为智能社会，其广度、深度我们现在还难以想象。那么，如何面对他所描述的一个具有不确定性的未来？我们认为，越是面对前途的不确定性，越需要探索和创造。谁发挥创造力？主要还是依靠人才。”**

纵观全球，云计算、大数据、人工智能方面的人才供不应求，顶尖人才更是稀缺资源，这种情况还会持续甚至加剧。企业应提前布局，大胆争夺人才；未雨绸缪，提前储备人才。华为也一直在积极部署人才战略，希望吸引更多顶尖人才。

在任正非看来，智能社会不是以一般劳动力为中心的社会，没有文化不能驾驭。若这个时期同时发生资本大规模雇用“智能机器人”（过去的机器人，是机器，不是人。未来的机器人是“人”，不是机器，智能机器人有自我学习的能力），两极分化会更严重。这时，有可能西方制造业重回低成本，产业将转移回西方，我们将空心化。即使我们实现生产、服务过程智能化，需要的也是高级技师、专家、现代农民……文化不高的劳动力将失业。因此，华为要争夺这个机会，就要炸开人才金字塔塔尖，大规模地培养人才。

过去，资本是比较稀缺的资源，支配力更大。现在情况发生了变化。过去资本雇用人才，现在和未来，是人才雇用资本。人才会起到更主导的作用，人才创造的价值更大。资本需要附着在人才身上，才能够保值增值。

为了让人才创造出更大的价值，华为让人才在良性约束下自由发挥。经验有四点：一是炸开人才金字塔塔尖，与世界交换能量；二是鼓励探索，宽容失败；三是英雄不问出处，贡献必有回报；四是用最优秀的人去培养更优秀的人。

什么是良性约束？良性约束，就是共同的价值观。在共同的价值观下，企业的愿景和使命与个人的追求契合在一起，让人才的创造有方向。人才有了方向引领，才能够奔跑得更快。在华为，我们的共同价值观就是以客户为中心，以奋斗者为本。

华为炸开人才金字塔塔尖

如今的华为已经成功登顶，任正非也越来越自信，他提出“华为不能僵化，要向美国学习，如何领导世界。华为领导世界的关键在于人才。因此，华为要炸开封闭的人才金字塔模型的顶尖”。

任正非主张炸开人才金字塔塔尖，与世界交换能量。金字塔是最稳定的建筑结构。在工业时代，人才金字塔结构的优点显而易见，有秩序、有层级、分工明确、效率高。而在数字时代，这种人才金字塔结构也有了缺点。比如它是封闭的，与外界没有能量交换，层级严密，内生，不利于创新。又比如，金字塔塔尖这么小，只能站下少数人，

容不下更多人才。所以，他提出，把人才金字塔顶端炸开，无限扩大外延，使内生领军人物辈出，外延天才思想云集。这样，更多华为的商业领袖、战略领袖和技术领军人物能够不断站上来，使组织永葆活力。同时，华为的人才可以跟外部专家、科学家、国际组织、标准组织、产业组织进行交流。这些交流碰撞就会产生火花，无论被谁应用，都是有利于贡献社会的。

任正非一直推崇“一杯咖啡吸收宇宙能量”的理念。他认为，华为要领导世界，还必须看得更远。一杯咖啡吸收宇宙能量，就是炸开封闭的人才金字塔模型的顶尖，开放仰望星空，企业不再依靠塔尖上那个人（也就是任正非自己）的视野，而是天才成批来，真理引导华为的未来发展，事业不再取决于塔尖上那个“巴顿”，这就是现代“战争”。

人才在哪儿，资源在哪儿，华为就在哪儿。华为尽可能为人才提供合适的场景、条件来激发创新，而不是由华为来规定怎么创新、往哪个方向去创新。现在，华为在全球已经建立了 26 个能力中心，就是为全球科学家、专家提供一个平台，目的是要让科学更好地造福人类、贡献社会。

华为通过创新研究计划（HIRP）与全球 120 多个著名高校和研究机构、100 多位院士有合作。2015 年，HIRP 就支持了 170 多个研究项目。今后，华为将会投入更多资源支持同方向科学家的研究。

任正非在内部多次强调，要大胆鼓励探索，宽容失败。华为每年把收入的 10% 甚至 15% 投入到研究和开发中去。其中，大概 70% 用于开发。开发是一个确定性工作，强调保证质量、效率提升。还有 30% 用于研究。研究是不确定性的工作，需要鼓励探索。对于不确定性工作，华为设定了一个收敛值是 0.5，也就是说，允许有 50% 的失败。

这不叫失败，应该叫探索！

任正非在鼓励员工创新时谈到：华为不以成败论英雄。从失败中提取成功的因子，总结、肯定、表扬，使探索持续不断。对未来的探索本来就没有“失败”这个词。不完美的英雄，也是英雄。使“失败”的人才、经验继续留在华为的队伍里，华为才会更成熟。

在任正非看来，我们处在互联网时代，青年的思想比较开放、活跃、自由。我们要引导和教育，形成一支主流团队，为未来的领袖做好准备。也要允许一部分人快乐地度过平凡一生。现在华为奋斗在一线的骨干，大多是“80后”、“90后”，特别是在非洲、中东疫情或战乱地区、阿富汗、也门……“80后”、“90后”是有希望的一代。2016年，华为在美国招聘优秀中国留学生，全要求去非洲，去了艰苦地区。华为的口号也是：先学会管理世界，再学会管理公司。

目前，华为拥有17万名员工，来自163个国家和地区，业务遍布全球170多个国家和地区，超过30亿人使用华为的产品和服务。

2016年，华为业务收入将超过800亿美元（约5000亿元人民币）。从0到5000亿元，支撑华为成功的力量有三点：第一，开放。华为不仅用好了中国的人才，全球优秀人才都在共同的价值观下发挥创造力。第二，鼓励探索，宽容失败。第三，不拘一格用人才，贡献必有回报。

华为公司高级副总裁陈黎芳女士就是一个例子。她1990年毕业于中国西北大学，1995年3月加入华为的时候，还是一个什么都不太会做的小姑娘，先从最基层做起，后来成为公司北京代表处首席代表、国际营销部副总裁、国内营销管理办公室副主任、公共及政府事务部总裁，如今已经成为公司高级副总裁。陈黎芳说：“我应该感谢华为，是华为给了我成长的平台。”

2016年8月15日，任正非在华为战略预备队建设汇报会上指出：

“三十年河西，三十年河东，华为30年大限快到了，想不死就得新生。我们的组织、结构、人才……所有一切都要变化。如果不变化，肯定不行。如果我们抛弃这代人，重新找一代人，这是断层，历史证明不可能成功，那么只有把有经验的人改造成新新人。我们通过变化，赋予新能量，承前启后，传、帮、带，使新的东西成长起来，促进组织血液循环，给优秀干部、专家赋予新能量，然后走上战场、承前启后，英勇奋斗。”

对华为未来二三十年的发展，任正非称：**华为未来的发展，就是我们一定能活着，而且一定能成功！因为我们在七八年前就已经把人才“金字塔”顶端炸掉了。“金字塔”是一个封闭的模型，塔尖的这个人有多宽的视野，“金字塔”就有多大。**现在把塔尖炸开了，组合了非常多的精英，战略方向和前进方向是靠大家共同去探索出来的，而不是靠一个人来判断局势。大部队最大的问题就是方向不能错。大部队的方向不出现差错，我们就不会灭亡。比世界还大的世界，就是我们的心胸。

企业核心竞争力

华为自创立之日起就把员工视为公司最宝贵的财富，华为能有今天靠的就是一支优秀的、有奋斗精神的员工队伍。

任正非说：**“员工是华为公司最宝贵的财富，是我们一直保持竞争力和持续领先的重要因素。”**任正非一直关爱员工，重视员工的健康、安全和福利保障，使奋斗者得到及时、合理的回报。

华为一贯重视员工福利保障，为员工创建健康安全的工作环境，并推行物质激励与非物质激励并行的员工激励政策，使奋斗者得到及时、合理的回报。在企业持续成长的同时，华为非常关注员工的职业发展，为多元化的员工提供多种价值实现通道，帮助员工实现个人价值。

目前，华为共有 17 万名员工，不同国籍、不同种族、不同民族的人共同组成了华为多元化的大家庭。华为的员工来自全球 163 个国家和地区，仅在中国，就有来自 39 个民族的员工。华为从员工的国籍、性别、年龄、种族、宗教信仰等方面，全方位地制定并实施多元化目标。

由于华为所处的 ICT 行业特点，且大多员工来自工科院校，女性员工所占比例较低。为了应对这些挑战，华为严格遵守各地相关法律法规及国际公约，保障男女员工就业公平，严格禁止就业歧视。

近二十年来，华为女性员工的比例基本保持稳定。此外，华为非常注重女性管理者的选拔，并实施了女性管理者培养计划，在同等条件下优先选用女性员工，帮助其职业发展。2015 年，华为女性管理者的比例达到 8%，华为公司的 13 名董事会成员中，就有 3 名女性成员，公司董事长就是女性。

作为一家国际化公司，华为一直以积极的态度招聘国际员工，推动海外员工本地化进程。员工的本地化有利于公司深入了解各地迥然相异的文化，促进当地人的就业，为当地经济的发展提供帮助。2015 年，华为在海外聘用的员工总数超过 3.4 万人，海外员工本地化率达到 72%，中高层管理者本地化率达到 17.7%。

华为十分重视员工培训和能力发展。在任正非看来，培训不仅能提高员工的技能，帮助其个人发展，实现个人价值，员工能力的提升也能促进企业的发展。同时，培训可以促进企业与员工、管理层与员工的双向沟通，增强企业向心力和凝聚力，塑造优秀的企业文化。

任正非坚持为员工提供充分且平等的培训和晋升机会，帮助员工成长和实现自身价值。2015 年，华为全球培训总人次超过 112 万，人均培训学时为 31.06。

华为建立了 e-Learning（数字化、网络化）学习平台，员工可以随时随地通过网络接受培训，在第一时间掌握最新、最实用的工作技能，紧跟知识经济的发展步伐，提高自身能力。

华为 e-Learning 平台提供各类高质量培训课程，互动式的培训不仅提高了培训效率，也使得员工对学习充满兴趣。据华为官网报道，2015 年，全公司共有 654 万人次参加了 e-Learning 培训。

华为注重员工的个人发展，鼓励员工根据自身能力和个人兴趣自由成长，并为员工提供管理与技术晋升双通道。华为建立了完善的绩效管理机制并有效实施，持续牵引各级管理者关注员工成长与发展，提升绩效管理的有效性，实现员工与企业的共同发展。2015 年，全部员工都接受了绩效考核与职业发展评估。优秀的员工会依据公司的规定和需要得到及时晋升，助力员工实现个人职业梦想。

同时，华为始终秉持“以奋斗者为本”的理念，充分鼓励员工发挥个人专长，帮助员工实现个人价值，并且也注重物质与非物质并行的激励方式，提高员工的幸福感。

任正非自创立华为之日起，始终坚持为员工提供高薪酬福利保障，推行具有市场竞争力的薪酬制度。华为与 Hay Group、MEECER、Aon-Hewitt 等顾问公司长期合作，定期开展薪酬数据调查，并根据调查结果和公司业绩、员工个人绩效对员工薪酬进行及时调整，员工的薪酬标准不因性别而有任何的差异。

华为员工的奖金采取获取分享制，并与公司经营状况、员工所在部门的业绩及其个人的绩效贡献密切相关。根据薪酬政策，华为每年对奖金方案进行审查和修改。2015 年，华为继续推行全球员工长期激励计划，让员工分享到公司成长的收益。长期激励机制将公司的长远发展和员工的个人贡献有机地结合在一起，形成了长远的共同奋斗、利益分享机制。仅 2015 年，华为全球员工保障投入高达 92.4 亿元，比上年增长25%，在中国民营企业乃至全球通信行业，华为用于员工保障的投入是最高的。

华为还建立了完善的员工保障体系，为全球员工构筑起全覆盖的“安全伞”。员工保障由社会保障、商业保险及医疗救助三部分组成。除各地法律规定的各类保险外，华为还为全球员工提供人身意外伤害险、重大疾病险、寿险、医疗险及商务旅行险等商业保险，并设置了特殊情况下的公司医疗救助计划。通过社会保障、商业保险和医疗救助三种不同类别保障机制有机结合的运作方式，有效解决了员工保障问题，消除了员工的后顾之忧。

华为致力于为员工提供轻松、高效的工作氛围。任正非认为：“一**个组织的绩效很大程度上取决于组织的氛围，工作氛围的提升可以促进组织绩效的提高，和谐的工作氛围能够让员工感受到组织的关怀、尊重与信任，有助于提升组织生产力、减少员工流失和事故的发生，激发组织活力。**”

任正非在公司提倡“高效工作、快乐生活”，为员工创造高效、轻松和关爱的工作氛围，提升员工的幸福感，促进员工工作和生活的平衡。

华为公司还成立员工关系部，强制员工度假；设立员工首席健康官；开放员工论坛，建立健全公司体系的党组织系统和员工保障体系；每年发布华为员工健康报告；组织一系列的关爱员工活动如“家庭日”“3+1活动”“为爱奔跑”等。华为通过这些活动，推动各级管理者关爱员工，让员工相互关爱、拥有阳光心态、传递正能量，让工作氛围更加正向积极。

华为例行通过组织气氛调查、员工访谈、民主生活会等形式，主动了解员工对公司的看法和诉求，挖掘并分析背后的原因，提供建设性的解决方案，推动管理改进，让员工爱业、敬业、乐业。

华为的“3+1 活动”指的是培养一个爱好、结交一位好友、参与一项运动和阅读一本好书。

“3+1”活动周始于2009年，旨在通过每年例行举办各类文体活动，唤醒员工的身心健康意识，帮助员工形成“我的健康我做主”的理念，倡导员工之间形成相互关爱的氛围，促使人人养成健康的工作和生活习惯。

2015 年“3+1”活动周从国内走向海外，在印度、东南非等海外区域顺利开展。全公司有 13 万员工参与到活动中，取得了良好的效果。

作为一家业务遍布 170 多个国家和地区的全球化公司，华为注重本地化人才管理和培养，提升本地化运营效率，促进就业和增加税收，对当地社会发展做出贡献；加强与政府、媒体等外部利益相关人的沟通和交流，提高各方感知；持续做创新的信息社会使能者以及合作共赢的产业贡献者。

华为规定招聘、晋升、薪酬等方面不应有种族、性别、国籍、年龄、怀孕或残疾等方面的歧视。华为明确禁止使用强迫、抵债或契约劳工，并在企业招聘、用工和离职等重要环节上都做了详细且合理的规定，从具体实践中杜绝了使用强迫劳工的现象。华为运营过程中从未发生过强迫劳工的情况。

此外，华为公司还通过员工关系部收集和了解员工的意见和建议，建立畅通的沟通渠道。员工还可以通过道德遵从委员会（CEC）投诉热线、商业行为准则 (BCG) 举报热线、人事服务投诉和建议受理热线、绩效评定申诉信箱、采购投诉、举报信箱等进行相关问题投诉。

华为始终将员工的健康和安全置于运营过程中最重要位置，建立了 OHSAS18001（职业健康安全管理体系），并在全球运营所在地推行安全管理要求，建立了完善的安全管理制度、流程、管理规定等，树立了强有力的安全文化。华为从安全管理体系、生产安全、工作环境安全、交通安全、食品安全、工程交付安全等领域，全方位开展安全管理实践，竭尽全力保障员工、分包商和其他利益相关方的健康和安全。

第七章

立身之本：以品质赢天下

质量是华为的立身之本，华为最重要的基础是质量，要从以产品、工程为中心的质量管理，扩展到涵盖公司各个方面的大质量管理体系，在质量管理上要追求“零缺陷”，质量不好是耻辱。

——任正非

持续改进的质量文化

任正非很少在外界公开露面，但在内部的讲话却是很多。在“以客户为中心”这一永远不变的主题之外，他讲得最多的就是华为的“质量文化”。

任正非说：**“质量是华为的立身之本，质量文化就是华为最基础、最根本、最核心的企业文化，优先满足客户需求则是华为的企业精神，根植在这样的华为质量意识和服务意识中，是华为对员工最基本的要求，质量不好是耻辱。”**

为确保产品质量，华为每年都召开质量工作汇报会，任正非每次都参加会议，他多次强调：“我们要加强质量文化的建设，要以产品、工程为中心的质量管理，扩展到涵盖公司各个方面的大质量管理体系。大质量管理体系需要介入到公司的思想建设、哲学建设、管理理论建设等方面，形成华为的质量文化。”

任正非说：“二十年前我去阿联酋，当飞机降落时，西亚非洲司司长告诉我，下去就是中东的香港。当时我不相信，下去一看，然后就写了一篇文章《资源是会枯竭的，唯有文化才能生生不息》。迪拜是没有一滴油的沙漠，现在比阿联酋还出名，这就是文化造就沙漠上的井喷。华为公司也要加强质量文化的建设。目前公司在质量问题上的认识，仍然聚焦在产品、技术、工程质量等这些领域，而我认为质量应该是一个更广泛的概念。我们沿着现在的这条路，要走向新领域的研究，建立起大质量管理体系。”

任正非还举例说，德国斯图加特工程院院长带他参观一个德国工学院，大学一年级入学的学生，他们都在车间里对着图纸做零件，把这些零件装到汽车上去跑，跑完回来再评价多少分。经过这一轮，再开始学习几何、理论力学、结构力学等学科，所以德国制造的汽车永远无敌天下。

每个人都愿意兢兢业业地做一些小事，这就是德国、日本的质量科学，没有这种文化就不可能有德国、日本这样的精密制造。

任正非曾去日本访问多家知名企业并感受颇深：“我们为什么不能有这种文化？我们要借鉴日本和德国的先进文化，最终形成华为的质量文化。如果公司从上到下没有建立这种大质量体系，你们所提出的严格要求则是不可靠的城墙，最终都会被推翻。我们要建立起大质量体系架构，在中国、德国、日本建立大质量体系的能力中心。”

任正非提出：**“创新要向美国企业学习，质量要向德国、日本的企业学习。在华为的大质量观形成过程中，与德国、日本企业的对标起到关键作用。”**

众所周知，德国产品的特点是以质量标准为基础，以信息化、自动化、智能化为手段，融入产品实现全过程，致力于建设不依赖于人的产品生产质量控制体系。德国强调质量标准，特别关注规则、流程和管理体系的建设；德国有统一、齐备的行业标准，德国发布行业标准约 90% 被欧洲及其他国家作为范本或直接采用。德国的质量理论塑造了华为质量演进过程的前半段，是以流程、指标来严格规范的质量体系。

再看日本，特点则是以精益生产理论为核心，减少浪费和提升效率，认为质量不好是一种浪费，是高成本，强调减少浪费（包括提升质量）、提升效率、降低成本。与德国的“标准为先，建设不依赖人的质量管理系统”不同的是，日本高度关注“人”的因素，把员工的作用发挥到极致，强调员工自主、主动、持续改进，调动全体员工融入日常工作的“改善”，强调纪律、执行，持续不断地改善整个价值流。这也帮助华为慢慢形成“零缺陷”质量文化以及客户导向的质量闭环。

因此，任正非在华为建立了一套严密的质量管理体系，对质量标准和工艺要求都有严格标准，并且让全员参与、全员重视公司的质量文化，这种文化也渗透到每位员工的工作过程中，体现在各个环节。

任正非认为：**一个企业要成为高质量的企业，最根本的就是文化。工具、流程、方法、人员能力，是“术”；“道”是文化。法国波尔多产区只有名质红酒，从种子、土壤、种植……形成了一整套完整的文化，这就是产品文化，没有这种文化就不可能有好产品。**

任正非在回顾企业质量管理体系建设时说，纵观全球质量管理的发展，大致可分为四个阶段：第一个阶段是脱离生产的专职质检；第二个阶段是基于数理统计的质量预测；第三个阶段是基于系统工程的全面质量管理；第四个阶段是“零缺陷”质量文化。如今，华为以客户体验为中心的质量体系，或许会成为质量管理的第五个阶段。

从第四个阶段开始，质量管理从制度层面进化到文化层面。质量的保证，不能依赖于制度和第三方的监管，这样的质量会因人而异，也不可延续。而文化，即全员认同的质量文化，并体现在每一个人的工作中。

华为的质量管理体系和质量文化是在市场不断扩张的过程中学习

和积累的，每进入一个市场都倒逼着华为不断完善质量管理的方法，提高质量管理的层次，不断吸收欧美、日韩先进经验的过程，对质量的认识也不断深入。

1998年华为在软件开发上学习CMM(软件能力成熟度模型)标准，规范大家在任何时候都能“把事情做对”“做对的事情”，到1999年请IBM公司做顾问开展IPD（集成产品研发流程）咨询项目，市场部、生产部等各部门共同参与产品研发，不仅倡导“一次把事情做对”，而且要“一次把事情做好”。由此，产品研发效率大大提升。

华为轮值CEO郭为回忆说：“那几年华为对质量的要求越来越高，派了很多高层到全球去考察优秀企业如何抓质量。直到2004年前后，华为开始理解什么是大质量管理体系，明确自己的质量方针、质量文化是什么，据此构建一个全员改进的体系。”

文化的形成是一个慢工程。近几年来，企业界潮起潮落，不断有新的风口，但华为一直是一家很朴素的公司，提出了“脚踏实地，做挑战自我的长跑者”的理念。用任正非的话说：“华为公司这只‘乌龟’，没有别人跑得快，但坚持爬了28年，也爬到全球同行业领先的位置。”

任正非知道竞争会对慢跑型公司带来短期的冲击，但他要求公司上下一定不能有太大变化。比如，消费者业务变化大，将来也可能会碰到一些问题，所以他一再强调终端业务要有战略耐性，要耐得住寂寞，扎扎实实把质量做好。因为你生产的产品是你爹娘在用，质量不好是耻辱。

从流程管理，到标准量化，再到质量文化和零缺陷管理，华为质量管理体系是跟随客户的发展而逐渐完善，在这一过程中还特别借鉴了日本、德国的质量文化，并与华为的实际相结合，建设尊重规则流程、一次把事情做对、持续改进的质量文化。

用“工匠精神”定义中国“质”造

无论是在国内还是国外，只要提到中国的产品，总是给人留下“科技含量低”“山寨”“品牌形象低端”等陈旧落后的印象。但是自从华为通信设备和智能手机问世后，逐渐改变了这种负面形象。

目前，华为通信设备和高端智能手机畅销全球 170 多个国家，华为通信设备在全球市场占有率名列榜首，服务全球 1/3 以上的人口。华为智能手机已经成为欧洲第二大手机品牌，在高端手机市场站稳了脚跟，成为中国唯一能与苹果分庭抗礼的手机品牌。

华为成功的秘诀就是崇尚“工匠精神”，用“工匠精神”重新定义中国制造。工匠精神是一种精益求精、追求极致的敬业精神。华为可以说是引领新时代工匠精神的典范。

任正非很推崇日本的工匠精神，始终认为品质是企业的脸面，只有精工细作的品质才能树立良好的品牌形象。

在任正非看来，**工匠精神是一种修行，更是一种品质，一种价值坚守；工匠精神做得可能会很辛苦，依靠的是一种信仰和一种内心的信念，但这个过程有痛苦也是一种享受。**

任正非说：**“‘工匠精神’的核心不仅仅是把工作当作赚钱的工具，而是树立一种对工作执着、对所做的事情和生产的产品精益求精、精雕细琢的精神。在众多的日本企业中，‘工匠精神’在企业上下形成了一种文化与思想上的共同价值观，并由此培育出企业的内生动力。”**

任正非曾经多次去日本，他说，截至 2013 年，全球寿命超过 200 年的企业，日本有 3146 家，为全球最多，德国有 837 家，荷兰有 222 家，法国有 196 家。为什么长寿企业扎堆这些国家，是一种偶然吗？它们长寿的秘诀是什么呢？答案就是：他们都在传承着一种精神——工匠精神。

他举例说：日本树研工业株式会社 1998 年生产出世界第一的十万分之一克的齿轮，为了完成这种齿轮的量产，他们消耗了整整 6 年时间；2002 年树研工业又批量生产出重量为百万分之一克的超小齿轮，这种世界上最小最轻的有 5 个小齿、直径 0.147 毫米、宽 0.08 毫米的齿轮被昵称为“粉末齿轮”。这种粉末齿轮到目前为止，在任何行业都完全没有使用的机会，真正是“英雄无用武之地”，但树研工业为什么要投入 2 亿日元去开发这种没有实际用途的产品呢？这其实就是一种追求完美的极致精神，既然研究一个领域，就要做到极致。

很多人认为工匠是一种机械重复的工作者，但在任正非看来，**“工匠”其实意味深远，代表着一个时代的气质，与坚定、踏实、精益求精相连。**

其实，在华为创立之初，就坚持以质量立命、以品质代言，崇尚工匠精神。工匠精神可以从华为手机上一窥究竟。

华为坚持走精品路线，把产品质量放在首位，对产品的每一个模具、每一款设计、每一个零件、每一道工序、每一个细节都精心打磨、专心雕琢。在华为人的眼里，只有对质量的精益求精、对制造的一丝不苟、对完美的孜孜追求，除此之外没有其他。正是凭着这种凝神专一的工匠精神，使华为手机在短短几年内得以誉满天下，畅销全球，跻身全球手机行业前三强。

2016 年 4 月，华为在伦敦发布了全球首款配置徕卡镜头的双摄像头手机华为 P9。一位 P9 用户在微博上说：“华为 P9 能把两个摄像头做到没有凸起而且流畅、美观，难度非常大，绝大多数公司难以实现。”

多数普通消费者或许难以意识到，这款由好莱坞明星斯嘉丽·约翰逊和“超人”扮演者亨利·卡维尔代言的手机，涉及 800 多个元器件和上千种一级原料，涉及数百个供应商，仅仅一个高端摄像头上需要胶水点胶的点就涉及 40 多个元器件。

为确保产品的品质，华为一直在同整个产业链共同合作，不断提升供应链中各个环节的产品质量。在每一个环节上下功夫，建立质量管理系统，做到精益求精。

对于华为来说最大的挑战就是，他们不光要做好自己，还要联合整个价值链上所有的供应商一起把质量做好。华为主张优质优价，拒绝低质低价，如果供应商的产品质量好，愿意用更高的价格购买它的元器件。

任正非表示：**“我们不关注供应商来自哪个国家，但必须达到我们的质量标准。高质量可以获得更多份额，华为要成为 ICT 业界高质量的代名词，需要和供应商一起扛起这杆大旗。华为更愿意选择那些能与华为深化协同、将优质资源投入华为的合作伙伴。”**

华为消费者业务手机质量与运营部部长马兵举例说，手机摄像头中用到一个对焦马达，马达固定时要用到一种胶水，胶水的质量最终会影响手机在拍摄时的对焦灵敏性和速度。“如果想给消费者带来极致的使用体验，我们除了要管理好摄像头的供应商，同时还要管理好马达和胶水的供应商，只有这样我们才能给消费者提供高质量的终端产品。”华为要把工匠精神体现得淋漓尽致，定义中国制造！

在奉行“优质优价”策略的同时，华为将其质量管理体系渗透到供应商的体系中。曾有用户向余承东反馈某款华为手机的充电线特别容易断，经调查发现，原来是一家供应商为了降低成本，减少了某些微量成分的使用,后来华为开发和采购了一些先进的检测设备来“拦截”单个元器件、单个模块上的潜在不良产品，杜绝各种隐患。

华为建立了全面领先的管理体系，从供应商的体系、流程和产品等方面对供应商进行筛选和认证，并对合格供应商的表现进行持续监控和定期评价，遴选出优秀供应商。华为针对供应链在终端生产过程中建立了多个控制点，收集产品质量表现信息进行统计和分析，并根据这些数据建立 KPI 指标，监控研发、物料、生产、客户等各个环节，分析绩效表现，以识别改进机会。

华为为何要倡导工匠精神？任正非说：**“一是只有工匠精神才能提供消费者所需要的高品质产品和服务；二是只有工匠精神才能提供传世之物，让后代人对当代人保存一份记忆和敬意；三是工匠精神是治疗社会浮躁的一剂良药；四是工匠精神契合了供给侧改革的需要；五是工匠精神是走向全球、提升中国产品国际竞争力的需要。”**

由此可见，“以客户为中心”的工匠精神是华为不可动摇的执念。正如任正非所说，**“世界再嘈杂，匠人的内心，绝对是安静、安定的。”**

“现代制造业更需要工匠精神，才能在长期竞争中获得成功。”任正非表示，当下很多企业老板心浮气躁，忽略了产品的品质和灵魂，乐于玩圈钱游戏，股市涨跌，房价疯涨，人心浮动。但必须指出的是，振兴中国经济，没有匠人精神，所谓“振兴”和“创新”只是空中楼阁、无本之木。迎接工业自动化、互联网革命、产业升级换代，不能忘本，本立而道生。

尤其是在互联网时代和产能过剩的当下，中国制造企业更需要专业、专注、精益求精的工匠精神，制造企业必须放下功利心、投机心，专心把产品做好。

20 年前，中国企业对所谓“精益生产”“六西格玛”已是耳熟能详，只是多年以来，中国企业只注重优化企业流程、管理系统化，更关注如何与客户建立良好的关系，却恰恰忽视了精益的灵魂——工匠精神。精良产品或精益服务来自精良的职业锻炼和职业伦理。

任正非强调：“我们要重视技师文化的建设，给他们合理报酬和激励，文员、支付系统的员工……都是一种特殊的技师，我们都要关怀。只有让技工成长起来，我们才能后继有人，我们的产品质量才能百尺竿头，更进一步！”

二十多年来，华为发扬工匠精神和阿甘精神，坚定目标、专注执着，埋头苦干，从年产几百万元，到年产 5000 亿元，成为业界的标杆和质量管理的标杆，这都是用“工匠精神”谱写的。

对产品瑕疵“零”容忍

华为不仅提倡以工匠精神来衡量产品，在质量管理上追求“零缺陷”，而且用制度支撑“质量优先”和产品“零缺陷”战略在各个环节的落地。

华为有一个明确的规定，即要做业界标杆、质量标杆。如果华为产品的质量和业界标杆有差距，那么就要快速赶超，每年必须以不低于 30% 的速度去改进；即使成为业界标杆之后，每年依然要以 20% 的改进率去改进质量，培养员工追求极致体验的精神，致力于在企业上下形成共同的价值观，把产品质量和用户体验都做到极致。

近几年来，中国内地的产品质量总体较弱，假冒伪劣盛行，而华为却一枝独秀，甚至成为世界级的产品质量标杆，这其中的秘密是什么呢?

在华为高级副总裁、消费者业务 CEO 余承东的印象中，华为真正把质量作为核心战略，应该起于 2000 年的一次质量大会。而在此之前，是华为发展的初级阶段。华为在发展初级阶段，就明确了“以客户为中心”的唯一价值观。但质量如何帮助实现这个价值观，还没有受到公司足够的重视。

从 2000 年开始，华为已经走上了发展的快速通道，有了自己完整的产品体系，而且开始了全球化的历程。华为仿佛被通信行业的车轮带动着，快速向前飞奔。那时候，余承东加入华为才几年时间，还算是一个“新兵”。但公司的快速成长，带给像他这样的新员工巨大的自我成长机会。“公司在高速发展过程中，我们都忙着抢市场，尽可能多地获得订单。就在这时候，任正非总裁亲自主持召开了一次质量反思大会。”

正是在这种高速增长中，质量问题凸显，客户的抱怨声越来越大。以客户为中心的华为人，倒是真的不吝惜时间与成本，一趟一趟飞到客户身边，去把坏了的产品换回来，通过售后服务去弥补质量带来的问题。但这就如同一个死循环，以客户为中心是华为的核心价值观，但产品质量不行，客户的订单越多，抱怨也就越多。

从客户那里换回来的坏设备的单板，以及一趟一趟来回飞的机票，被公司总裁任正非装裱在相框里，成为那一次质量大会的“奖品”。而这个“奖品”则成为很长一段时间大家办公桌上最重要的一个摆设，时时刺激着每一位当事人。

这次大会成为华为公司将质量定为核心战略的一个起点。但质量体系的建设，则是一个更漫长、曲折的过程。

余承东在华为工作了二十多年，历任3G产品总监、无线产品行销副总裁、无线产品线总裁、欧洲片区总裁、战略与Marketing体系总裁，他经历了华为质量体系构建的全过程。

2000年，华为将目标锁定在IBM，要向IBM这家当时全球最大的IT企业学习管理。当年，引入IBM公司帮助华为构建集成产品开发IPD流程（即集成产品开发，是一套产品开发的模式、理念与方法）和集成供应链ISC体系（即网络服务于客户，是一种最新的电子商务营销方法。ISC也是一种Intel的服务器管理软件）。

那时，印度软件开始快速崛起，任正非认为软件的质量控制必须向印度学习。所以华为建立了印度研究所，将 CMM 软件能力成熟度模型引入华为。

IPD+CMM 是华为质量管理体系建设的第一个阶段。IPD 和 CMM 是全球通用的语言体系，这期间也是华为国际化业务大幅增长的时期，全球通用的语言使得客户可以理解华为的质量体系，并可以更好地接受华为的产品与服务。

第一阶段帮助华为实现了基于流程来抓质量的过程。在生产过程中，由于人的不同会导致产品有很大的差异，而这套体系通过严格的业务流程来保证产品的一致性。

随着华为的业务在欧洲大面积开展，新的问题出现了：欧洲国家多，运营商多，标准也多。华为在为不同的运营商服务时，需要仔细了解每一家的标准，再将标准信息返回到国内的设计、开发、生产制造环节。欧洲的客户认定供应商质量好不好，是有一套详细的量化指标，比如接入的速度是多少、稳定运行时间是多少，等等。

在几年前，业界有新手机发布的时候，在不同的国家都要有不同的发布时间，原因在于每个国家用户的需求不同、政府监管要求不同、行业质量标准也不同。对于手机厂商就必须要针对不同国家做适配后再发布。经过多年的摸索，华为现在已经可以全球统一发布新款手机，而这完全基于这些年对标准的摸索。

这是华为质量体系建设的第二个阶段，在这个磨炼的过程中，华为渐渐意识到标准对于质量管理的作用。随着欧洲业务成长起来的，是华为自己的一套“集大成的质量标准”。在这个阶段，在流程基础上，强化了标准对于质量的要求，通过量化指标让产品得到客户的认可。

接下来，华为的开拓重点到了日本、韩国等市场，来自这些市场的客户的苛刻要求让华为对质量有了更深入的理解。在拓展欧美市场时，只要产品有一定的达标率就可以满足客户要求，就被定义为好产品。但是产品达标率到了日本就行不通，在日本客户看来，无论是百分之一还是千分之一的缺陷，只要有缺陷就有改进的空间。

“工匠精神”“零缺陷”“极致体验”等这些词时时折磨着华为员工。在流程和标准之外，质量还有更高的要求，这需要一个大的质量体系，更需要一个企业质量文化的建设。只有将质量变成一种文化，深入到公司的每一个毛细血管，所有员工对质量有共同的认识，才可能向“零缺陷”推进。

2007 年 4 月，华为公司 70 多名中高级管理人员召开了质量高级研讨会，以菲利浦·克劳士比“质量四项基本原则”（质量定义、质量系统、工作标准、质量衡量）为蓝本确立了华为的质量原则，这就是华为质量史上的“十一届三中全会”。会后，克劳士比的著作 *Quality Is Free*（《质量免费》）在华为大卖，主管送下属、会议当礼品，这本冷门书居然在华为公司备受追捧。

这是华为质量体系的第三个阶段，从那个时候，开始引入克劳士比的“零缺陷理论”，做全员质量管理，构建质量文化，每一个人在工作的时候，都要做到没有瑕疵。

客户的需求在变，没有一套质量体系是可以一成不变的。完成了流程、标准、文化的纬度建设，华为又遇到了新问题：如何让客户更满意。此时，卡诺的质量观成为华为学习的新方向。

围绕客户满意度，华为的质量建设进入第四个阶段：以客户为中心的闭环质量管理体系。这就要求在基础质量零缺陷之外，要更加重视用户的体验。

华为把在欧洲、美国、日本、韩国拓展市场过程中学的东西综合，尝试完善自身的质量管理体系。质量意识这时才成为整个华为血液里流淌的核心理念。“零缺陷”就是华为质量管理体系的核心。

每年年初，华为所有部门、所有产品、每一个模块都会建立一个“零缺陷”目标，上一年达到了多少，今年要达到多少。随后，每半年评选“零缺陷”模块，让每个人把这几个模块的工作做到极致。

任正非一直把产品质量视为企业的生命，他在公司强调最多的一句话是：**“在质量管理上要追求‘零缺陷’，质量不好是耻辱。”**

任正非在2015年华为终端公司年中会做总结发言时指出：“我们一定要多听使用者的意见和批评。你们在看网上文章时，不知道有多少人会看跟帖？大家认为这是水军行为，我不认为。我看文章时，就会去读成百上千个跟帖，看别人怎么骂华为的，看完后就知道哪些方面需要改进。我曾给‘心声社区’讲，能否设一个平台专门骂华为。你们说很多是水军在黑我们，关键在于黑到点上没有？我们Marketing要认真去听这些内容，都是免费的。现在我们对消费者的真实需求了解还不够，还要坚持对消费者需求的理解上，从长远战略上加深理解，我认为Marketing的工作还很艰难。消费者BG要继续加强开放，改善产品质量，改善为用户服务质量，改善供应链关系，以提升战略竞争能力。”

为解决一个在跌落环境下致损概率为三千分之一的手机摄像头的质量缺陷，华为会投入数百万元人民币测试，最终找出问题并解决。

余承东表示：“尽管这给华为带来巨大的经济损失，但这在质量问题面前没有争议，这不是可以讨价还价的地方。”

在严苛保证自身产品质量的同时，华为也一直在同整个产业链共同合作，不断提升供应链中各个环节的产品质量。只有这样，才可能给消费者和客户提供高品质的终端产品。

此外，华为在消费者领域还建立了完善的全流程质量反馈改善体系，通过服务热线、社交媒体、新媒体等渠道收集用户反馈的产品痛点，在下一代产品中不断迭代完善，以保证产品质量的不断提升。

正是靠着对产品瑕疵“零”容忍的质量原则和对产品品质不断提升的追求，华为走出国门20年，用优质的产品、服务和领先的技术，服务全球170多个国家和地区的用户。余承东认为：“遵守质量的诚信原则在华为不能破，它是华为一切行动的标尺，它能够带来商业价值，同时也是品牌的价值和内涵所在。”

优良的产品，给华为在全球范围内带来了商业成功。在通信设备市场，华为已经成为全球持续领先的信息与通信解决方案供应商；在智能手机市场，根据GFK（全球五大市场研究公司之一）发布的数据显示，华为在全球智能手机市场份额稳居前三甲，在中国市场份额持续领先，并在西欧多个发达国家的市场份额跻身前三。

在全球，能以“零缺陷”为管理体系的企业并不多，而演进到以客户满意度为基础的大质量观的企业更是少见。克劳士比的“零缺陷”质量文化已经帮助华为在竞争中胜出，接下来能够让华为长远生存下去的是如何以客户满意度为中心，持续改进的质量体系。

华为的价值观是以客户为中心，所以华为的质量观也与其他企业不同。任正非说：**“我们是从客户的角度看质量，所以满足客户需求的、用户期待的，都应该算作质量，都是我们要持续改进的。”**面向未来，华为将把质量目标、方针、战略及相关政策落实到流程中，构筑到组织文化中，使华为的质量战略真正成为华为每一个团队和个人共同追求并努力实现的目标。

品质铸就荣耀

如果要总结华为的成功之道，我认为一流的产品质量才是华为30年不倒的核心。

华为创立30年来，始终将品质当成自己的生命线，绝对不给用户一点风险。任正非在公司内部讲话中多次强调：“质量是华为立身之本、优势之源。我们决不走低价格、低成本、低质量的道路。如果那样，将会摧毁我们20年后的战略竞争力。”这基本上就是华为手机的成长策略，也成为华为终端必须坚守的底线。

也正是在这样的理念之下，华为终端开始了对产品品质的极致追求，所以才爆发了引发社会广泛关注的“火烧手机事件”。

2015年5月28日，在京东“6・18”大促之前，华为荣耀系列部分产品因为运输车辆的轮胎着火，导致集装箱内部分手机受到影响，虽然这些手机并没有实质的损伤，但考虑到将来可能出现的质量风险，华为主动将价值2000万元人民币的手机全部销毁了。这种宁愿企业损失千万，也不给消费者留下一点隐患的做法，是一种发自内心的对消费者的真正尊重，也体现了对产品品质的坚守。

在华为P8上市时，P8手机超窄边框采用的点胶工艺经过测试发现，手机使用几年后有可能出现问题，仅因为这一个小问题不达标，就算不会对消费者造成太大影响，但华为不惜以整个销售链的供货作为代价，坚持将产品报废。据余承东透露，仅此一项就损失了四个多亿销售收入，连带的经济损失可能有十几个亿。

为解决华为某款热销手机生产中的一个非常小的缺陷，华为荣耀曾经关停生产线重新整改，影响了数十万台手机的发货。

2015年，技术人员在高湿环境下进行一款手机的可靠性测试时发现，该款手机上的环境光传感器在使用一年后，可能会有接近1/1000

的概率失效，发现后公司直接叫停了整个产品生产线。

回想起这个事情，余承东虽为损失惋惜，但更感到幸运。“质量是能力的体现。以前我们有能力拦截到现有问题，但是这次问题的暴露，让我们发现检测设备连一年后可能出现的问题也能拦截到。”余承东说，这样的问题一般手机厂商很难发现，因为需要高精尖设备，而且即使发现，有的企业也可能会因为考虑成本而忽视该问题。

华为内部流传着一个有意思的理念——“手机要做到像人民币质量一样，简单、标准化、高质量、终身免维护；如果手机做到像人民币一样，在使用生命周期中不坏、不出故障，当然就是高质量。”

2015 年，华为智能手机发货量 1.08 亿部，华为成为中国第一家年发货量过亿的智能手机厂商。

据介绍，华为的每一款产品上市前都会经历严苛的环保测试、强度测试、性能测试和最极端的环境挑战。并且华为拥有在业界首屈一指的可靠性检测及产品认证准入实验室，可以保证华为的产品品质可靠。

笔者带着对华为手机品控的好奇，同媒体记者一起参观了华为上海研究所和华为可靠性实验室及生产线。在这场“看得见、摸得着”的华为品质之旅中，笔者看到诸多让人惊讶的严格测试项目。

华为上海研究所拥有多个鲜为人知的神秘实验室，其中有 10 米半坡暗室、SAR 检测实验室、通信协议实验室、GCTC 气候实验室以及可靠性实验室等，华为手机在这里要通过多重考验后才能送到用户的手中。

这里支持中国和全球主要可靠性标准的测试，华为诸多旗舰产品均在该实验室测试保障。每款手机都要经过滚筒跌落测试、按键耐久测试、载重测试、连接器插拔耐久测试、扭曲测试、触摸屏的钢珠跌落、弹簧锤及拉拔测试等。下面我们就一一看看华为手机在出厂前将要受到怎样的磨难。

华为手机首先要进行滚筒测试，所谓的滚筒测试主要目的在于测试在异常情况下结构空间发生干涉、单板器件受到应力、壳体装饰件脱落等潜在失效风险。每款产品测试都要经过 0.5m 和 1.0m 各 100 圈测试，每 50 圈检查一次。另外，跌落测试是为了保障用户手机不小心发生摔落时使手机不容易发生电气性能损坏。该测试高度一般为0.8米，每个产品要对 6 个面进行跌落测试。在实验室现场，使用华为 P9 进行了一次跌落测试，随着一声清脆的手机与大理石撞击声后，华为 P9 依然能够正常使用，设备旁还有一块显示屏可以通过两台高速摄影机的记录观看手机跌落到大理石上的瞬间。

在实验室中还有 4 台按键耐久测试设备，其会对用户使用频繁的器件进行按压测试，测试通过的华为产品要满足电源按键可承受 20 万次按压，侧键可承受 5 万次按压的标准。此外，为了模仿用户日常真实使用，实验室中还配备了载重测试装备，可以模仿手机放在裤兜中用户坐下或蹲下时手机受到的挤压，软载重测试会对产品横向和竖向正、反面用 25kgf 各按压 500 次检验其软载重性能。

最有意思的当属扭曲测试，设备会将产品竖立夹住然后左右进行扭曲，经过测试的产品可以承受 1.03N.m 的 500 次反复扭曲，确保手机无器件干涉、无结构变形，有效保障了在无意识扭曲下华为手机仍能正常工作。另外，众所周知，屏幕是手机最脆弱的部分，华为也对该部分进行了可靠性测试，测试使用 130g 钢珠从 5cm 高度冲击屏幕 5 个点和弹簧锤用 0.2J 的能量冲击屏幕 5 个点，以验证屏幕玻璃强度是否足够以及触摸屏和 LCD 的间距是否安全。对于屏幕还将进行拉拔测试，用 50N 的力对手机屏幕进行拉拔来验证触摸屏贴合的黏性和强度是否足够，确保用户使用过程中不会出现脱落。

手机中的数据接口以及耳机接口也是日常易损部分，华为可靠性实验室中也有专门针对链接接口的耐久性测试，设备会对华为手机数据接口和耳机接口进行反复拔插，保障华为产品 USB 端口可以承受 10000 次插拔、耳机端口可以承受 5000 次插拔，另外还对数据线接口处左右施加 1kgf 压力，正、反各 2000 次，最大限度保障接口使用的可靠性。

在进行如上测试的前后，还会对产品进行各项功能检查以保障每款产品的可靠性，这就需要一台针对华为定制的自动功能检查设备，该设备完成 1 部手机检查仅需 1 分钟，在提高效率的同时也避免了人为因素，确保测试一致性。

除了进行机械性的可靠性测试外，华为还拥有 GCTC 环境气候实验室，该实验室模拟自然界中可能出现的各种极端的气候现象，考验产品的环境适应性及可靠性。目前实验室中有 18 台温箱，最大的温箱测试空间为 17 立方米，温变最快可达每分钟降温 60℃，大部分温箱的温度测试范围可以达到 -70℃ ~100℃，湿度范围为 0%~95%，足够全面完成对外界特殊环境的稳定性测试。

除了手机可靠性外，用户应该更加关心手机辐射方面问题，手机辐射会对用户身体带来一定伤害是众所周知的。因此，华为建立了手机 SAR 实验室对手机辐射进行检测，测试区主要由测试机器人、精密测试探头、数据采集中心、人体模型、测试模拟组织液、模拟基站以及测试固定台等组成。测试中手机会放置在装有模拟液体的模型中，并全方位检测辐射信号并由控制区服务器处理。

华为的每款手机都会经过上百次检测，采用的标准比美国 FCC 的要求更加严格。参观期间，专家还提醒用户手机在拨号未接通时候辐射是最强的，因此建议用户使用耳机拨打电话或等待完全接通后再将手机放在耳边。

通话是对手机最基本的要求，随着手机的发展，通话质量也在不断提升，然而面对更多的用户需要在嘈杂的环境中使用电话，并要求更高的通话质量的时候，对手机厂商是个巨大考验。华为为了提升多重环境下的通话质量，为此拥有自己的音频实验室，这里拥有最先进的德国 Head 音频分析系统，可以模拟用户多种通话姿势和常见环境，确保用户在任何环境和姿势下都拥有更好的通话体验。

如在选件方面，华为就对元器件有严格的环保要求，比如电路板若含有有害物质则直接被剔除掉。

在研发阶段，华为会对样机进行激发性测试，激发性测试就是在极限条件下将手机测坏为止，使手机充分暴露设计缺陷，以便研发人员对样机的结构设计进行调整和优化；之后华为会进行通过性测试，要求手机满足华为制定的严格测试标准。

在位于深圳的华为可靠性实验室，笔者看到工作人员演示的多个测试环节，包括破坏性测试、滚筒随机跌落、六面四角定向跌落、电源键按压、按压键按压、连接器拔插、软压、手机扭曲、温度循环箱、温度快速变化、蒸手机、太阳晒手机、无线性能、天线性能等环节。

比如按键测试从原来的 20 万次提高到现在的 100 万次。按照用户每天打开手机 150 次计算，按键至少保证 18 年使用。再比如冒烟测试，就是对手机基本功能进行验证，7 天 24 小时全天候无人值守全自动升级和测试。

值得一提的是，华为手机无线性能测试。众所周知，手机最主要的功能就是通话信号性能，在这方面华为占据极大优势，荣耀手机也以信号好著称。这是因为华为植根通信行业二十多年，积累了大量无线测试经验。

在这个可靠性实验室，笔者看到多个无线测试的“黑屋子”，这是华为花上亿元购买的无线性能测试设备，测试包括2G、3G、4G、5G无线性能以及不同网络制式切换性能。

笔者在华为实验室还看到一个黑屋子里有正在测试的手机，据介绍这个暗室可进行全频段全制式手机天线无源效率测试、整机OTA（信号）测试、2G和3G频段的aGPS TIS测试。在暗室内，华为会模拟基站、手机在内部测试天线性能。配合实验室多套业界先进的模拟人头、人手模型，能够测试和评估实际使用时手机发射和接收信号的能力。

基于与全球运营商如中国移动、中国电信、中国联通、Vodafone、德电、美国AT&T、TMO等的产期合作，华为与运营商联合进行了天线测试，满足各种运营商的严格无线性能指标。

相比而言，很多国内手机厂商并没有自己的无线测试实验室，甚至无法投入这么大的资金建设这样的测试环节，而且很多企业对产品无线标准也没有华为的严格。此外，华为培养了大量专业技术人才，可以熟练使用这些设备进行测试，这也是很多手机厂商不具备的。

华为实验室测试结果可以出具GFC认可的GSM/WCDMA/LTE终端产品认证证书的LOGO。

GCF是全球认证论坛由移动网络运营商、终端制造商、测试实验室和测试仪表制造商共同成立的一个国际组织，同时也是业界最完整和最严格的认证和测试体系，华为的每一个产品都受到该实验室的严格认证。

华为有些测试项目，到目前为止中国市场都没有法定标准。所以很多国内手机厂商生产的手机并没有做这些测试，而华为直接对接欧美标准去做。

余承东说：**“我们配备有业内领先的可靠性实验室，严苛全面的手机质量测试堪称‘变态’，甚至超出行业一倍标准。华为对通信企业产品的各种理解和适配，以及与全球各大运营商之间的网络合作、调试，让华为手机的信号有着独一无二的竞争力。”**

众所周知，华为终端产品销往全球各地，包括干燥高温风沙大的中东地区、多雨潮湿的海滨城市以及低温低压的西伯利亚，甚至是南、北极。这就要求华为手机在各项标准上做到极致，满足全球各地的诉求。

除了严格的测试，还有严格的管理。从管理方面看，华为的测试环节完全独立，工程师只对产品品质负责，因此具有否决权。

而且，华为以品质为立身之本，多年来积累深厚。在质量监测方面，严格执行QMS质量管理体系，形成从产品概念设计、开发到采购、制造、检测等一条龙的高标准管理，华为所沿用的标准超出欧洲、美国的强制认证要求。

除了研发的测试环节，华为在生产环节同样高度重视产品质量把控。在位于东莞的生产线上，记者看到生产线分十多个环节，每个环节都设有质检，层层把关，且多个环节是人工和机器都在检测，可谓“双保险”。而且，一旦某个环节产品出现瑕疵，华为可能会停下整条生产线去查找和解决问题。

严苛的测试标准保证了华为产品品质，保证出厂的每一个手机都经得住市场的考验，也因此受到全球用户的喜爱。

2016年3月29日，第二届“中国质量奖”颁奖仪式在北京人民大会堂举行，华为公司获得了该奖项制造领域第一名的殊荣。国务委员王勇出席颁奖仪式并向华为公司董事长孙亚芳颁发获奖证书。

作为国内质量领域最高政府性荣誉，“中国质量奖”由国务院批准设立、国家质检总局负责组织实施，每两年评选一次。第二届“中国质量奖”授予为建设质量强国做出突出贡献、在全社会具有显著示范带动作用的组织和为提高我国行业和地方质量水平做出突出贡献的

第二届中国质量奖颁奖大会，华为公司获得了该奖项制造领域第一名的殊荣

个人。

华为能够获得“中国质量奖”制造领域第一名的殊荣，是对华为长期坚持以“质量为生命”的肯定和褒奖，是一件值得华为人特别骄傲的事情。

华为产品与解决方案部总裁丁耘介绍说：在国内去一次基站站点，人工成本是500~1000元人民币；在欧洲，成本则是500~1000欧元一次。过去10年，这个数字几乎没有变化。如果设备不稳定，在国内可以派人到站点进行修补，但如果派人远赴欧洲修补，可能会把所有赚的钱都赔进去，这就逼着华为必须把质量做好。

数据显示，1987年以2.1万元资本起家的华为，2015年销售额达到3950亿元人民币，其中近60%来自海外市场。华为的产品已销售到170多个国家和地区，服务全世界1/3以上的人口。

事实上，对产品品质的苛刻要求，让华为也得到了良好的市场回

报。数据显示，在中国市场，华为手机重复购买率为83%，远远领先于其他厂家；华为品牌满意度高达90%，领先于苹果的为87%，位列全行业第一。

二十多年来，在“以客户为中心，以奋斗者为本”的公司核心价值观牵引下，华为积极推进质量优先战略落地，基于客户和消费者需求持续创新，赢得了客户和消费者的信赖，也构筑了华为今天的成功。

拿到了国家级的质量奖，对华为公司“以质量为本”的精神是一种肯定，同时，也为产业发展树了一个标杆，“创新驱动、质量为先”将成为未来中国制造业的安身立命之根本。

今天，拿在我们手上的每一件华为产品，都在华为大规模可靠性的实验室经历过各种极限场景的测验，用来保证质量。正是这些慢工、细活、严格、严苛的质量体系标准，才让华为成为业界标杆，走向世界，满足海外各个国家对“质量就是零缺陷”的要求和挑战。华为获得“中国质量奖”虽然是对华为整个管理体系的认可和肯定，但是华为的产品才是这个奖项最有力的背书。

华为的成功也给行业树立了标杆。不管世界如何变化，也不管互联网营销多么重要，产品质量和客户的口碑才是硬通货。

第八章

价值主张：以客户为中心

为客户服务是华为存在的唯一理由，客户需求是华为发展的原动力，我们坚持以客户为中心，找准客户的“痛点”，帮助客户解决他的“痛点”，快速响应客户需求，为客户提供贴心的服务，持续为客户创造价值进而成就客户，成就客户就是成就我们自己。

——任正非

为客户创造价值

在当今中国企业界，恐怕没有人比任正非更了解“以客户为中心”的必要性和重要性了。在他看来，客户不仅是上帝，更是自己的衣食父母，只有坚持以客户为中心，持续为客户创造价值，公司才能实现持续有效增长。

华为的核心价值观第一条就是“以客户为中心”，讲的是价值创造的目的。回顾华为30年的成长史，由弱变强，客户才是华为的唯一依靠。为了给客户创造价值，华为不仅把员工与公司的利益绑在一起，而且连客户也成为其生命共同体。

这个时代通行的生命法则是：“无依则生，有依则活。”华为创立之初的实力很弱小，而它面临的竞争对手却是拥有雄厚资金与技术实力的国际巨头，所以注定了华为在争取客户的道路上必定要付出艰辛与努力。

以客户为中心，在华为不只是一个口号，华为把这个基本主张通过制度、流程变成每个人自主的行动。华为本身就是奋斗者，所以长期坚持以奋斗者为本。至于艰苦奋斗到什么时候，没有限定，一个公司其实当它的商业模式、基本模式成型以后，就是不断地复制。

任正非在内部讲话时经常强调：**“客户的利益所在，就是我们生存与发展最根本的利益所在。我们要以服务来定队伍建设的宗旨，以顾客满意度作为衡量一切工作的准绳。公司的可持续发展，归根结底是满足客户需求。只有客户成功了，才有华为的成功。”**

华为消费者业务CEO余承东回忆说，20世纪90年代初，围绕着是否投资上马小灵通，华为内部争议很大。一直到前不久我还看到一位离开华为的高管在某论坛上说：“华为曾经犯下错误，就是太自以为是了，不能顺着客户的需求，错过了上马小灵通。”而余承东非常坚定地说：“华为恪守一切以客户为中心的价值观在小灵通事件上完美呈现出来。当时任总坚持认为，小灵通是注定要被淘汰的通信模式，中国更需要2.5G和3G。于是，华为坚定投资长远。而国内市场只对小灵通技术开放，国外市场还没有去开拓。在这样的背景下，华为被迫从零开始去开拓国际市场。那份无奈和艰难，很难用语言表达。”

为了客户的利益，华为坚持自己的投资方向没有变。没过几年，小灵通就被淘汰了。华为虽然没有在小灵通市场上赚到钱，但是却修炼了一颗一切以客户为中心，为客户创造价值的恒心。

坚持以客户为中心、持续为客户创造价值，是华为获得增长的主要原因，而核心是基于客户需求的持续创新，把创新植入品牌特质。华为洞察和把握行业趋势，围绕客户需求持续创新，构筑起强大的技术实力，以领先的产品和服务为客户持续创造价值。

“以客户为中心，为客户创造价值”这句话说起来容易，事实上，很多公司嘴上说维护客户的利益，实际上是维护自己的利益，这两件事常是冲突的。

很多人对通信行业缺乏了解，通信产业会因为技术标准、频率波段不同，衍生出不同的产品，一个电信商可能会为了满足消费者，需要用到三种技术标准，采购三套不同的机台，其中安装与后续维修费用甚至高过单买机台本身。

从一个制造商的角度，当然希望客户买更多套产品，才能赚取越多服务费。这个算盘连小学生都会打，但华为走了一个逆向的路：我来帮客户省钱！华为反过来站在电信商的角度思考，主动研发出把三套标准整合在一个机台的设备，帮客户省下了 50% 的成本。

短期来看，华为是傻是亏，但长期来看就不见得了。客户省下的钱，可以用于其他投资，研发出更新的产品，从消费者端赚来更多的钱，再回头来跟你合作，双方一起成长。“当他只能赚一块钱的时候，肯定无法分给你一块五，他若能赚五块钱，你才有机会分到两块甚至三块”，任正非道出一个简单的商场互利逻辑。

任正非解释说：**“许多技术创新更是从这个过程中而来，华为是第一个把2G、3G、4G打通的公司，靠一套设备就能提供多面融合服务。”**当客户提出问题或需求，华为的工程师会回过头去从基础科学中找寻解答，由此产生源源不绝的新产品与专利。

任正非指出：**“我们正在跨入融合宽带通信时代！随着 3G、4G 网络建设的逐步完善，随着高带宽接入以及 ALL-IP 融合技术的发展，最终用户将获得无缝的、融合的宽带业务体验。在电信与互联网融合的时代，如何延伸运营价值成为我们共同关注的问题。”**

例如，土耳其经济从 2009 年以来持续增长，其移动市场也展示了强劲的增长势头，强烈的移动社交习惯和需求，对移动宽带的发展提出了较高诉求。

土耳其拥有近 3500 万移动宽带用户，以及近 1000 万固定宽带用户。在 4.5G 发布之前，移动用户平均下行速率为 8Mbps，在全球下行速率排行中，列第七十七位。因此，构建区域的 ICT HUB 是土耳其的战略目标。为了达到这一目标，土耳其于2015年8月26日拍卖4.5G牌照，并于2016年4月1日，率先在中亚区域商用4.5G。

土耳其三家移动运营商获得4.5G牌照后，于2015年年底大规模启动了4.5G网络建设。截至目前，土耳其已在全国80多个城市成功部署超过2万个4.5G基站，一举成为目前全球最大的4.5G商用网络，土耳其也成为第一个实现4.5G全国覆盖的国家。

土耳其4.5G网络使用了华为新一代基站平台GigaRadio，引入4T4R RRU和有源天线AAU，峰值速率超过1Gbps，大幅提升了频谱效率和网络容量，并以其高集成度，简化了站点部署空间，同时加快了网络部署速度。除了VoLTE业务、高清视频业务等同步开通外，也为运营商开拓垂直行业提供了基础，如窄带物联网NB-IoT、公共安全网LiTRA，以及家庭宽带市场，提供类光纤速率的WTTx。高集成度的产品加上高效的交付执行，使得土耳其4.5G在4个月内完成在全国范围81个省份的覆盖。

2016年4月1日，土耳其三大运营商同时宣布4.5G网络正式商用，商用一周后，土耳其迅速发展了600万4.5G用户，土耳其用户对高速数据的强烈诉求得到释放。并且凭借良好的网络体验、激进的数据包促销策略和全国范围内的推广措施，4.5G用户保持持续增长，商用40天后，迁移到4.5G的用户已超过1000万。如果没有华为新一代基站平台GigaRadio助力，土耳其三大运营商不可能拥有庞大的4.5G用户。

Flipkart是印度最大的电商集团，为了支撑快速发展的业务，计划在未来几年购买多达10万台服务器用于新的IT系统建设。但如果用传统的机架服务器部署如此大规模的服务器，那需要的空间、能耗和管理成本是非常巨大的。因此，为了节约成本，Flipkart采用Hadoop大数据的架构搭建存储资源池，用于存储电商系统里面的海量小文件，挖掘和分析价值数据，提高网站的核心竞争力，在激烈的市场竞争中保持优势。

Flipkart 作为互联网厂商，本身技术能力强，系统采用高可靠、高性能的分布式架构，对服务器需求量巨大。由于服务器大批量部署、应用，在能耗、稳定性、密度、快速部署等方面面临挑战。

针对 Flipkart 以上的需求，华为提出 FusionServer X6800 方案，因为 X6800 是一款非常灵活的高密度服务器，具有高性能、大容量存储、可快速部署、低能耗和易管理和易维护等特点。针对 Hadoop 场景，X6800 有一款非常强悍的 4U4 存储型节点 XH628 V3，4U 空间可部署 48 个可热插拔 3.5 寸硬盘，存储容量高达 296TB。XH628 V3 采用最新英特尔至强 E5-2600 v3 系列处理器，最大支持 16 个 DDR4 DIMM 内存和 4 个 PCIe 标卡，非常适合 Flipkart 大数据业务。而且 X6800 具有设计高密、存储容量高、易扩展、共享架构、电源转换效率高、高效节能、易运维、故障率低、在 40℃温度下可长期运行的优势。

同时，华为在国内有阿里巴巴、腾讯和百度等大型互联网厂商用户，有很多大规模部署的经验，这些成功的经验很容易复制到 Flipkart 大规模部署的项目中。在项目初期交流阶段，X6800 通过客户严格的 POC 测试（客户应用的验证性测试），得到客户对华为服务器性能、稳定性和可靠性的认可。

最终，X6800 顺利中标 Flipkart 采购项目，用来承载分布式集群文件系统，搭建其 Hadoop 存储资源池，充分证明了华为服务器卓越的表现。

客户采用华为 X6800 方案后，不仅提高了服务器的可靠性，故障率大幅降低，有效解决了批次性故障问题；用户的部署、管理效率也得到大幅提升，交付简单迅速，故障自动发现和自动上报，给运维带来极大方便，上线周期缩短 30%，满足业务快速上线的需求，密度高，节省机房 50% 空间，节能达 10% 以上。

坚持以客户为中心、持续为客户创造价值，是华为获得增长的主要原因。30 年来，华为高度重视客户的需求，在帮助客户获得最大的商业成功的同时，华为也获得了成功，由弱小一步步走向强大。

眼睛盯着客户，屁股对着老板

华为坚持以客户为中心，“眼睛盯着客户，屁股对着老板”，专注于 ICT 领域，坚持以客户需求为导向持续创新，用心发现和满足客户需求，为客户提供有竞争力的通信解决方案及贴心的服务，赢得了全国用户的信赖和好评。

一方面，华为凭借“以客户为中心，为客户创造价值”的理念构建了其持续发展的商业模式；另一方面，通过技术创新打造其核心竞争力，尽管华为进入的是当时竞争最激烈的一个市场，但如今已经成为当之无愧的领导者。

任正非表示：**“在我们公司的创新问题上，一定要强调价值理论，不是为了创新而创新，一定是为了创造价值。”**这意味着华为所有的研发都是围绕客户需求的，尽管一些高端研究的领域和方向相对模糊，但华为对未来有一个假设，就是数据流量的管道会变宽，宽得像太平洋一样，华为的方向和定位就是做好“云、管、端”以及垂直整合。

作为一个立志于全球化的中国企业，华为正在用强大的创新能力、快速的市场响应、更愿意为客户而改变的态度，赢得全球市场的认可。这条“贴近客户需求、质量高、服务好、成本低”的可持续发展之路，必将引领华为走向新的辉煌。

在交换机领域，华为历经多年的耕耘和发展，积累了大量业界领先的知识产权和专利，可提供从核心到接入十多个系列上百款交换机产品。

2015年，华为研发的全球首款32路开放架构小型机——KunLun，算得上划时代的产品。KunLun最大的特点就是最高支持32路x86处理器，这也是当前x86服务器领域扩展性最高的。

可能有人问要做到32路很难吗？是的，很难。众所周知，做高端服务器（Scale-up纵向扩展服务器）最大的难点在于如何以最少的资源消耗来保证处理器之间的缓存一致性，这也是为什么至今仅有极少数的8路以上的x86服务器问世的主要原因，归根结底，跟技术水平的高低是有直接关系的。

据华为IT产品线关键业务服务器总经理王震介绍，KunLun主要面向四大类应用，包括数据库/OLTP、内存计算、HPC和云计算&虚拟化。KunLun已经积累了不少用户。

目前，华为交换机已广泛应用于政府、电信运营商、金融、教育和医疗等行业，服务于巴西总统府、荷兰哈勒默梅尔市政府、中国银行、清华大学、北大第一医院、中国石油集团、美团云、亚太卫星、英国SCC、俄罗斯央行、意大利MPS银行、美国麻省理工学院、南非警察总署等客户。

2015年，华为交换机在中国市场份额中排名第一，在全球市场份额中排名第三，增长率排名第一。2016年，华为数据中心交换机在中国市场份额排名第一。

华为FusionServer服务器一贯秉承“持续创新让计算变简单”的理念，面向用户业务，聚焦用户需求，提供稳定可靠、性能卓越的服务器产品和应用加速解决方案，帮助用户构建简单高效的IT基础设施。

通过持续创新，华为可提供融合架构服务器、关键业务服务器、面向云和大数据的高密度服务器、PCIe SSD 卡等产品和应用加速解决方案，服务于政府、金融、交通、教育、医疗、电信运营商和互联网等多个行业。

高性能计算在科研、政府、工业、国防有着广泛的应用和巨大的影响力。在理论模型复杂、实验费用昂贵而无法进行实际实验时，计算就成为求解问题的主要手段，许多大型任务只能通过高性能计算解决。

华为以高性能服务器、大容量存储为基础，携手高性能领域合作伙伴，提供端到端、全领域、全生命周期的高性能计算解决方案。

华为端到端的高性能计算解决方案，包括基础设施、硬件资源、系统环境、集群管理、服务平台、行业应用等方面。

在基础设施上，华为可提供模块化数据中心和集装数据中心；在硬件资源上，华为可提供和 GPGPU、PHI 配合的刀片服务器与机架服务器，各种形态的存储设备、IB 交换机和 GE 交换机；在软件层面，华为除了提供高效的集群管理和设备管理软件外，还和众多高性能集群软件与应用软件厂商合作，对当前成熟的 HPC 商业产品、部件进行集成测试和调优，提供最适合用户业务特征的高性能解决方案。同时，华为将在电信领域的服务能力迁移到高性能计算领域，提供了从咨询规划、建设部署、迁移整合、定制开发到灾备保障等全生命周期管理的专业服务能力。

在华为，任何产品一经立项就成立由市场、开发、服务、制造、财务、采购、质量人员组成的团队 (PDT)，对产品整个开发过程进行管理和决策，确保产品一推到市场就满足客户需求，通过服务、制造、财务、采购等流程后端部门的提前加入，在产品设计阶段，就充分考虑和体现了可安装、可维护、可制造的需求，以及成本和投资回报。并且产品一旦推出市场，全流程各环节都做好了准备，摆脱了开发部门开发产品，销售部门销售产品，制造部门生产产品，服务部门安装和维护产品的割裂状况，同时也摆脱了产品推出来后，全流程各环节不知道或没有准备好的状况。

例如，印度尼西亚的 M8 项目是华为在海外的第一个融合计费项目，也是通信业界屈指可数的真正的融合计费项目之一。出于对华为的信任，客户把全网搬迁原有计费系统的项目交给了华为，但也提出了在 6 个月内交付商用的要求，这几乎只有常规期限的一半。

任务如此艰巨，使无论是一线工作人员还是总部支持团队，都在工作上和心理上承受着巨大压力。华为前后派出四五批研发专家团到现场与客户交流，其中有两次是大规模的，每次都有 20 多人的专家队伍到场。其根本目的，就是要弄清楚客户的真正需求，才能实现最终的优质交付，才能体现出华为一贯坚持的“实现客户梦想”的基本原则。

双方五六个团队封闭在酒店里，白天开会，当夜就要输出会议纪要，并进行相互确认。在此过程中，华为的本地员工发挥了很大作用，他们既是一线工作人员，又担任了翻译和沟通的角色。研发部门也非常卖力，对客户所提出的问题，他们都尽可能地给予现场解答。对于客户提出的要求，他们也会仔细地分类整理，可以做的、必须做的、没必要做的、无法做到的，然后坦诚地与客户进行沟通，直到最终达成一致。

由于准确把握了客户的需求，并突出了重点，确保了进度，该项目最终成功地按期交付客户使用，并受到印度尼西亚合作方极高的评价。

客户的需求就是华为不断前进的最大动力。在 2G、3G 时代华为走的是中低端市场路线，但是在 4G、5G 时代，华为突破了很多高端市场。从低中端向高端转变，华在4G领域投入了更多的精力和人力，更加准确地把握客户需求，并对这些需求进行快速响应。

据了解，华为和沃达丰、Telefonica、法国电信、德国电信、软银等运营商建立了联合创新组织。华为安排非常多的专家，坐在客户的办公室里讨论未来的网络发展需要什么技术，如果此时擦出了创意的火花，不管成功与否，华为都会有团队去响应这个创意。因为客户没有研发机构，一些设想无法实现，华为可以帮助他们去实现，为此，华为投入强大的精力、物力、财力去支撑，华为认为这些付出都是值得的，并且是有回报的。

此外，各家运营商的需求各有不同，一招鲜吃遍天的方式显然行不通，而差异化成了华为满足用户需求的另一个关键。欧洲的客户，比如沃达丰就觉得它的站点越来越复杂，频点数越来越多，华为便为其提供了一套站点简化的解决方案；日本软银的网络越建越密，干扰问题随之而来，华为提供的解决方案既解决了干扰问题又提升了网络容量；而芬兰因为地广人稀，华为便为其打造了一套传播距离远且网络覆盖率高的解决方案。

现在，从挪威的"全球最北端"，到澳大利亚的"全球最南端"；从冰天雪地的俄罗斯，到菲律宾的热带雨林，再到纳米比亚沙漠地带，华为LTE的足迹遍布全球五大洲。截至2015年，华为已与世界各地运营商签订了700多个LTE商用合同，开通了200多张LTE商用网络，位列业界第一。华为LTE进入全球100多个首都城市及九大金融中心，包括伦敦、新加坡、苏黎世、首尔、东京、日内瓦、多伦多等，已助力韩国LGU、英国EE、德国电信、西班牙电信、日本软银、沃达丰、沙特电信、阿联酋电信等全球领先的电信运营商开通了LTE商用业务。

围绕客户需求的持续创新，是华为成功的内在基因，促使华为创造了许多 LTE 行业的标准和架构，引领了一个又一个技术潮流。华为的创新并不是一个空泛的概念，基于客户的持续创新是华为坚持的方向。在任正非看来，企业要发展就必须有利润，而利润来源于客户，所以不管是产品的核心技术还是外观设计，以客户为导向是创新最根本的归属。只有“眼睛盯着客户，屁股对着老板”，不断满足客户的需求，实现技术商品化，才能为客户创造价值。

切入客户的“痛点”

华为的产品为什么能够畅销全球？关键的因素就是华为在产品研发过程中能够搞清楚客户的痛点在哪里，并帮助客户解决他的痛点，为用户创造价值，给用户带来更好的体验。

任正非有一次去参观华为 F1 展厅，并发表了一个简短的讲话：你们知道世界上对男人的最佳表达是什么吗？电影《泰坦尼克号》告诉我们，在生死存亡的时候让女人先走，自己死掉，这就是对男人的最佳表达。我们公司的最佳表达是什么？我们的展示应该从哪个地方切入？我认为应该是从客户的痛点去切入。

我们要搞清楚客户的痛点在哪里，我们怎么帮助客户解决他的痛点。抓住客户的痛点进行表达，才能打动客户，让客户认可我们。我们要让客户认识到华为才是他真正的盟友。当然，除了技术，未来的商业模式等东西也是我们要表达的内容。

我们现在应该给客户展示未来，我们不展示历史。客户天天跟我们打交道，早就对我们很了解了，为什么还要叫客户复习一遍呢？客户只是不知道未来会是什么样子，我们也不知道客户的未来是什么样子。

在苹果公司推出 iPhone 之前，大家根本想不到移动互联网会大大地超过固定互联网。所以我们要知道客户到这个地方来他关心什么？人家是来研究人家自己看不到的未来。

我不主张平铺直叙。我们从一开始和客户的沟通，就是共同去探讨我们共同痛苦的点，探讨未来会是什么样子。一上来就要让客户感知到这个就是他想找的，让客户看到他的未来，认同这个未来，然后和我们一起去找解决办法，看我们能给客户提供什么服务，帮助他走向未来。这样的沟通和探讨才能引人入胜，客户才会关注我们解决这一问题的措施和方案。

只有当客户深刻地认识和理解了我们，他才知道我们这个战略伙伴和别人有什么不一样，才知道我们能提供给他的是什么样的未来，才会买我们的设备，我们才能活下来。

显而易见，任正非对华为有着深入骨髓的危机感。

近两年来，随着手机行业的高速发展，各厂商进入了贴身肉搏战阶段，此前，不少手机厂商深陷拼参数配置的“旋涡”，一味追求高处理器性能，却遭遇舍本逐末的问题，在体验上大打折扣。不过，随着用户对体验的重视与日俱增，比拼参数配置变得不再适用，以华为为代表的厂商正积极拓展产品体验，发力用户痛点，尤其是在用户更为看重的电池、设计、功能、照相等方面积极创新。

2016年7月14日，华为麦芒5在广州正式发布，主打“光学防抖”“持久续航”“久玩不伤眼，长看不疲劳”等功能卖点。而“持久续航”似乎找到了不少年轻人常常挂在嘴边、被认为是与高性能成“反比”的槽点。一时间，有关“夜拍旗舰”“强性能”看齐高端机型的华为麦芒5，是如何兼顾持久续航的讨论经久不息。

围绕用户体验，智能手机近几年的发展已进入同质化的瓶颈期，即便厂商主推功能卖点各有所长，如近两年大火的拍照、快充、指纹识别等亮点，但“大屏幕、强性能、多应用”依然是革新的主流。而在“屏幕太大如板砖”“应用太多会闲置”的背景下，“强性能”往往就成为手机厂商针锋相对的焦点。而CPU作为决定手机性能的关键，也常常是消费者判断手机配置高低的主要依据。

但从单核到今年新推出的十核处理器，伴随手机性能不断提升，随之而来的就是功耗、发热、续航等问题。有网友调侃：“冬天跑完分的智能手机，有时可以当暖宝宝哟！”“一言不合就没电，总是跟我玩儿失联！”特别是手机续航时间有限，一直是手机智能化伴生的鸡肋，除了电池容量大小和容量密度外，在很多人眼中性能与续航似乎只能是“此消彼长”的矛盾体。加之消费者对大屏、轻薄化手机的钟爱，使得多数手机厂商都弱化“长续航”和“强性能”完美兼得的问题。

而此时，华为麦芒5能够不畏挑战，直面痛点，想必确有十足把握。首先，从性能上看，华为麦芒5采用高通最先进的14nm制程处理器，拥有真八核，与上一代相比，性能有了显著提升。高配版配合4GB RAM（俗称运行内存），使用户观看视频、玩大型手游都会更流畅、不卡顿。

而从续航能力上看，华为麦芒5搭载了一块3340 mAh锂聚合物电池，能量密度比达到680 W/L。除此之外，在CPU设计上麦芒5采用了包括“动态时钟分配”“芯片内部阻抗优化”在内的6大降功耗技术，做到极致省电。配合硬件性能提升，华为麦芒5同时新升级了智电4.0省电技术，具有智能情景识别、实时功耗调控等功耗控制功能。软硬件相结合，双管齐下，保证普通用户可正常使用手机2.2天，重度用户可达1.5天，真正做到“持久续航”。

如此，单从兼顾“长续航”和“强性能”的技术革新来看，华为麦芒5已然在2000~3000元中档手机市场格外亮眼，更不用说其基于新一代光学防抖 1600 万像素背照式摄像头展现出的超强夜拍能力了。

华为预测，到 2025 年全球的联接数将超过千亿，整个世界将变成全联接的世界。联接成为数字经济与实体经济融合的桥梁，由联接创造的数字经济正扑面而来。而数字经济转型中的重要因素是云计算、物联网、大数据、宽带和数据中心。其中，云计算是创建数字资产所需计算能力的来源，也正在成为企业 IT 的新模式。

任正非说：**“我们已经站在数字经济的大门前，随着海量设备接入网络，联接正无处不在。所以，我们要紧盯电力企业数字化转型痛点。”在他看来：“IT 行业是云计算技术的缔造者，也是云计算价值的实践者。华为的云计算应用就是从自身桌面云的改造开始。但云计算更伟大的平台能力价值正延伸到传统领域，将深刻地改写行业规则，重塑既有的业务模式以及信息化架构，带来前所未有的创新。”**

当前，各行各业都在谋求变化，试图构建新的产业格局，占据产业发展的制高点。而有效利用云计算的技术变革和商业模式，才能为所在的行业带来转型的可能。

任正非认为：**“在整个电力行业，云计算、大数据已经初具应用规模，产品的应用也从办公业务领域向生产业务领域进行了延伸。基于大数据的用电咨询服务、能效产品销售、节能方案、新能源汽车、O2O 的商业消费等已经出现。以用电服务为例，需求侧的管理已经逐渐被重视。国家电网需求侧的平台已经接入的企业近 2400 家，还包括像顾客优化、迎峰填谷、需求响应、分布式能源运营、售电、配电资产、运营等其他的服务。”**

工信部的最新数据显示，2016 年，我国云计算的产业规模有望突破 3500 亿元。而 2015 年华为云计算大会的主旨“云转型、新标杆”，正是针对这一市场需求做出的相应调整。华为将云计算业务延伸到企业云服务领域，是从计算、存储和网络向服务的自然延伸。

华为在 ICT 领域的投入不断深入，面对云计算技术的挑战，华为的战略是聚焦 IaaS 层、使能 PaaS 层、聚合 SaaS 层。华为 IT 的两大愿景是“让盒子更简单、让平台更开放”。

华为在 IaaS 层不仅仅拥有服务器、存储、网络等硬件平台，同时还有 FusionSphere（虚拟化）、FusionInsight（大数据）、FusionStage（PasS 平台）等软件平台，通过更融合的存储、更简单的计算、更开放的平台，让客户看到最好的 PaaS，向上不做应用，向下不碰数据，将华为最深入的技术开放给客户，并保证了客户数据的安全。

面向企业和运营商客户，华为推出的 FusionSphere 6.0 版本在组件、架构、生态三个维度全面拥抱开源，实现了深度的软件开放，为客户提供非常灵活的软件选择。如今，华为 FusionSphere 已服务全球 80 多个国家和地区，合计超过 1000 家客户，覆盖政府及公共事业、金融、运营商、能源、交通、媒资、制造等行业，在助力客户业务转型和商业成功的过程中，协助企业完成 IT 转型。

“云计算时代的到来，既是对我们的挑战，同时更给予我们一个机遇。所以我们将怀着感恩出发，从谦卑做起，与我们的客户一起来面对云时代的变革和机遇，为客户提供创新的云解决方案，以帮助客户成功。”任正非感叹。

任正非认为：**“在数字经济时代，靠一己之力不可能服务全行业和客户。华为携手合作伙伴，寻找客户的痛点，帮助客户解决他的痛点，用开放的技术和方案帮助客户实现转型。”**

据悉，目前华为在云计算领域的合作伙伴也发展到 500 多家，既有 SAP、微软等全球领先企业，也有软通动力、索贝等扎根行业的优秀机构，强强联手，确保给客户提供创新的行业云解决方案。

在云计算解决方案的架构、软件、硬件、服务等各个层次，华为通过聚焦和不懈的努力，致力于帮助客户成为云转型的新标杆。华为在全球已部署了160多个云数据中心和超过70万个云计算虚拟机。在政府、金融、交通、能源等领域，全球行业标杆企业纷纷选择华为作为最佳创新合作伙伴。

任正非表示，随着行业客户需求日益增多，我们深刻理解IT系统要走向云架构和云服务并不容易，需要产业链伙伴合作一起构建云生态。华为会坚持以商业合作为核心，以技术合作和人才培养为支撑，共同打造华为开放的云生态，便能合作伙伴，同体共生，共同做大产业，实现共赢。

为客户提供“保姆式”服务

华为拥有业界最完整的通信产品系列，涵盖移动、宽带、核心网、数据通信、电信增值业务、终端和云服务等领域。为了给客户提供有竞争力的产品和服务，华为一直把“以客户为中心”作为服务宗旨，把用户满意度作为检验一切工作的唯一标准，制定了完善的服务体系，构建了全球领先的服务体系，解决了用户的后顾之忧，托起华为全联接世界。

2001年7月，华为的一位顾问写了一篇文章《为客户服务是华为存在的理由》，准备刊登在《华为人》报上，任正非在审稿时，将其改为“为客户服务是华为存在的唯一理由”。他认为：华为命中注定是为客户而存在的，除了客户，华为就没有存在的任何理由，所以是唯一理由。

任正非还强调：**“我们要踏踏实实地为客户做好服务，这样我们就会赢得我们的成功。其实华为的成功很简单，没有什么复杂的道理，**

我们就是要真诚地为客户服务。你真诚地对客户，客户才会心甘情愿地掏钱买你的产品。”

以客户为中心，把客户服务做透，就是华为的胜出关键。众所周知，一些国际大厂比较容易要大牌，不会愿意配合客户要求去量身定做产品，反正我给你什么就吃什么，就是怕麻烦。他们在做服务时一般派四五个工程师到客户端驻点就算是一件了不起的事情，而华为却可以派出 12 个人一组的团队，与客户一起讨论、研发出最适合的产品。若产品出问题，即使地点远在非洲乞力马扎罗火山，华为也是一通电话立刻派工程师到现场，与客户一起解决问题，不像其他企业为了节省成本，多半用远端视频遥控。

能做到这个程度，固然归因于中国有全世界最便宜的优质人力，但能让这群高知识工作者甘心情愿地为公司、客户卖命，除了配股分红的激励机制外，也与华为强烈的企业文化有关。

“你们要眼睛对着客户，屁股对着老板”，这是任正非反复对华为干部和员工说的一句话。他认为，大部分公司会腐败，就是因为员工把力气花在讨好主管，而非思考客户需求上。

30 年来，华为生产的设备用到哪里，就把服务机构建到哪里，贴近客户提供贴心服务。现在，华为全球 170 多个国家和地区都设有服务机构，全天候与客户在一起，能够知道客户需要什么，以及在设备使用过程中有什么问题、有什么新的改进，都可以及时反馈到公司。

2011 年 3 月 11 日，日本东北部海域发生里氏 9.0 级地震并引发海啸，造成重大人员伤亡和财产损失。尤其是日本福岛第一核电站 1 号、2 号机组发生核燃料泄漏事故，3 月 13 日共有 21 万人紧急疏散到安全地带。

华为员工无畏日本福岛核电站核泄漏灾难，不仅没有因为危机而撤离，反而加派人手，在一天内就协助软银、E-mobile 等客户，抢通了 300 多个基站。自愿前往日本协助的员工，甚至多到需要经过身体与心理素质筛选，够强壮的人才能被派到现场。

软银 LTE 部门主管非常惊讶："别家公司的人都跑掉了，你们为什么还在这里？"

"只要客户还在，我们就一定在"，当时负责协助软体银行架设 LTE 基站的专案组长李兴回答得理所当然，"反正我们都亲身经历过汶川大地震。"

对客户需求有宗教般的虔诚，这话说起来挺优雅，而实际上落到实处就是拿命入股客服！就是拿命换诚信！当华为人想到，因为修复了通信网络，福岛核泄漏会得到及时的治理，会抢救出无数人的生命，华为员工愿意牺牲自己的身体健康乃至生命，去抢救受苦受难的人！

是的，对客户需求有宗教般的虔诚，就是要在客户心灵深处建立起一种强大的信任：什么时候需要你，你都会出现在身边，这就是国际一流品牌的价值！这就是华为人的胸怀！

2014 年，任正非提出了"大服务"的生态体系概念，这个架构覆盖整个产品生命周期，从咨询、规划、设计、建设、运维到优化和提升，可以说是一个端到端的大服务的产品架构。

华为通过"一个平台，三种模式"携手合作伙伴共建"大服务"生态系统，与客户共同应对大数据、大流量、大智慧的数字社会的挑战。其中，一个平台指融合客户服务中心、备件、流程 IT、知识库、案例库、人才联盟、渠道精英俱乐部等服务能力，通过加强对合作伙伴的培育、激励和支持，打造面向客户统一的服务平台。三种模式即是认证服务合作伙伴、授权服务合作伙伴和联合服务解决方案。而从服务深度的角度来看，2014 年，华为建立了 7 大行业能力中心，目的就是为了能更深层次地理解行业客户需求。

同时，华为还注重跟合作伙伴的合作与分享，通过“大服务”生态系统可以实现与合作伙伴的互补和对接。与合作伙伴的互补体现了价值贡献和能力共享；与合作伙伴的对接，使得流程和业务能够平滑运作，秉承了华为合作共赢、按贡献分配价值的理念。

在“大服务”生态体系下，华为从客户满意度出发，坚持与广大合作伙伴深入合作，从客户服务支持到备件支持，从销售支持到运营支持，从能力培养到工具开发，以此提高合作伙伴与华为合作的效率，降低合作伙伴的成本，不与合作伙伴争利。在服务销售界面，服务解决方案向所有合作伙伴开放，合作伙伴可以通过服务解决方案销售获取利益和返点；在服务交付界面，华为鼓励合作伙伴提升交付能力，实现 90% 以上的服务内容由合作伙伴交付。同时，合作伙伴还可以集成华为服务解决方案，向客户提供更高价值的增值服务产品包，合作伙伴按实际贡献来分配价值。

笔者经常与华为员工交流，他们都把“以客户为中心”挂在嘴边，像是已经植入了 DNA 中。笔者在华为听到了很多有关感人的故事，有艰苦，有流血，有牺牲……非常令人感动，催人泪下。

在印度尼西亚，面对海啸与地震，华为员工没有撤退，他们冲了上去，架设抢修通信设备。

在玻利维亚高原很多地方都有华为人的足迹，几乎每个村庄都留有华为人不倦的身影。他们在海拔 4000 米的高原上疾走，在亚马逊丛林中宿营，明月繁星陪伴着立塔，驼羊野马一起驰骋，他们留下了高高的铁塔，更用自己的汗水，在玻利维亚高原上灌溉着中、玻两国的友谊之海拔最高的站点：TCT 项目 GSM416，位于玻利维亚，海拔 4776 米，是 2009 年华为人安装的海拔最高的站点。

在南苏丹，这个全球最年轻的国家（2011 年 7 月 9 日独立），90% 以上的地区没有电，没有路，没有自来水，大部分人在草屋里住，在河里洗澡。华为员工住在铁皮房里，厕所是自行挖掘的茅坑，为防止疟疾，上厕所时，甚至要带上扇子，以防被蚊虫叮咬。某位员工，已八次患上疟疾。

华为为了把客户服务做到透，把客户体验管理解决方案扩展至固网领域，成就运营商卓越宽带及 IPTV 客户体验。

电信运营商的转型步伐从未停歇，随着越来越多的运营商积极探索在固定宽带和视频等领域的业务多样性，固定网络业务客户体验管理和提升也被提上了运营商高层关注清单。业界领先的 HUAWEI SmartCare（客户体验管理解决方案），基于统一的移网和固网客户体验管理平台，在管理客户体验领域扩展了固网相关的新方案，为运营商带来卓越的客户体验之外，更有助于以客户为中心的精准营销。

华为客户体验管理固网解决方案支持运营商建立端到端固网用户体验管理体系，有效降低用户投诉率，提升运维效率，提升固定业务的盈利能力。华为已经在多个运营商成功实践，帮助运营商在客户体验管理上取得显著的成果，并在商业上取得成功。

2016 年 8 月，华为的客户体验管理固网解决方案，其中就包括视频 HD/4K 客户体验管理。

目前，全球超过 70% 的先进运营商陆续发布了视频战略，以 HD/4K 视频内容牵引用户宽带的使用，并进一步增强宽带客户黏性。HD/4K 视频客户愿意额外付费点播感兴趣的视频内容，同时也期望得到更好的视频服务和体验。

华为客户体验管理固网解决方案通过帮助运营商主动识别最不满意客户、自动化界定的故障树快速识别客户体验和业务质量劣化的根因，支持运营商运维和优化部门主动实施优化措施闭环，主动实现客户满意度提升。

其中核心的客户满意度动态评估模型已在欧洲某运营商获得有效性验证，通过用户满意度建模分析，实现了不满意客户的高精度预测和不满意原因分析，支持运营商主动运维和用户维系，持续降低客户投诉。

HUAWEI 客户体验管理固网解决方案基于固网业务质量和客户体验管理能力，帮助运营商实现卓越的客户体验与用户满意度提升，实现固网宽带和 IPTV 业务的精准营销，在客户体验管理领域持续获取商业成功。

互联网时代的到来，催生了终端厂商众多新型的服务渠道，为用户的产品维修服务开辟了新途径，这一点上，华为终端售后服务无疑走在了最前列。

任正非强调：**“在互联网时代，华为要从用户需求的角度出发，打造将互联网优势与传统服务体系整合优化的终端服务矩阵，真正为消费者带来更好的服务体验。”**

截至 2016 年，华为在全国各大城市成立了 900 多个用户服务中心，每一个用户服务中心都会配备专业的服务顾问、技术维修团队。用户通过“华为终端服务”微信、官网或拨打热线即可自助完成寄修服务，与快递公司无缝连接，实现了足不出户也能寄修手机。凡在保修范围内的华为手机用户，均可享受双向免费寄修服务。用户服务中心店还定期开展用户大讲堂活动，帮助消费者更全面地了解手机使用知识。同时，消费者都可以在华为客户服务中心享受到“用户至上”的贴心服务体验。

针对预约维修服务，用户只需要在线上提交相应的机型和出现的问题，就可以直接预约，尽享快捷优质服务，拒绝浪费用户一分钟时间和一分金钱。在维修期间，用户还可通过华为线上自助查询系统，查询到手机的维修状态，只需要输入 IMEI 号（移动设备国际身份码）或者预留手机号即可查询，让用户第一时间了解到自己手机的维修状态。

2016 年，欧洲顶级运营商在欧洲范围开展了针对手机服务及售后维修评比，华为凭借良好的服务、优质的品控以及高效的售后维修，名列各大厂家之首，华为手机获得"欧洲顶级运营商评比售后质量最佳"称号。

在荷兰、波兰及德国等对质量要求最高的西欧国家，华为更以 5.0 分、4.8 分、4.7 分的高分位居榜首。而在售后维修质量方面，华为在全欧洲凭借 4.5 分的高分揽获最佳。在全球市场表现火爆的华为 P9 平均每月故障率仅为 0.14%，这已经是相当优秀的表现，多家德国媒体给出华为 P9 最值得购买推荐大奖。这不仅是对华为手机长期以来投入的最大褒奖和回馈，更是对来自中国的手机品牌的认可。

大家都知道"欧洲品质"四个字是享誉世界并且是各领域衡量产品质量的一个标杆，欧洲标准通常代表着消费者全然信赖的高品质。而近年来，在手机领域，随着华为在科技研发以及在产品质量控制方面的持续投入，欧洲人对于华为手机也给予了极高评价。

华为手机被欧洲顶级运营商评为售后质量最佳，意味着华为手机的品质在以严苛著称的欧洲市场得到了广泛认可，为华为手机未来在欧洲的继续发展打下了坚实的质量基础。

客户接待也是生产力

“以客户为中心”，是华为企业文化不断传承的基因，也是业务管理体系设计的准绳，是华为的核心价值观。“以客户为中心”与“客户就是上帝”这样的口号每个企业都在喊，但真正落到实处的却很少。

在其他公司，谁跟老板越近，谁的权力越大，谁就有前途；在华为，谁离客户越近，谁的权力越大，谁就多拿钱，始终坚持“以客户为中心”。

开门办企业就一定会接待客户，如何以客户为中心，如何接待客户以及接待客户的能力，在一定程度上反映了企业对客户第一价值观的实践程度。

任正非曾说：“客户接待也是竞争力。”由此可见客户接待工作对华为的重要性和特殊性。华为重视客户关系不是请客送礼，而是真正把“客户”当作“上帝”，为客户提供无微不至的服务。

笔者曾经采访过国内很多知名企业，也感受了不同企业接待客户的流程和服务。可以说华为是在客户接待方面做得最到位的一家企业，是把客户第一的价值观实现最为彻底的一家企业。

下面让我们来看看华为是如何做的：

首先，我们来看看华为的参观接待流程。在华为负责客户接待的部门是客户工程部（以下简称客工部），任正非安排自己的儿子掌管这个部门，可见华为对客户接待工作的重视程度。

在华为，将客户接待工作作为一项系统工程来对待。客户参观前两天，华为客工部工作人员先和客户通过电话沟通此次的行程安排和相关接待细节等，以期让客户走进华为之前对于整体行程有所了解。同时，了解更多客户的信息，如客户来访人员核心人员，其性别、年龄和民族等，以及客户此次参访最大的诉求，这些信息有助于工作人员有针对性地安排参访和讲解，也会让工作人员能够对整个参访团队做到有的放矢。

当天的参观接待，华为会安排一辆礼宾提前 15 分钟停靠在车站、机场或高速公路出口等地作为引导车全程陪同。礼宾车司机都是经过严格选拔的，除了驾驶技术过硬之外，形象气质也俱佳。华为工作人员也会诚挚邀请参访企业带队领导乘坐礼宾车，期望通过这种方式显示出对于领导的尊敬。华为基地很大，工作人员会及时和其他参观点进行沟通，以确保客户到任何地方都会有接待人员微笑迎接。

参访的第一站是华为产品展厅，展厅是企业的会客室，可以直观获知数据，也可以间接认识实力，更可以体会企业的经营风格。当客户们进入展厅看到的第一幅画面是“欢迎某某莅临华为参观”的电子欢迎牌，这让每一个参访华为的人都有宾至如归的感觉，紧接着工作人员会安排全体参访人员合影留念。华为期望通过专业讲解让客户全方位了解华为的产品与服务。

从 2011 年年底开始，华为在运营商展厅的基础上增加了企业展厅，这和华为的战略转型息息相关。2011 年，华为成立了和运营商业务事业部平级的企业业务事业部，此举一方面显示出华为对企业业务的重视，另一方面显示出华为期望能够给企业端客户提供更贴身、更及时的服务。因此，企业展厅在设计时候融入了更多互动和体验环节，通过客户的亲身实践，增进客户对于华为产品的感知。

展厅可以说是了解华为的窗口，当客户准备前往华为其他区域进行参观的时候，华为工作人员会将大家在展厅门口合影的相框送给每一位参访嘉宾，这个环节特别能够打动参访者。参访嘉宾拿到相片的时候无不惊讶于华为对于细节的关注，感动于华为对于客户的尊重。

随后华为会安排参访立体物流基地、华为大学、华为百草园等地方，无论在哪个地方参观，工作人员都会给予专业耐心的讲解，不时询问我们是否还有其他的需求。只要是客户提出的需求，在合理的范围内，工作人员都会尽可能地提供帮助。

在客户接待方面，能够做到这样的企业凤毛麟角，华为做到了，并且超出客户的期望。实际上，华为的客工部不仅仅从事接待客户这样的简单工作，他们在展示公司产品的同时也在展示华为的品牌和形象。华为透过客户接待工作成功与客户进行了互动和体验，我想如果客户未来需要类似的产品或服务，他的脑海浮现出的第一个一定是华为。从这一点来看，客工部与其说是一个客户接待部门，倒不如说是一个销售前沿部门更为贴切，因为客工部不仅成功让客户认识和了解华为，同时做了一次华为产品的售前顾问，拉近了与客户的关系与感情，为日后销售人员跟进客户做了良好的铺垫。

华为凭什么能够在竞争激烈的电信设备领域步步为营，华为凭什么能够击败世界巨头成就世界第一，我们从华为对客户的接待工作已经能够看出端倪。当然华为的客户接待工作只是为客户提供产品和服务的一个环节。

细微之处见精神，华为的客户接待这一细节体现了他们对客户是怀着的敬畏之心，实践着客户第一的价值观，也只有对客户怀有敬畏之心，以客户为中心的企业才能活得长久。

第九章

与狼共舞：走出去争夺“三分天下”

为了活下去，我们必须走出国门，主动进攻，在市场搏击中学习，熟悉市场，赢得市场。我们决不后退、低头，不能被那些实力雄厚的公司打倒。10 年之后，世界通信行业三分天下，华为将占一分。

——任正非

农村包围城市

战略决定战果。正确的国际化战略是华为成功的关键。华为在国内市场的成功，得益于实施“农村包围城市”战略。农村包围城市，最后夺取全国胜利的革命道路，是以毛泽东为代表的中国共产党人在领导中国革命实践中逐步摸索出来的一条具有中国特色的发展道路和总战略。

对于中国 IT 企业来说，在起步阶段面对国际巨头的竞争，通常只能选择回避，从农村开拓市场是大部分企业的首选。华为创业的时候，国内城市通信市场基本上被“七国八制”（指来自于欧美日等七个发达国家的八种交换机制式）垄断，再加上部分国有企业的掣肘，作为民营企业的华为只能埋头在农村市场耕耘。

当然，对于要“三分天下”的华为来说，不可能将市场局限在农村。事实上，华为从一开始就树立了远大的理想，“农村包围城市”就是华为选择的市场战略。

在做好“农村”市场的同时，华为集中了大量的人力、物力和财力用于新产品的开发，希望从技术上迎头赶上跨国企业和国有企业，以便实施“包围城市”的战略。

华为当年市场动员大会的情景

首先，“农村”市场的成功为华为积累了必要的资本和人脉，让华为有实力和强大的竞争对手在“城市”通信市场打持久战。其次，是华为最擅长的价格战。对于以高利润率为目标的国际巨头来说，这几乎是一种无解的竞争策略。最后，是华为的客户服务。

凭借这种立体式的营销体系，华为充分发挥了自己的本土化优势，先在“农村”布局，随后以低价策略进入“城市”，逐步打破了国际巨头的垄断。

在国际市场，华为同样借鉴了这种策略，首先从发展中国家市场切入，然后转向发达国家市场，在国际市场上日益发展壮大。

华为国际化采用的是务实的“先易后难”的战略。也就是“农村包围城市”的“海外”翻版。

华为“先易后难”的国际化道路具有两层含义：在国内，华为通过先做县城再做城市的农村包围城市的发展道路创建了企业的国内市场；在国外，华为避免与欧美跨国公司争夺欧美市场，迂回侧翼地把非洲和亚洲的一些第三世界国家作为企业国际化的起点，但直到2003年以后才开始有所收获。

这种“先易后难”的战略与其说是华为的主动战略选择，不如说是在某种程度上也是一种不得已而为之的战略。因为华为当时不管在产品、技术、人才还是综合实力上，和强大的国外竞争对手都差距甚远，如果正面交锋的话，凶多吉少。针对当时的市场情况，东方不亮西方亮。欧美跨国公司吃欧美市场的肥肉，华为先去啃亚非拉的骨头。不能正面碰撞就侧面迂回。

1996年年初，华为启动了拓展国际市场的漫长之旅。一群饥饿的“土狼”从华为总部深圳坂田基地出发，开始向国外迁徙、觅食。任正非的目标是:“10年之内，世界通信行业三分天下，华为将占有一分。”

华为国际市场开拓的路径分为四步走:

第一步，瞄准的是深圳的近邻香港。1996年，华为与长江实业旗下的和记电信合作，提供以窄带交换机为核心产品的“商业网”产品。

第二步，开始考虑发展中国家的市场开拓，重点是市场规模相对较大的俄罗斯和南美地区。

第三步，自2000年起，华为开始在海外市场全面拓展，包括泰国、新加坡、马来西亚等东南亚市场以及中东、非洲等区域市场。特别是在华人比较集中的泰国市场，华为连续拿下了几个较大的移动智能网订单。此外，在相对比较发达的地区，如沙特、南非等，华为也取得了良好的销售业绩。

第四步，是开始在觊觎已久的发达国家市场上有所动作。

在发展中国家的连战告捷，使华为信心倍增。此后，华为开始在关注已久的发达国家市场上行动。在西欧市场，从2001年开始，以10GSDH光网络产品进入德国为起点，通过与当地著名代理商合作，华为产品成功进入德国、法国、西班牙、英国等发达国家。华为认为最难啃的骨头是北美市场，它既是全球最大的电信设备市场，也是思科等跨国巨头的老巢。华为生产的无线、NGN（下一代网络）数据通信、光网络产品在北美已经实现销售，但进展相对迟缓。

任正非回忆说：**“华为刚走出去的那个阶段是很艰苦的，一个人在几个国家来回转悠，但是一直没有单子。第一次中标是在1999年，越南和老挝两国招标是华为在国际市场上第一次真正中标。国际化的初级阶段华为的重心还是在发展中国家。”**

在这个阶段，任正非已经在寻找华为同国际大公司之间的差距。其中华为的交货时间和研发周期是最突出的毛病，都比其他公司的时间长。

这个差距直接表现在数据上，就是1999年华为的海外业务收入还不占其总营业额的4%。2000年，华为的销售目标是250亿元，致命的是，适逢电信运营商的建设计划流产，国内市场大幅度萎缩，华为销售人员为了达到目标，全力冲刺。即使这样，也只完成了220亿元。此时此刻，华为的国际化出路迫在眉睫，华为的国际化遭遇了前所未有的挑战。

从市场格局上分析，内外交困下，只剩华山一条路——大力拓展海外市场。

任正非当时在干部会上指出：**“我们不尽快使产品全球覆盖，其实就是投资的浪费，机会的丧失。”“我们总不能等到没有问题才去进攻，而是要在海外市场的搏击中熟悉市场，赢得市场，培养和造就干部队伍。我们现在还十分危险，完全不具备这种能力。若3~5年之内建立不起国际化的队伍，那么中国市场一旦饱和，我们将坐以待毙。”**

为此，任正非从1998年开始苦练内功，以“开放、进取”的姿态，“像海绵一样”虚心吸取世界先进的研发机制、营销方法、管理手段和竞争规则。在人力资源管理方面戴上“美国帽”，在产品开发管理和供应链管理方面穿上“美国鞋”（IPD、ISC），在生产和品质管理方面装上“德国芯”，通过不断的管理变革，逐步构建起了以客户为中心、以市场为驱动的端到端流程型组织。这些全球一致的商业逻辑和管理精髓，为逐鹿天下夯实了基础。

华为从来没有被国家政策扶持所左右，也不像互联网新贵们如此专注于只接中国的“地气”。因为任正非心里清楚，与国际一流对手在全球市场上拼杀，是中国企业走向世界的必由之路。

所以，早在 1994 年，任正非就喊出了“10 年之后，世界通信制造业三分天下，必有华为一分”的“狂言”。意味着华为将不可避免地走上全球化的不归之路。

2003 年 2 月的一天，华为总部意外接到了奥运会承办方的电话，点名要华为为即将召开的雅典奥运会提供全套的 GSM 设备系统，并且对方表示，立即支付 900 万美元的订金。

从 2004 年开始，华为产品不仅在传统市场销售稳步增长，而且规模挺进西欧、北美等发达国家，实现了国际各大主流市场的全线突破，成为国际电信市场的主流供应商。

在西欧，华为已进入包括德国、法国、英国、西班牙等国家在内的欧洲市场。在英国，2005 年 4 月 28 日，英国电信宣布其 21 世纪网络供应商名单，华为作为唯一一家中国厂商与业内几家顶级企业一起入围“八家企业短名单”，并且是同时在两个领域入选的两家供应商之一；在法国，华为与 LDCOM 公司合作建设 DWDM（密集型光波复用）国家干线传输网，覆盖了巴黎、里昂等所有法国重要城市；在德国，严谨的德国人选择了华为的设备建设骨干网络；在葡萄牙，专业无线运营商 INQUAM 公司选择华为作为其战略合作伙伴，为葡萄牙 CDMA 全国网提供基站子系统设备。

2004 年 12 月，美国 CDMA 运营商 NTCH 正式对外发布由华为承建 CDMA2000 移动网络，首期网络覆盖加利福尼亚州和亚利桑那州。

在亚太地区，华为产品已经获得了广泛的应用，并成为该区域主流供应商之一。在阿联酋，华为独家承建的全国范围的 WCDMA3G 网络，令阿联酋电信成为中东阿拉伯国家中第一个推出 3G 商用服务的运营商；文莱电信选择华为 U-SYS 的解决方案进行文莱电信全网改造；华为还是亚太地区 GSM/CDMA 系统主要供应商之一。

在经过长达 10 年的发展中国家市场的磨砺和考验后，华为的产品、技术、团队、服务等已日趋成熟，完全具备了与世界上最发达国家竞争的强大实力，华为才陆续登陆欧洲、日本、美国市场。先易后难的“农村包围城市”的战略取得了阶段性的胜利。

从屡败屡战到零的突破

华为从 1996 年开始进军国际市场，其间曲折颇多。1996 年，华为在香港完成了第一单海外业务，1999 年，迎来了国际市场上真正的零突破——在也门和老挝正式中标。

在这个阶段，华为已经发现自己同国际大公司之间的差距，特别是交货时间和研发周期都比对手时间长。1999 年，华为的海外业务收入还不到总营业额的 4%。华为以机动策略开辟海外市场，躲过国际巨头的视线，通过提供一应俱全的产品以及难以置信的低价，尽管“屡战屡败”，仍执着地坚持“屡败屡战”的国际扩张。

从 2000 年开始，年轻的华为人意气风发，斗志昂扬，雄赳赳，气昂昂跨过了太平洋……波澜壮阔的国际化序幕就此拉开。

2000年10月20日，任正非在欢送海外将士出征大会上发表了《雄

2000年奔赴海外的誓师大会现场

赳赳，气昂昂，跨过太平洋》的讲话：

是英雄儿女，要挺身而出，奔赴市场最需要的地方。哪怕那儿十分艰苦，工作十分困难，生活寂寞，远离亲人。为了祖国的繁荣昌盛，为了中华民族的振兴，也为了华为的发展与自己的幸福，要努力奋斗。要奋斗总会有牺牲，牺牲青春年华，亲情与温柔……不奋斗就什么都没有，先苦才能后甜。

“青山处处埋忠骨，何必马革裹尸还”，没有我们先辈的这种牺牲，就没有中华民族的今天。为了祖国的明天，为了摆脱一百多年来鸦片战争、八国联军入侵的屈辱，以及长期压在我们心里的阴云，我们要泪洒五洲，汗流欧美亚非拉。你们这一去，也许就是千万里，也许十年、八年，也许你们胸戴红花回家转。但我们不管你是否胸戴红花，我们会永远地想念你们，关心你们，信任你们，即使你们战败归来，我们

仍美酒相迎，为你们梳理羽毛，为你们擦干汗和泪……你们为挽救公司，已付出了你们无愧无悔的青春年华，将青春永铸。

……

随着中国即将加入WTO，中国经济融入全球化的进程将加快，我们不仅允许外国投资者进入中国，中国企业也要走向世界，肩负起民族振兴的希望。

在这样的时代，一个企业需要有全球性的战略眼光才能发愤图强；一个民族需要汲取全球性的精髓才能繁荣昌盛；一个公司需要建立全球性的商业生态系统才能生生不息；一个员工需要具备四海为家的胸怀和本领才能收获出类拔萃的职业生涯。

所以，我们要选择在这样一个世纪交接的历史时刻，主动地迈出我们融合到世界主流的一步。这无疑是义无反顾的一步，但是难道它不正承载着我们那要实现顾客梦想，成为世界一流设备供应商的使命和责任吗？难道它对我们的企业、我们的民族、我们的国家乃至我们个人，不都将被证明是十分正确和富有意义的一步吗？

是的，我们正在创造历史，与文明同步！你们背负着公司生死存亡的重任，希望寄托在你们身上。

从1995年起，经历了6年的漫长拼搏，一直到2001年华为在国际市场才真正有了成效。这一年，华为的产品已经进入非洲、亚洲等十几个国家，年销售额超过3亿美元。华为的品牌也开始在这些第三世界国家逐步叫响，全面开花结果。华为海外市场的增长速度就已经远远超过国内市场的增长速度，同时在国内市场份额基本达到了饱和点。

回顾华为20年国际化征程，可谓是十分艰辛，其国际化进程分为三个阶段：

第一个阶段（1996—1999）：屡败屡战到零的突破

1996 年，年轻的华为确定了全球化战略。但是，对华为来说，除中国外，全球所有的国家和客户、所有的文化和环境，一切都是陌生的。当时华为公司绝大多数员工都很年轻，平均年龄是二十七八岁，基本上家庭条件也不是很好，没有出过国，国外什么样子基本上不清楚。

更为不利的是，当时世界上的许多国家对中国并不了解。在这种情况下，华为走出国门时主要选择南斯拉夫、俄罗斯、巴西、南非、埃塞俄比亚这些国家。但是在抵达这些国家后，华为的营销人员下了飞机以后也仅仅知道中国使馆在哪里，而客户在哪里根本无从谈起。每到一个国家，华为的销售人员首先得花半年的时间解决生存问题，即解决怎么生活的问题，然后再慢慢地摸清客户在哪里。在这段时间里，相当多的营销人员在半年以上基本没有见到客户，即使知道客户的人在哪里，但是很难见到客户。

华为高级副总裁徐直军从 1998 年－ 2001 年参与了华为国际市场的开拓，因此深有体会。

1996 年，徐直军被派往俄罗斯开拓市场，但是他在俄罗斯待了两周时间，根本就没有见到客户，只见到有可能成为合作伙伴的公司以及边缘的做支撑性的机构。徐直军至今很清楚地记得当时他见俄罗斯负责软件部门领导人时的情形，听说中国公司能够做交换机，俄罗斯人根本就不信，他们第一句话就说，“俄罗斯根本不会用任何新的交换机，所以不可能和华为合作”。当时徐直军带了交换机的两块电路板和自己设计的芯片，当他把电路板和芯片掏出来摆到他们面前，看到中国的技术水平大大超出他们的预期和俄罗斯的水平时，这些俄罗斯人震惊了。他们坐了下来，徐直军打开投影仪开始介绍产品，听完整个介绍以后，俄罗斯人对华为的产品有了兴趣，后来华为进一步和这些机构联系，最终将华为的交换机卖到了俄罗斯。

当时为了见到客户，让客户认识华为，华为的销售人员采用了一个很“累”的方法，就是做标书，然后把标书送到客户那里或者寄给客户。“我们当时最大的兴奋就是能够见到客户。其实我们心里也清楚，这些标书送过去不可能中标，因为我们连客户的面都没见过。但是，我们当时希望，标书发过去以后，客户会读我们的标书，通过读我们的标书可能会了解华为、了解华为的产品，这样我们再和他们接触的时候，他们会对华为有一个基本的印象。”徐直军回忆说。事实上后来证明，这种方法是很有效的。

1999 年 8 月，坚持不懈的华为终于迎来了国际市场上零的突破，而且还是个双喜临门——华为在也门和老挝正式中标。

第二个阶段（1999—2001）：让客户认识华为

华为在俄罗斯市场获得突破之后，便加大了国际市场的开拓力度。当时只要哪一个国家人口多，华为就派人去做市场，以为这些国家会有很大的通信需求。但是后来发现，相当多的国家对中国都缺乏了解，他们对中国的了解大多仅仅停留在张艺谋所拍的电影上，在他们的眼里，中国就是在《红高粱》《菊豆》《大红灯笼高高挂》等电影中的形象，许多国家还认为中国人依然留着一根长辫子。所以，在客户对中国是这样的定位的情况下，华为公司要把上千万或者几百万的设备卖给他们比登天还难。

无奈之下，华为采取了一个最原始、最简单的办法，就是请客户来中国参观，考察中国，考察华为，将中国经过 20 年改革开放取得的辉煌成就展现给他们，让他们知道中国已发生了翻天覆地的变化，知道中国这些年高科技的进展，知道华为的情况。当时华为制定了一个“新丝绸之路”的计划，就是请客户沿着这样的一条路线参观中国：从北京入境，之后到上海、深圳，然后从香港出境，或者从香港入境，到深圳、上海，再从北京出境。华为大量地邀请客人走这条路线，看中国改革开放的成就，看华为公司，看华为公司的产品在这些城市的运营情况，以此加深对华为的了解。后来，华为又扩大了宣传办法，自己印了《华为在中国》《华为在全球》两本画册，内容是中国的一些风景名胜、古迹建筑和华为产品的应用情况。华为将画册大量地发到各个国家，让许多客户通过活生生的画册来了解中国，了解华为。此外，为了让客户更加深刻地了解华为，华为就到全球去参加各种展览会。在 2002 年的香港展览会上，华为邀请了 1500 多个客户考察香港。

通过这些活动，客户开始真正地了解华为，在合作方面就不存在思想上的障碍或者排斥心理了。

经过 1999 年－2001 年的艰苦努力，华为在国际市场的销售慢慢地拓开了。在各个国家，华为派出来的人基本上生存下来，各地机构也建立了起来，在 2001 年，华为海外市场的销售收入达到了 3 亿多美元。

第三个阶段（2001 年至今）：竞争在两条战线

华为在国际市场已是声名鹊起。除了欧美市场之外，华为的产品几乎是遍地开花。在这个时候华为开始将目光转向了欧美市场，因为这不仅是一块成熟的市场，占全球市场的份额比较大，而且也是各大通信巨头们的传统势力范围。

2006 年，华为开始大规模突破高端市场，得到包括沃达丰、西班牙电信、荷兰皇家电信、FT/ 甲骨文、希腊电信、意大利电信等在内的多家世界一流运营商的认可。2007 年，华为在最为“顽固”的德国市场上捷报频传：先是拿下了全球最大的电信运营商 T-Mobile 在德国、英国、奥地利、荷兰和捷克的分组交换核心网项目，紧接着又拿下了 O2 电信公司在德国的 9000 个无线基站项目。至此，西欧主要国家（法国、英国、德国、荷兰、西班牙等）的主流运营商均已被华为拿下。华为的产品与解决方案已经应用于全球100多个国家和地区，服务全球超过15亿用户。国际市场已成为华为销售的主要市场。

然而就在华为开辟这块市场的同时，一些跨国公司开始行动了。原来根本不把华为看在眼里的这些国际通信巨头，慢慢地感觉到华为将给他们带来威胁。相当多的竞争对手出于竞争的需要，对华为公司进行一些战略上的遏制和经济上的遏制，来压制华为公司在各国市场的发展。思科诉华为一案就是在这样的背景下发生的。

然而，对华为来说，这样的打压无法阻止它的前进。徐直军表示，华为从现在开始到相当长的时间里，在继续巩固欧美以外市场的基础上，重点还是抢占欧美市场。“我们相信有一天我们会在欧美市场有所突破。”徐直军非常强硬。

不过到了今天，华为对近十年的海外拓展结果相当满意。“我们的整个全球化的进程的结果还是不错的。”徐直军说。从华为整个大陆以外的销售来看，2002年达到5.5亿美元，2003年达到10.5亿美元。国外销售额占到公司总销售额的40%，2008年以后，海外的销售额能够占到华为公司总销售额的70%。在加快建设国际化的营销和服务网络的同时，华为公司在整个营销战略上也在走向全球化，充分利用全球多个国家的人才为华为公司服务。在这种战略下，华为在印度建立了自己的软件研究所，这个研究所主要是从事软件开发；在瑞典的斯德哥尔摩建立了3G研发机构，在俄罗斯也建立了无线方面的研发机构，在美国的硅谷和达拉斯分别建立了研究所。

华为海外拓展的艰辛让徐直军对中国企业国际化有了很深的认识，他认为中国的高科技企业国际化必须重视四个方面的问题。

一是不要轻言放弃。徐直军说：“面对一个国际市场和各种压力，企业是不能够轻易放弃的，要有信心，要持之以恒。如果说有一些困难、有一些曲折，就放缓全球化的进程或者减弱全球化的力度，这样就达到了对手的目的。”

二是宣传中国就是宣传自己。“客户要买你的产品，相信不是看你一个公司，毕竟我们是中国的公司，所以，在宣传公司的同时，要采取各种措施来树立中国的高科技以及公司自己的品牌和形象。只有大家对中国认可了，才会对企业认可，进而才可能对你的产品认可。如果我们一味地抛开群体形象，抛开中国的形象，想单独树立企业的形象是很困难的。”

三是要自始至终真正地保护他人的知识产权。只有保护他人的知识产权，在整个国际市场竞争中才能得到尊重，否则，人家就不会尊重你。同时，要保护自己的知识产权，面对这些知识产权的官司，我们应该积极应对，我们要以实力证明自己。

四是要建立一个全球化的研发、营销和服务体系。徐直军介绍说，华为自提出全球化战略以来，取得了不错的成绩。2002 年，华为在海外市场实现销售 5.5 亿美元，2003 年达到 10.5 亿美元，而到了 2013 年销售收入 395 亿美元，其中销售收入的 66% 来自海外，华为的销售收入首次超越爱立信，成为全球同行业的老大，从追随者变成领导者。

徐直军预测，2016 年，华为的销售额将达到 800 亿美元，海外市场的销售将占到整个公司收入的 67% 左右。

20 年，销售收入从 0 到 800 亿美元，华为的全球化战略是成功的，对于国内大多数想国际化的企业来说，要根据自己实力、竞争对手比较、国际市场的情况来具体确定自己的国际化路径战略。对大多数初出茅庐的国内企业，华为的国际化发展经验为中国本土企业提供了一个可资借鉴的样本。

造势国际大舞台

华为的全球化拓展一开始遇到了许多在国内没有想象到的问题，尤其是面临着知名度、认可度、美誉度的问题，这对一个公司来说，无论走向新市场还是新领域，都是会自然发生的事情。

刚开始走出去，华为遇到的最大问题是外国人对中国不了解。营销部的周道平回忆说：“当时我去巴西，他们甚至以为中国人还在穿长袍马褂呢。有一次我们邀请客户来中国参观，他们出发之前到处找相关书籍，最后决定研读的书是《末代皇帝》！”

1999 年，华为一位高管与巴西客户会面时，对方竟严肃地问了两个让人啼笑皆非的问题，一个是：中国有高速公路吗？另一个是：中国有没有自己的电视机？

为了解决认知问题，任正非当即决定：“走出去造势国际大舞台，只要是国际通信展览，华为都必须参加。”据华为内部资料介绍，华为每年在参展上的投入高达 10 亿元人民币。华为每到一个新市场，都会把规模盛大的通信展办到那里，全方位展示华为产品和品牌形象。

从 2000 年开始，华为采取了“请进来、走出去”的方式，一方面尽可能地邀请客户，包括合作伙伴访问中国。另一方面**“走出去”就是要把产品、服务带出去，要让别人看到。华为每年都要参加几十个国际顶级的展览会，一有机会就到国际舞台上展示自己。渐渐地，华为把参展的技巧提升到参加行业论坛，甚至，华为干脆就自己召开国际运营商研讨会，通过对华为客户成功案例的解剖来增进彼此之间的了解。**

2004 年 7 月，华为就在泰国召开了“彩铃业务国际研讨会”，其他国家的运营商也被请到泰国，共同研究，增进了解。

任正非在《天道酬勤》一文中回忆起当初华为在开拓海外市场时

的艰难历程：还记得，经历20世纪90年代初艰难的日子，在资金、技术各方面都匮乏的条件下，咬牙把鸡蛋放在一个篮子里，紧紧依靠集体奋斗，群策群力，日夜攻关，利用压强原则，重点突破，我们终于拿出了自己研制的第一台通信设备——数字程控交换机。1994年，我们第一次参加北京国际通信展，在华为展台上，“从来就没有救世主，也不靠神仙皇帝，要创造新的生活，全靠我们自己”这句话非常与众不同，但对华为员工来讲，这正是当时的真实写照。

设备刚出来，我们很兴奋，又很犯愁，因为业界知道华为的人很少，了解华为的人更少。当时有一个情形，一直深深地印在老华为人的脑海，经久不褪：在北京寒冬的夜晚，我们的销售人员等候了8个小时，终于等到了客户，但仅仅说了半句话：“我是华为的……”就眼睁睁地看着客户被某个著名公司接走了。望着客户远去的背影，我们的小伙子只能在深夜的寒风中默默地咀嚼着屡试屡败的沮丧和屡败屡战的苦涩：是啊，怎么能怪客户呢？华为本来就没有几个人知晓啊。

当时定格在人们脑海里的华为销售和服务人员的形象是：背着我们的机器，扛着投影仪和行囊，在偏僻的路途上不断地跋涉……尤其是20世纪90年代初中期和海外市场拓展最困难时期的情形：是我们始终如一对待客户的虔诚和忘我精神，终于感动了“上帝”，感动了我们的客户！无论是国内还是海外，客户让我们有了今天的一些市场，我们永远不要忘本，永远要以宗教般的虔诚对待我们的客户，这正是我们奋斗文化中的重要组成部分。

2008年年底，阿联酋宣布由华为独家承建3G网络，这是华为甚至是中国厂商在全球的第一个WCDMA3G项目。这个项目一直是华为人引以为豪的，因为这一次他们不是以低价取胜，而是比最低的出价高出一倍，但是客户因为他们优秀的服务而毫不犹豫地选择了华为。

华为第一个派到阿联酋去的业务代表叫王家定，他刚到那里的时候，还不知道客户在哪里。只知道客户 Etisalat 是拥有世界级的先进网络的运营商，并与西方跨国公司有多年的合作基础，而他们对华为的了解却很少。

对于自己的技术，华为人也信心不足。当时，华为的 3G 技术尚未完全成熟，而且与客户的关系基础薄弱，虽然几个项目负责人顶着巨大的压力在阿联酋开了实验局，在最短的时间内完成了实验局的建设。但是由于技术还没完全成熟，而且没有商用的案例，问题接二连三地出现了，随后进行与客户的交流效果评估，不幸的事情发生了，客户给了最低的分数零分。付出的成本已经收不回，以后的机会只有继续争取。

但是，在这时他们也没有放弃跟客户之间的交流，努力使客户相信自己全力以赴的决心。尽管技术上暂时失利，但客户对他们开始慢慢认可。

在最后的时刻，他们找到了反败为胜的关键：2003 年 10 月有两个展览，分别是日内瓦通信设备展和海湾信息技术展，考虑到市场对运营商业务的重要性，他们决定帮助客户参加展览会进行宣传。华为人知道，这个时候和客户加强联系不但可以促进和客户之间的关系，而且还会加快项目的决策进度。日内瓦展览开展之前，几个华为的销售员为帮助客户搭建展台调试设备，宁愿暂时牺牲自己的展台，展会开得空前成功，客户对华为的做法非常满意，一个展会下来，华为与客户之间的关系基本牢固，Etisalat 对华为的服务意识感到非常满意。

后来，华为公司成了 Etisalat 值得信赖的一个品牌，在投标中取胜就成了水到渠成的事情。

一位从拉美市场回国的市场部员工告诉记者：“很多时候我们的困难不是如何推销我们的产品，而是我们根本见不到客户。每个国家盛大的通信展在业内都是极受关注的，华为的展台和很多国际巨头连在一起，而且通常规模比它们更大、布置更细致，展出的也是我们最先进的技术和产品。很多人原本不了解华为，但是通过这些展览，他首先会在视觉上有一种震撼效应，然后他会关注华为的产品和技术。这其实不仅是一个宣传的过程，也是一个品牌再塑的过程。”

2015 年 3 月 16 日－20 日，全球规模最大的 ICT 科技展会 CeBIT 在汉诺威展览中心隆重举行，华为参展面积达 1500 平方米，华为在核心区 2 号馆展览，这是华为第五年参加 CeBIT 展会。

这一次华为邀请的客户就有 1200 多人，比 2014 年增加 150%。展台面积比 2014 年增加了 60%，在这次展览中，华为不仅是展台面积最大的，也是这次展览的主角。

这一次，华为想要全面展示自己的营销能力、产品能力、技术能力。重点放在了合作伙伴方面，一共有 35 家合作伙伴亮相，借此也向全世界展现华为的开放与合作的心态，这也是往年少有的。

华为还专门制作了一张图，可以看出华为密密麻麻的展台信息，很全。华为轮值 CEO 胡厚崑介绍说：“如此规划展台，最重要的是要突出华为的品牌优势，这也是目前华为最需要弥补的。”

华为所展示的东西，虚虚实实均有。既能让客户看到华为的产品实力，体验到解决方案，还能感受到华为的品牌优势，展示自己的“全联接”理念。

何达炳是华为公司这次展览的总负责人，他说：“这一次也加强了互动体验，让客户不仅能看到，还能摸到，增强了体验感觉。尤其是与两支本地知名的球队达成合作，很接地气，也吸引了不少客户参与。

对华为来说，CeBIT 不仅仅是场 Show，更是与客户接触的极好窗口。”

从华为精心准备展会，以及展会的反馈效果来看，华为已经在欧洲站稳了脚跟，成了主流玩家。

2011 年，华为第一次参展，被组委会安排到 13 号场馆，与一家做网卡的公司毗邻。华为 IT 产品线市场总监孙佳锵当时很纳闷，我们明明作为 IT 厂商参展，怎么安排到了网络区域？更何况，13 号馆远离中心场馆，划分的区域又小，不起眼。汉诺威展馆共有二十多个场馆，最重要的是 2 号馆，主干道的场馆依次按照数字顺序从 2~11 号排开，13 号场馆几乎偏离了主干道。

2014 年，华为进入 2 号馆。当时，有一位年龄较大的参展商对孙佳锵说，你知道你现在站在什么位置吗？这是 2 号馆。孙佳锵这才明白，只有被认可，才能站在重要的位置。同样，站在了重要的位置上，才有可能被其他厂商认可，欧洲的用户才有可能过来谈生意。由此可见，华为如今在欧洲市场的显赫地位。

这算是华为历年参展的小插曲。华为企业业务从成立时的默默无闻到现在跻身主流玩家，一路走来，实属不易。

尽管官方没有披露信息，经多方打听可确认，华为企业业务每年在欧洲增长 50%。而华为全球市场平均增长是 20% 以上，由此可见，欧洲在华为企业业务的重要性。

精诚所至，金石为开。走出去造势国际大舞台这也许是中国企业海外营销的利器。因为相对于西方企业公事公办的风格，中国人对人情人脉的关注，可谓优势明显。华为就是这样一个代表，它对客户的研究和关怀可谓是食不厌精、脍不厌细式的，它的成功向外界展示了中国品牌。

打造全球化核心链条

华为公司是中国本土全球经营最成功的企业，其成功的经验在于从管理、研发、人才、文化等方面入手，整合全球化资源配置，实现了全球化管理、全球化研发、全球化人才、全球化营销、全球化文化和遵从国际法律，打造了一个全球化的核心链条。

一、全球化的管理

全球化的瓶颈是企业的管理体系，只有让管理与国际接轨才是国际化成功的基础。

任正非说：**“管理是真正的核心竞争力。他提出‘十大管理要点’，并以此作为牵引华为管理变革的纲领，在管理上与国际通用的、主流的管理规则衔接、契合。”**

在全球化进程中，华为主动接纳和融入由西方人所主导的全球商业秩序，在管理制度和流程方面“全面西化”。从 1996 年开始，华为先后聘请 IBM 等美国、英国的十多家咨询公司对华为进行研发、供应链、人力资源、财务以及市场体系的持续不断的变革，十多年来华为用于管理变革的成本总计达到 50 多亿美元，基本建立了与西方公司接

2015 年 10 月 22 日，国家主席习近平参观华为英国公司并与员工合影留念

近甚至完全相同的一整套制度和流程，为全球化运营奠定了基础。

世界各国电信运营商对华为的认可，实际上是对华为整体管理体系的认可与尊重，这是华为能够在全球市场立足并获得成功的根本要素。

二、全球化的研发

伴随着全球化进程的加快，华为正在向全球推广自己的新模式。华为也把这种聚众创新的观念推广到了外部合作伙伴那里，与全球范围内的合作伙伴开展密切合作，以汇聚更多的智慧。

技术研发的全球化模式是在国外设立销售网络，生产基地设在国内，国外市场销售主要由企业自建的境外销售组织承担；研发平台则根据需要国内、国外分置。这是一种融入当地市场、参与国际分工、进行全球供给的模式。

目前，华为在全球170个国家有分公司或代表处。同时，为汇聚全球各领域最顶尖的资源，华为根据不同国家或地区的能力优势，还因地制宜地设立了不同“主题性”的研究中心，确保招募到最优秀的人才，如伦敦的工业设计中心、巴黎的美学及数学研究中心、日本的工艺与材料中心、旧金山的用户体验中心等16个研发中心，还与全球领先的运营商成立了36个联合创新中心。消费者也许不知道，小小一部华为手机，从外观、颜色、材质、算法到用户界面，一点一滴凝聚了全球最潮、最顶尖的智慧。

华为的全球化研发模式打破国际市场上的渠道、品牌屏障，使华为产品的性价比优势及技术特征为全球用户所深切认知和体会。同时，与国外对手正面交锋、直接争抢市场，有利于企业在残酷的竞争环境中发育、锻炼和提升核心竞争能力。

三、全球化的人才

在全球化发展过程中，华为一直非常注重人才的培养与交流，培养和引进了一大批国际化经营管理人才，他们了解国内外市场环境、懂得国际商业惯例、擅长处理涉外经商事务。华为还为国际化的人才提供良好的工作和企业文化环境、提供良好的成长空间和机会，吸引并留住了国际化人才。

华为公司的人力资源管理模式有三大特点：一是“推出去”，即把国内人才推向国际市场，大胆地让他们“在战争中学会战争”；二是“请进来”，即根据需要，引入一些外籍技术、管理人员到国内工作；三是“当地化”，在境外聘用当地人才。在国内、国际人才一体化的同时，用包容、开放、理性的心态以及符合普遍规律的管理理念，解决跨文化管理问题。

华为全球共有 17 万员工，其中 4 万为外国人。每进入一个新的市场时，华为都会聘请当地的优秀人才加入高管团队，在面向当地客户、渠道经销商等部门中也会雇用更多本地化员工。

而且近几年来，华为中外籍员工人数在不断增加。面对全球化的员工群体，华为尊重各类员工的生活方式，鼓励不同地区、不同部门根据自身特点进行灵活的交流与沟通。对少数族裔的员工，尽可能地提供满足其信仰与风俗的便利条件，确保每一位员工受到礼遇与关爱。

华为规定，跨国招聘应遵循属地化管理原则。在遵从当地法律的前提下，当地用人需求优先考虑在当地聘用。华为海外员工本地化比例正逐年上升，2012 年增至 73%。同时，华为海外中高层管理人员本地化比例达 22%，全部管理岗位管理者本地化比例达 29%。

多元化战略的实施，让华为拥有不同肤色、不同语言、不同信仰的员工，成为一个多元融合的大家庭。

四、全球化的营销

华为的经营模式是抓住机遇，靠研究开发的高投入获得产品技术和性价比的领先优势，通过大规模的席卷式的营销，在最短的时间里形成正反馈的良性循环，充分获取“机会窗”的超额利润。不断优化成熟产品，驾驭市场上的价格竞争，扩大和巩固在战略市场上的主导地位。

任正非说：“海外市场拒绝机会主义。”这使得华为从一开始就认识到什么是全球领先，认识到自身的差距，并点点滴滴地积累着全球竞争的经验。在争夺海外政府采购单的战斗中，决定性因素是华为和西方公司的差别，产品研发和服务始终贴近客户，与各国运营商结成利益共同体。

任正非曾表示：**“什么是核心竞争力？客户选择我而没有选择你就是核心竞争力。”他看重的是技术背后“基于客户价值的公司能力”，**这也许是华为全球竞争力的根本。

华为参与全球市场竞争的最好武器就是它的高品质的产品，尤其是在欧美发达国家，运营商更看重的是产品质量，是性价比。作为全球通信行业的领导者，华为的产品完全有实力参与全球竞争。华为的优势除了其产品质量好，还能快速响应客户的需求。

曾经有人问任正非，华为为什么只用20多年就能成长为全球化企业，是不是靠低价战略？任正非说，“你错了，我们是高价”。

对方又问，那你凭什么打进了全球市场？任正非回答：“是靠技术领先和产品领先。而这其中重要因素之一，就是数学研究在产品研发中起到的重要作用。”

五、全球化的企业文化

华为有一个道德遵从委员会，其主要职能就是引导和规范华为员工从语言、习俗、宗教乃至于生活习惯等方面主动适应和融入所在国家或地区。

几年前，当华为成为全球行业领导者之后，任正非就发出警告："华为不是成吉思汗和希特勒，当华为谋求独霸这个世界时，就是华为毁灭和垮台之日。所以，华为要倡导妥协哲学，要做'投降派'，与全球客户和竞争对手真诚合作，实现共赢，共同构建更加美好的全联接世界。"

为了实现世界级企业发展目标，华为对公司"外交"文化也做出了修正。在《华为的红旗到底能打多久》一文中，任正非提出了**"你中有我、我中有你"的战略构想："和平与发展是国家之间的主旋律，开放与合作是企业之间的大趋势，大家都考虑到未来世界谁都不可能独霸一方，只有加强合作，你中有我，我中有你，才能获得更大的共同利益，所以他们愿意给我们提供一些机会。这种广泛对等的合作，使我们的优势很快得到提升，可以迅速推出很多新的产品，使我们能在很短时间提供和外国公司一样的服务。"**

华为的全球化理念是坚持不结盟主义，不与任何行业巨头建立所谓的联合阵线与排他体系，因为任正非认为，结盟是反开放的，是在为自己制造更多的对手。任正非的观点是：左手打微软的伞，右手打思科的伞，没有永远的敌人和永远的朋友，华为要奉行合作主义。华为有责任、有意愿、有能力与西方公司共同建立全球的商业生态平衡。

六、遵从国际法律

华为公司的市场已覆盖全球 170 多个国家与地区，65% 以上的销售收入来自国外市场，法律遵从是华为在全世界生存、服务、贡献最重要的基础。

在任正非看来，**全球化是一个极其复杂的政治、法律、文化、商**

业生态的系统工程，只有遵从法律，遵守商业规则，才能成为一个全球化的企业。

在知识产权方面，华为一直高度重视自主知识产权的保护，也尊重他人知识产权，并运用国际通行的知识产权规则来处理知识产权事务，以友好的态度，通过协商谈判、产品合作、合资合作等多种途径解决知识产权问题。

20 多年来，华为每年都要遭遇上千个法律诉讼，足以表明全球化之路布满荆棘、风险和不可知的陷阱。华为之所以在遭遇到无数来自竞争对手、专利流氓公司的法律纠纷时能够立于不败的地位，根本是源于对法律的遵从。从 2002 年开始，华为在构建强大的研发体系的同时，也在构建强大的法律体系。今天华为在全球范围内有 600 多个资深律师，也与全球各国顶级的法律资源密切合作。

华为每年处理超过 200 件知识产权诉讼，涉及中国、美国、欧洲、日本等国家和地区，涉及专利、商标、版权、商业秘密、合同、反垄断等领域。华为公司主张通过独立公正的司法程序解决协商不成的争议，以全球化的成功实践努力贡献于司法创新和进步。

华为遵守各国法律，守法经营，同时遵守联合国规定，遵守美国、欧盟法律。在部分敏感地区视美国法为国际法。华为在美国法庭和美国公司打官司，目前还没有失败过。

摩托罗拉曾经因为一件很小的事情起诉华为，主张的损失是 232 亿美元，但这个官司最终以和解而告终，而且摩托罗拉最后赔偿华为数千万美元。首先是你要守法经营，其次要知法懂法，善用法律的武器，你才能够不被打败，并进而获得胜利。华为正是清醒地意识到知识产权和法律遵从在全球化中的重要性，才走到了今天。

华为用法律遵从的确定性来应对国际政治的不确定性，这给华为指出了正确处理国际关系的方向。

全球化是什么？什么才是真正的全球配置资源？全球化不只是在海外销售，真正的全球化是把全球的资源进行优化配置，实现效益的最大化，提升企业的整体竞争实力。

比如印度的优势是软件业，华为在印度有3000人的研发中心，把中国的软件等级成功升级。再比如俄罗斯的基础科学非常厉害，有许多数学天才，于是在产品外形、包装以外，华为也从俄罗斯找到了许多从事基础研究的人才搞创新，从而胜于对手。

由此可见，华为当年走出国门的决定是英明且睿智的，但国际化更多的是一种前途未卜的“无奈之举”。

经过20多年的历练，华为打造了全球化的核心链条，完成了全球化架构。目前，华为的产品和解决方案已经进入全球170多个国家和地区的市场，全世界1/3以上的人口在使用华为的产品和服务，到2016年销售收入突破800亿美元，其销售总额的67%来自海外市场，保障全球1500多张通信网络稳定运行。

有人说，这都是业务发展的需要，没有什么特殊之处。其实华为做的远不止这些。2014年，为赞比亚500多个偏远村庄第一次带来了通信信号，让新西兰远郊和乡村的20万家用户享受到4G网络，这些更多含有公益的成分，也是华为为什么在全球受到尊敬的原因之一。业务诚意加公益之心，让华为在通信设备领域超过爱立信成为第一。

从模仿起家，到跻身世界500强和全球最大的电信设备生产商，探索出了一条适合自身发展的全球化经营之路，成为中国本土企业自主创新和全球化经营的标杆。

全球化是一项复杂的系统工程，对中国企业来讲，全球化的道路并不是其产品或服务进入海外市场那么简单，全球化意味着企业的经营战略和管理体系全面地与国际惯例接轨。华为在全球化道路的尝试，对那些实施全球化为战略的中国公司，是有着积极的启发和借鉴意义的。

凭实力敲开美国大门

美国市场是全球最大的电信市场，因为受到美国政府的阻挠，美国市场成为华为攻伐国际市场最后的“城头堡”。能够进入对手最多和最强的美国市场，标志着华为真正进入了国际市场。

当时，思科占据了全球最大的电信设备市场，是华为最难攻克的“最后堡垒”。在高科技超强的美国市场，华为毕竟是初出茅庐的“后生”，刚进入美国市场就遭遇到年销售额高于自己 8 倍的思科的阻截是必然的。事实上，美国市场对于华为来说一直是一块“摸不着的蛋糕”。

2001 年情人节这天，华为首次进入美国市场，并在美国投资成立研发中心，其中美籍员工人数超过 1100 人。16 年来，华为在美国网络设备市场的业务进展很不顺，并购频频受挫。截至 2010 年，华为对美国市场的研发投资一项高达 3 亿美元，而销售收入只有 13 亿美元。

华为的进入让思科和美国政府感到不安，千方百计封杀华为。

2011 年 2 月 11 日，美国外国投资委员会 (CFIUS) 以“国家安全考虑”为由，要求华为公司剥离已收购美国服务器技术公司 3Leaf 所获得的资产。在美国外商投资委员会的压力之下，华为不得不放弃以 200 万美元收购 3Leaf 公司的交易。

2012 年 10 月 8 日，美国众议院常设情报委员会发布了对中国华为、中兴的调查报告，认为“中国的华为和中兴这两家企业为中国情报部门提供了干预美国通信网络的机会，都涉及威胁美国国家安全，并且应该予以其在美从事经营活动更加严格的限制。”阻挠中国的通信设备进入美国市场。

2016 年 6 月 5 日，美国商务部向华为发出一张传票，要求华为提交有关将美国技术出口或再出口至古巴、伊朗、朝鲜、苏丹和叙利亚等国的所有信息，并且需要提交过去 5 年运送至这些国家的产品的信息。该调查旨在确认华为是否违反了美国的出口限制。如果一旦发现华为违反美国的政策，触及美国国家安全，或将制裁华为所获得的关键美制零部件和其他技术产品，届时全球无线通信都将面临影响。

华为的崛起，毫无疑问触动了美国的神经，口头上说只是调查，但傻子都知道，其目的要限制华为的发展，保护本国高科技企业。

虽然，2016 年，华为与微软及英特尔合作的二合一平板电脑 HUAWEI Matebook 已经在美国上市，售价 699 美元，除了传统销售渠道，还将进驻全美的近百家微软旗舰店，但在美国仍只有很低的份额。

有网友评论说："华为，让苹果低头交费、让思科忌惮头疼，还把三星告上法院，今天又让霸主美国感到紧张，这是一个中国榜样式的彪悍企业，为中国有华为这样的企业而感到自豪，又为中国只有一个华为而心有不甘！"

华为采用"农村包围城市"策略迅速扩张，其业务从农村拓展到城市，从新兴国家延伸至发达国家，与通常高技术企业的道路反向行之。

到目前为止，华为已经拿下了除美国市场之外几乎所有的全球市场，特别是华为在 2006 年—2009 年对欧洲市场的突破，更是让华为在发达国家市场站稳脚跟。

2010 年，华为超过诺基亚和西门子，正式成为仅次于爱立信的第二大通信设备制造商。到 2013 年，华为超越了所有的竞争对手，成为全球最大的通信设备制造商。

笔者想起任正非 2013 年 5 月 17 日在华为内部会上讲的一句话："我

们要敢于超越美国公司，最多就是输……大时代变化太快，华为后发优势已开始体现出来，我们要敢于领先、超越、驾驭这个时代。美国怕（华为）是有道理的，因为它真正了解华为。”

从事信息技术是个敏感的领域、5000元亿销售规模的华为，自然绕不过各国的政治和经济旋涡，洞察世界政治风云和经济格局是华为的一种能力，也是一门必修课。美国当局不少人认为任正非对美国的认知和把握远远超过了中国中央某些高层，任正非心中想要去超越的不仅是美国公司，更重要的是超越美国政治。

2016年6月1日，很少出现在媒体上的华为创始人、总裁任正非意外现身央视新闻联播，他表示:“华为要的是整个世界！华为要共建、共有、共享、共赢一个全联接的世界！”现在华为决意要向世界讲一个阿甘的故事，敲开美国大门只是时间问题。

在2016年6月召开的第八轮中美战略对话期间，美国《华尔街日报》想对任正非做一个专访，但被华为委婉拒绝了。为什么？多说无益，言多必失，做就是了。

事实证明了这一点，2016年11月17日，在美国举行的国际无线标准化机构3GPP RAN1 87次会议的5G短码方案讨论中，历经千辛万苦，华为公司的Polar Code（极化码）方案，最终战胜之前具有垄断地位的高通、爱立信等著名公司的短码方案，成为5G控制信道eMBB场景编码最终方案，与Polar码平分秋色。

华为Polar码的“胜利”，无疑会让主导者华为和中国通信企业在5G时代拥有更多的话语权。毕竟通信技术标准一直是业内企业间的必争之地，而高通，就是开辟了通过专利收取许可费的商业模式后成为第三代移动通信的霸主。

国内的许多媒体评论认为，华为Polar码的“胜利”，意味着未来世界的通信设备生产商在5G的通信设备中将会采用“华为标准”（中国标准），也意味着5G通信发展、盈利的话语权牢牢掌握在中国人手中。华为碾压列强，助中国打破美国的垄断，成为通信设备的基础规则的“制定者”，让中国智造扬眉吐气、创造历史！中国又一次突破技术“无人区”，拿下了5G时代！

华为5G编码方案获得国际上的认可，这的确是一件令国人感到骄傲和自豪的事情。但华为副董事长兼轮值CEO胡厚崑在接受FT中文网专访时表示：“华为拿下5G时代是夸大其词。5G标准达成并不是你输我赢的过程，这不是两个公司之间或两个国家之间的竞争。”在交流中，胡厚崑更愿意将5G标准达成的过程看作是一个形成共识的过程，而Polar码被大家共同选择为eMBB场景下的信道编码，也仅反映了大家对Polar码技术先进性的肯定。

显然，面对全球数字化浪潮，华为已经意识到了危机的存在和挑战的艰巨。但作为行业领导者，华为永不称霸，华为要与同行、运营商和合作伙伴一起共建、共有、共享、共赢一个更加美好的全联接世界！

此刻的任正非，比任何人都清楚，华为当下最重要的任务不是要攻下某一技术难题，敲开美国市场大门，而是要在全联接时代到来之前，开展一场深刻而彻底的自我变革，全面提升自己的核心竞争力、商业领导力和思想领导力。只有这样，华为才能蜕变成为真正的智能社会发展推动者和行业领导者。

建立知识产权“核保护伞”

华为一直重视自主知识产权的保护，也尊重他人知识产权，遵守和运用国际知识产权通行规则，依照国际惯例处理知识产权事务，以积极友好的态度，通过交叉许可、商业合作等多种途径解决知识产权问题，建立知识产权“核保护伞”，实现知识产权利益最大化。

华为创立以来，在国内外知识产权领域打了不少官司，既做过被告，也做过原告，当然，更多时候，华为既是原告，也是被告。华为和某个竞争对手分别把对方告到了法庭。

任正非深有感触地说：**“企业必须要尊重知识产权，对知识权益要尊重和认可，不尊重知识产权，人们就不愿也不敢从事原创性创新，而热衷于抄袭和模仿。要尊重知识产权就要付出知识产权成本，华为的国际化就是借船出海，以土地换和平。我们千军万马攻下山头，到达山顶时，发现山腰、山脚全被西方公司的基础专利包围了，怎么办？只有留下买路钱，交专利费，或者依靠自身的专利储备进行专利互换，为此，华为每年要向西方公司支付数亿美元的专利费，我们坚持不投机，不存侥幸心理。”**

为此，华为制定了知识产权战略：一是在核心领域不断积累自主知识产权，并进行全球专利布局，以保持参与市场竞争所必需的知识产权能力; 二是积极参与国际标准的制定，推动自有技术方案纳入标准，积累基本专利；三是始终以开放的态度学习、遵守和运用国际知识产权规则，按照国际通行的规则来处理知识产权事务。

任正非认为，“中国缺少创新、没有原创，主要原因是不尊重知识产权，没有严格的知识产权保护制度，导致谁也不愿进行原创，都热衷于抄袭。要让大家愿意搞原创，必须要尊重知识产权”。

2006 年，任正非陪同温家宝总理出访期间，他用 20 分钟时间专门向温总理建言知识产权保护对国家创新发展的重要性及加入全球知识产权保护公约对中国的价值。温总理认真听取了任正非的建言，回国后不久，中国就加入了世界知识产权保护公约（2006 年 12 月 29 日第十届全国人民代表大会常务委员会第二十五次会议通过）。

为什么华为在国际市场有这么大的空间？任正非回答：**“因为华为公司知识产权的‘核保护伞’建立起来了，这些年我们交了那么多的知识产权费给别人，当然我们也收了非常多的专利费，和那么多公司签了专利交叉许可协议，这本身就是友善、尊重别人嘛。我们现在发展速度比别人快，进入的领域比别人深，我们还要顾及世界的发展。”**

华为开始布局知识产权最早可以追溯到20世纪90年代初期，1995年华为专门成立了知识产权部，到2000年，美国通信公司思科发起了针对华为的诉讼，这成为华为在知识产权上的第一案。从那时起，华为更清晰地认识到知识产权在全球发展上的重要性。作为全球业务的支撑，华为知识产权部门有近300人的知识产权工程师和知识产权律师，还有全球15个海外律师部给予支持。相对应的研究所分布在国内及海外多地。

华为整体的知识产权围绕集团整体业务展开，在相关的专利申请、知识产权诉讼、知识产权许可事务上，都有对应的部门和相关人力来支撑。可以说，华为已经发展起了健全、完善的知识产权业务。

每个行业都有发展周期，但无论年景好或不太好，华为每年坚持把当年销售收入的10%以上投入研发，“衣带渐宽终不悔”地持续构筑“长跑型选手”的能力，过去10年研发累计投入3000亿元。到2015年，华为全球累计专利授权数量超过5万件，华为拥有的基本专利份额达到15%以上，业界领先。

此外，华为还加入了300多个国标标准组织、产业联盟，担任超过280个重要职位，在IEEE-SA、ETSI、WFA、TMF、Openstack、Linaro、OASIS和CCSA等组织担任董事会成员。2015年提交提案超过5400篇，累计提交提案43000篇。

近10年来，华为越来越认识到专利、商标等知识产权类无形资产的重要性，非常注重保护自己的知识产权，注重通过核心专利的研发，形成竞争优势，注重通过商业谈判、法律诉讼等方式，实现知识产权价值最大化。

华为持续的研发投入，让华为在全球专利领域形成了领先优势，在行业内的专利交叉授权中拥有了相对的定价权。可以说，如今华为全球市场发展迅猛，在国际市场能够免受专利诉讼缠身，并且赢得行业尊重和声誉，逐步为行业开拓、贡献更多的价值，很大程度上得益于其对研发创新的持续巨大投入以及长期积累的专利优势。

华为首席法务官宋柳平介绍，专利的价值或者说价格，最重要的是取决于两个因素，一是其覆盖的市场，包括销售、制造等；二是专利保护力度，或者说司法定价权问题，即专利权人能否得到合理、及时的救济，包括禁令和赔偿额等，专利运营和交易的基础是专利的价值。

宋柳平说，中国专利的成交均价，在 1000 美元 ~2000 美元 / 件，而美国专利的成交均价，在 20 万美元 / 件左右，这与中国专利覆盖的广大市场极其不协调。究其原因，这与中国专利侵权平均赔偿额低有关，平均不到 2 万美元，而美国专利侵权平均赔偿额高，平均 500 万美元左右。

2015 年，华为与苹果公司达成一系列专利许可协议，覆盖 GSM、UMTS、LTE 等无线通信技术。其中华为向苹果公司许可专利 769 件，苹果公司向华为许可专利 98 件，也就是说，华为已经开始向苹果公司收取专利许可使用费。至于具体项目及价格，华为公司官方表示已经与苹果公司签订保密协议，无法透露。据业内人士估计，苹果公司每年要向华为公司支付数亿美元专利许可使用费。

长期以来，国产手机出海屡屡受到“专利大棒”的威胁，需要向高通、爱立信等支付巨额的专利费用。华为向苹果开收巨额专利费，实现了逆袭。

2016 年 1 月 14 日，华为与爱立信宣布达成续签全球专利交叉许可协议。该协议覆盖了两家公司包括 GSM、UMTS 及 LTE 蜂窝标准在内的无线通信标准相关基本专利。根据协议，双方都许可对方在全球范围内使用自身持有的标准专利技术。作为续签协议的一部分，华为自 2016 年起将基于实际销售向爱立信支付许可费。

2016 年 5 月 25 日，华为公司宣布在美国和中国，同时提起对三星公司的知识产权诉讼。在该诉讼中，华为要求三星公司就其侵权行为对华为进行赔偿，这些知识产权包括涉及通信技术的高价值专利和三星手机使用的软件，而在此前，三星公司曾面临和苹果公司的知识产权诉讼。

华为此次起诉三星专利侵权，是华为吹响了保护知识产权的号角，以更强硬的姿态争取全球智能手机市场份额，追求知识产权价值最大化。

拥有自主知识产权的重要意义在于能够为企业开拓市场扫清障碍，为参与国际市场竞争保驾护航，让企业获取更高的效益。

在任正非看来，华为的成功就是尊重和遵守这一行业基本规则，才能参与和获益于行业和谐发展和共同繁荣的直接实例。如果无视创新的价值，不尊重知识产权，将导致惨烈的低价竞争乃至整个行业的失败。对于长期协商仍无法达成一致的知识产权争议，华为主张通过诉讼解决与行业友商知识产权问题，诉讼是协商的延续，独立公正的司法程序有助于知识产权问题的解决，同时有助于行业环境建设。

第十章

厚积薄发：做智能终端领域王者

我们一定要立足打造中高端品牌，通过中高端带动中低端的销售，我们要抓住当前 4K 和 4G 机会窗，聚集力量，密集投资，饱和攻击，扑上去，撕开它，纵深发展，横向扩张，把终端业务做大、做强。

——任正非

厮杀终端市场

2011 年是华为终端业务 2C 转型元年，华为对终端公司高管进行了调整，任命华为副总裁余承东担任消费者业务 CEO，华为自有品牌从零起步，终端业务开始发力，重新定位华为终端产品。

当时，任正非对终端业务有三个明确的指示：第一，毫无疑问，终端将是华为“云—管—端”战略的重要组成部分；第二，华为终端要成为这个领域重要的玩家；第三，力争到 2015 年手机销量跻身全球三大手机厂商。

任正非指出，华为既要迎接手机行业的快速变化，还要面对本身的“DNA”变革，由于华为从运营商 2B 市场起步，现在手机产品要走向大众消费品市场，这就需要华为迅速冲刺，才能实现从手机到本身的两重突破。

自 2011 年进入消费者市场，华为手机刚开始走得其实不顺利，如华为重金打造的四核手机 Ascend D1，于 2012 年 2 月发布，但等到 9 月才上市，上市时这款手机已经不再领先了，Ascend D1 手机实际上是失败了。

尽管任正非对华为手机格外关注，但面对走得跌跌撞撞的华为终端部门，任正非仍然充分放权，他只强调了四点：要有盈利的能力；要有持续发展的能力；不能出现恶意库存；要管理好风险。

在此之前，华为的大部分手机一直采取与运营商定制的策略，这是华为的优势，但也是其劣势，导致其销售过度依赖运营商渠道，造成华为自有渠道以及社会渠道的覆盖严重不足。

从 2011 年开始，华为把终端业务作为重点投入项目，全线布局，除了携手运营商和产业链伙伴，还将尝试公开渠道的拓展。

为了补齐华为终端渠道的短板，2012 年 3 月 18 日，华为商城正式上线，在运营商渠道、社会渠道、电商渠道同时发力。

此次华为商城所售商品均由华为终端直供，减少中间环节，让利给广大消费者。除了华为商城，华为还与京东、天猫、当当等电商渠道加强合作，开设旗舰店，方便用户购买。

从 2012 年 4 月开始，华为终端进一步扩大营销渠道，在北京、上海、广州、深圳等地建立自营品牌形象店，加大与消费者的接触界面。

毫无疑问，带着电信设备制造商基因，转向终端消费品制造商，华为将面临一系列碰撞与磨合。如何面向终端消费者，进行品牌渠道建设？如何从低调保守的企业对外宣传，向鲜明开放的企业品牌形象过渡？这都是华为终端亟待解决的问题。

为突破终端业务的瓶颈，华为首先加大了在品牌推广、市场营销、技术研发等方面的投入。品牌推广方面，华为聘请了全球知名广告公司 BBH 和奥美为其品牌宣传服务。在市场营销方面，华为终端除了传统的电信运营商渠道，还加大了社会化渠道的开拓。

而芯片也是重要的一环。华为转变芯片策略，能够帮助自身降低成本和保证产品的稳定供应，增强自身核心竞争力。任正非表示：“对消费者来说，芯片用谁的不重要，重要的是产品体现的设计和硬件技术。

海思的芯片速度快，消费者就买账。”华为芯片策略转向海思，海思展示的产品技术研发实力，才是华为高端智能手机获得认可的关键。

在产品策略上，华为定位于中高端手机市场，除了推出华为P系列、M系列高端智能手机，还推出了面向互联网用户的荣耀品牌智能手机。

目前，华为先后推出了华为Mate系列、P系列、G系列、畅享系列、荣耀系列、麦芒系列手机。短短5年来，华为手机迅速崛起。到2015年，华为智能手机销售量达1.08亿部，消费者业务销售收入200亿美元，成为全球三大手机品牌，打破了全球高端手机市场一直被苹果、三星垄断的格局。

同时，华为还推出了平板电脑、手环、手表、路由器、盒子、触控笔、移动电源、自拍杆、蓝牙音箱、耳机、智能插座、游戏等系列产品，满足了市场需求。

任正非在华为终端公司2015年中会上给华为终端业务的发展提出了七点具体要求：

第一，我们要充分理解世界的真正需求，西方公司在消费品销售中已经有几十年、几百年的经验，其中很多经验是值得我们学习的。

第二，销售模式多元化，逐步建立覆盖全球的销售网络。我们不追求某种固定的销售模式，只要能销售出去就行。因此根据不同环境、不同条件、不同国家的国情，应该有不同的销售模式，不能单纯强调一种标准模式，我们率先实行线上、线下销售模式交叉。

第三，认真理解消费者真实需求，提高产品的软、硬件质量。品质入门级产品围住山脚形成防火墙，高端产品攻克战略高地。

第四，我们的产品要讲究质量，不仅仅是针对硬件，也包含软件。世界上软件做得好的公司，除了一家在德国外，其他全在美国。所以应该在西雅图建立一个软件研究所，把物理类和逻辑类研究分开，否则我们的软件就不可能做到最好。美国这个国家的创新机制、创新精神、创新动力很强，我们不要故步自封，一定要把战略能力中心放到战略资源聚集地去。

第五，关于高端品牌机开发，把工艺放到日本，脑袋放到美国，屁股放到苏州去，形成高端品牌机开发圈，才能做更好的高端产品。什么是高端产品？符合消费者需求和时代脉搏。

第六，品质入门级产品要保持信心，一是保卫了公司未来攻克战略高地的成功，二是品质入门级产品同样可以盈利。我们品质入门级产品的策略就是“标准化、简单化、生命周期内免维护化”，团团围住山脚形成一道防火墙。

第七，消费者BG要加强开放，与优质伙伴合作，改善产品质量。我们有几个能力：第一个能力是联接能力，这应该是世界最强的；第二个能力是图像能力，目前苹果是最好的，我们有差距，但是我们有可能突破；第三个能力是操作系统，我们应该没有的，别人多少年积累才到现在这种程度，我们要去超越他们重做，我认为没必要，所以我们和软件厂家合作。这三个能力合起来，华为手机肯定是强大的。要像苹果一样，华为手机一定要链接世界上最好的内容，通过优胜劣汰，全是优质合作伙伴，那才是未来。

2016年，是华为智能手机在全球崛起元年，在海外多个国家首次做到智能手机零售份额超过20%，尤其在品牌高地的欧洲区域实现规模翻番的历史突破。据GFK调查，500欧元~600欧元档位华为智能手机市场份额从2015年12月的不到1%增长至2016年5月的14.3%。同时，Mate 8人气口碑超越Mate 7上市同期表现，全球销量增长超过65%，P9及P9 Plus上市短短半年时间销量近700万部，海外市场销量相比上一代P8手机同期增长超过120%。伴随Mate 8及

P9 系列等产品的热销，华为手机在中国市场 3000~4000 元档位上，占据了绝对优势。我们欣喜地看到，华为中高端品牌之路从创业时的异常艰辛步入更稳健的良性循环，越来越多不同国籍、不同年龄的消费者用不同语言表达着对华为品牌的喜爱。

互联网品牌荣耀保持强劲增长，“6·18”大促销活动中位列安卓手机销售额第一，荣耀 V8 一上市即获得同档位机型线上销量及口碑榜双料冠军。华为消费者云用户数超 1.6 亿，用户黏性口碑进一步增强；移动宽带与家庭业务 2C 领域表现强势提升，华为终端产品增长翻番；而全球首款极致超薄、紧凑创新的 PC、平板二合一产品 MateBook 的成功上市，宣告华为正式进入 PC 市场的角逐，未来华为将致力于为全球 PC 产业用户带来更大的价值创新以及更愉悦的使用体验。

据 IDC 预测，2016 年全球智能手机行业增长仅约 3.1%。华为消费者业务上半年规模同比增长超过 40%，销售收入 774 亿元人民币，继续逆市前行，跑赢大盘！

2016 年 7 月 25 日，余承东在致华为终端全体员工的一封信中写道：“滴水穿石非一日之功，经历转型初期的阵痛走向持续稳健经营，让华为终端公司更坚定既定的战略方向，同时也有更成熟的心态来面对自己的成绩和不足。无论是研发、营销、供应、生态或支撑体系，各领域的能力仍存在较大差距；全球部分区域还处于起步阶段，需尽快迎头赶上；我们的成本管控能力较弱。同时，警惕业务高速发展下可能导致的腐败蔓延。”

余承东强调：“成功无捷径，惶者生存，大家不能有一丝一毫的懈怠。唯有如履薄冰，积极发现问题并迅速改进问题，踏踏实实长跑，迈好每一步，才能构筑面向未来更强大的实力根基。”

华为在终端行业的血海厮杀里，经历过去 5 年全球市场洗牌后，已逐渐形成 TOP3 手机厂商的竞争格局。GFK 数据显示，华为智能手机全球市场份额已提升至 2016 年 5 月的 11.4%，稳居前三，正迅速缩小与前两名（苹果、三星）的差距，并进一步拉开与第二阵营的距离。在中国市场，华为消费者业务持续领先，根据 GFK 报告显示，2016 年 6 月，华为智能手机市场份额已经增长至 18.6%，环比上升继续保持第一，成为后来居上的全能冠军。

2016 年 10 月 14 日，在华为 Nova 手机发布会上，同时传来了华为手机 2016 年第一亿部手机下线的消息。在 2016 年华为还创下五个第一：手机销量中国第一，市场份额、品牌知名度、净推值、服务满意度第一。

余承东向笔者表示："2016 年第一亿部手机下线，在'一亿'这个数字背后，华为消费者业务更多的成绩被刷新，这归因于消费者的信赖，市场的肯定，以及华为人持之以恒的付出。一亿台不是终点，未来还值得更多期待！"他还自信地说，**"未来 3~5 年，华为必定是全球市场能存活下来的三家手机厂商之一，也是中国市场能活下来的 1~2 家主流手机厂商之一，而且会活得越来越好。华为的风格主张向来是看得见的对手就必须要超越！"**

华为寻求的是长跑精神，厚积薄发，但在现今的科技行业竞争激烈之时，在某些领域也需要"短跑精神"，华为手机的崛起，也是华为厚积薄发的结果。

任正非指出："互联网的特性是对标准化、数字化的内容传输的便利性和规模化。它是促进实业在挖掘、消化信息后的改进，所谓互联网时代，是信息促进人类社会进步，促进实业、服务的进步，并不是仅指网络商本身。"

这就是任正非突破战略下的短跑方法论：战略机会窗开启之时，

聚集能量，密集投资，全线袭击。厚积薄发再加之短跑精神，华为终端已经成为华为的新样板。在科技行业迅速变化的今天，不但华为内部的其他业务需要这样的突破，从整个科技行业来看，华为战略突破的短跑方法论都有巨大价值。

坚持走高端精品路线

从 2011 年消费者 BG 成立后，华为就确立了走高端精品路线，聚焦中高端市场，不断精简手机型号，力求把每一款产品都锻造成该价位段最有竞争力的产品。

华为所说的精品并不是只针对高端手机，而是把每一款产品都打造成精品代名词，把每一款手机从研发设计到生产都力求精益求精，在性能、质量和用户体验方面追求完美。

2016 年，华为在日本成立图像实验室。任正非认为，日本在图像上是领先世界的，在明天的图像体系建设上来看，我们沿着现有的基因，解决未来算法问题。不光是 4K 电视，不光是 VR 的问题，华为要和全世界所有研究所联合起来，在图像技术上领先世界。

任正非表示：**“我们成立图像实验室，当然不是要去做电视机等图像产品，而我们做的平台是要能支撑传送未来的图像问题。成立的日本图像研究所的目的是要支撑智能手机在照相、摄像上在产业界做到最佳，包括照相、图像处理、图像存储、图像显示全流程，图像研究所都要做贡献，当然这只是我们的最低纲领，我们的最高纲领是要解决视频类算法问题。”**

近几年来，华为坚持以消费者为中心，通过在基础技术的巨大投入，在芯片、图像、算法、架构、天线、工艺、材质、省电、指纹、软件等诸多技术取得了突破。另外，华为通过压强原则将 Mate 系列和 P 系列成功打造成了高端品牌，并带领中档智能手机和千元机规模销售，取得了一定的成绩。

华为在产品品质上决不妥协，视品质为自尊。在 Android 系统中首次引入冷冻后台技术，大幅提升性能体验并延长续航能力 20%。坚持高端精品策略，不做超低端，2014 年砍掉 80% 的机型，打造了 Mate 7、P8、P9、荣耀 8、麦芒 5 等一系列销量过千万部的精品。为确保品质，华为主动销毁了价值 2000 万元人民币的受高温影响的手机，宁愿企业损失千万，也不给消费者留下一点隐患。2016 年，华为手机荣获“中国质量”第一名。

在国内同行们还在比拼谁能把手机卖得更便宜时，华为却在高端手机市场用精品站稳了脚跟，成为国内唯一能在高端市场与苹果、三星分庭抗礼的手机品牌。

余承东是个细节完美主义者。手机外观性感、简单易用、功能强大是他心目中的最理想产品境界。

为了精益求精，每一款新产品推出后，他都亲自使用，用样机拍照，除了色彩、饱和度等，他还会考虑快门反应速度，如何快捷分享。此外，他经常自己掏钱购买产品赠送给华为高管和朋友体验，广泛征求用户的意见，不断改进产品。他的微博成为华为终端与用户和外界沟通的平台，让他高兴的不是外界对他和产品的赞誉，而是用户对华为手机、平板电脑等产品提出的意见和建议，除了积极改进，还对用户提出的好的建议给予奖励。他强调：“改进都是一点一滴的，我要求每个项目组明确当前的水平以及未来的提升指标，性能和外观都不能妥协。华为不要做‘华而不实’的产品。”

而华为的手机设计理念也随之确立：简单易用、注重情感沟通和用户体验，同时又不会牺牲功能上的特点。情感沟通则是强调跟消费者的交互性，和消费者沟通已经不是单纯地去考虑硬件上的功能设计，更要考虑消费者的感受，找到情感的接触点。

以此为基础，华为终端在工作机制上也形成了两条定律——ID(工业设计)牵引硬件和UE(用户体验)牵引软件。如果ID设计师提出的手机外观设计会提升用户体验，在这个原则基础上，结构工程师必须服从ID的设计，想尽办法也要完成。

2011年11月上市的荣耀U8860手机，深度融入Cloud+平台，为用户提供160G的超大网络存储空间。

作为华为云手机的战略机型，荣耀用了比以往任何机型都多的功夫优化中高端机型，标准的配置加上细致的优化，实用的体验非常流畅，这个优化的过程集中了多方面的专业力量来完成。在这个过程中形成的新技术标准和平台有助于整体提升华为终端的整个工艺水平，让华为手机有了质的飞跃，给用户带来卓越视听体验。

2015年6月，华为正式发布了P8家族重要成员——P8 MAX手机，国内售价为3788元，并在华为授权体验店、华为商城、京东商城、苏宁易购和国美在线，以及全国1000家重点零售店同时发售。

3000元以上，曾经被认为是国内手机品牌无法站稳的一个价格段，不过2014年华为Mate 7的横空出世让人惊讶地发现，国内手机不仅能站稳3000元以上的价位，甚至还能引发抢购，一机难求。2015年，华为P8系列中的产品再次攻占这个价格段，而且要冲得更高。

P8 MAX是2015年4月华为与年度新旗舰手机P8一同发布的新品，作为华为“精品战略”的又一力作，这款6.8英寸的P系列大屏手机凭借其强大的跨界体验，定位高端时尚商务人群，将开辟高端领域新的细分市场。P8 MAX采用了一体化金属机身设计，兼顾时尚设计与商务功能，为消费者带来更极致的跨界体验。自上市以来，赢得了众多消费者的青睐，全球销量超过 1000 万部。

事实上，3788 元的售价，对于现在的华为来说还是有些保守了。以华为在高端手机市场已经具有的议价能力和这款手机不输于任何国际品牌旗舰产品的品质，定价在 4000 元以上也是完全可以被市场所接受的。相信以华为手机稳扎稳打的脚步，攻克 4000 元乃至更高段的市场空间，只是一个时间问题。

2016 年 4 月，华为在伦敦推出 P9 手机，P9 配备徕卡双摄像头，拍照质量得到很大改善，电池容量扩大，新型生物指纹识别技术，搭载海思麒麟 955 2.5GHz 64 位处理器，边角光滑，设计美感。不仅在最高水平发挥作用，还向市场引进新功能，尤其满足了国内外用户的需求。

在 P9 手机发布 7 个月之后，11 月 3 日晚，华为转场德国慕尼黑，面向全球发布了一款堪称“惊艳”的旗舰产品华为 Mate 9。

与此同时，与全球顶级设计品牌 Porsche Design 联袂打造的首款奢华智能手机——华为 Mate 9 保时捷全球限量版同步上市。

华为 Mate 9 作为 2016 年度压轴旗舰机，华为可谓使出了“撒手锏”，采用华为自主研发的麒麟 960 芯片，与奢侈品牌保时捷合作，双曲面设计，搭载徕卡双镜头，可谓第一部久用不卡的安卓手机，华为 Mate 9 可谓来势汹汹，直逼苹果和三星。

华为 Mate 9 的发布令业界震撼。而其中除了技术实力的展示之外，最令人惊讶的莫过于售价，华为 Mate 9（4GB+64GB），售价 699 欧元起步（折合人民币 5230 元），华为 Mate 9 保时捷设计全球限量版（6GB+256GB），售价 1395 欧元（折合人民币 10460 元）。

除去限量版的售价不说，华为 Mate 9 的这一定价已经向苹果、三星的高端智能手机看齐。外媒认为，它的表现已经超越竞争对手。

而肩负着华为高端路线重任的华为 Mate 9，能否真的助力华为敲开高端市场之门？除了以上说的，从华为的配置中我们就能管窥一斑。

华为 Mate 9/Mate 9 Pro 搭载了全新麒麟 960 芯片，作为全球首款搭载 ARM Cortex-A73 CPU 和 Mali-G71 八核 GPU 的芯片，在性能方面得到了全面优化。相比上一代，麒麟 960 的 CPU 性能提升 18%，GPU 图形处理性能飙升 180%。同时得益于最新 UFS 2.1 存储技术的加入，华为 Mate 9/Mate 9 Pro 无论是加载大型 3D 游戏，还是多应用同时运行，都可以实现极速响应。麒麟 960 率先支持全新的图形标准 Vulkan，释放多核 GPU 的真实性能，让 8 核 GPU 性能得到充分释放。

除了在性能上的全方位提升，麒麟 960 在用户备受关注的安全方面，也做到了全方位加强，对人与手机、手机与手机之间的连接进行全面的保护。麒麟 960 不仅采用了基于通信基带处理器的防伪基站技术，为了更好地保障用户移动支付安全，解决当前智能手机安全性不足问题，更首次实现将安全引擎集成在 SoC 芯片内的创新移动终端安全方案，从根本上保证了手机安全。

华为在德国慕尼黑举办的华为 Mate 9 发布会上，同时还发了华为的新一代手机操作系统 EMUI 5.0。它是国内首个基于安卓最新发布的 Andriod 7.0 原生系统深度开发而成的自主操作系统。

自 Android 智能手机诞生以来，卡顿、耗电、拍照不佳等一系列问题是安卓手机长期以来最大的痛点，对此，各大手机厂商都在尝试优化解决，但似乎并无较好解决方案。而华为与谷歌进行合作，对安卓系统存在的顽疾进行“对症下药”。通过 EMUI 与华为麒麟 960 芯片深度结合，华为充分发挥了其软硬件结合的技术优势，对安卓手机久用卡顿问题进行了解决。

与流畅性一起革新的还有 EMUI 5.0 全新的美学设计和更便捷的

交互方式。EMUI 5.0 对系统界面进行了扁平化设计，并针对不同的使用场景进行了步骤精简和误触优化，90% 的常用功能只需三步操作即可完成，为消费者带来轻松便捷的操作体验。

华为成为国内首个彻底解决安卓手机用久变慢的手机厂商，这对整个安卓阵营来说，都具有变革性的意义。

另外，EMUI 5.0 除了在性能提升上有着出色的表现，在 UX 视觉交互体验上也有非常大的提升。

在 EMUI 5.0 的设计中，华为一如既往地遵循简单实用的原则，简化了应用的操作程序，使得很多应用和操作基本可在 3 步以内完成，让用户真正感受到体验的便捷，而非单纯的科技感。

一向被人们认为在颜值方面并不突出的华为，此次在 UI 视觉体验方面也下足了功夫。

“生命的活力，自然的韵律，艺术的炫美。”华为用这句话形容了 EMUI 5.0 在设计方面的纯净（Clean）、简洁（Simplified）和律动（Living）特性。EMUI 5.0 的视觉核心设计理念灵感来源于爱琴海蓝白风格。在系统界面上，干净舒适的蓝白色系，被贯穿于整个系统之中，并且看起来清晰明朗、主次分明。

这很容易让人想起另一奢侈品牌 Prada 的故事：Prada 公主与她的画家男友，在爱琴海上空的那场“绝世之恋”。

另外，在使用过程中，简洁之美也贯穿始终。在所有 EMUI 5.0 系统应用中，华为的异常提示弹框要比普通的少 1/3；同时优化冗余的垃圾通知消息，用户可通过连续两次轻触指纹识别快速删除所有通知，这些细节处的优化，使得整个界面更加简洁。

相信所有手机用户无不对应用过于“关怀备至”的通知心存怨恨而无可奈何，Mate 9 的出现，算是伸张了“正义”。

律动则是 EMUI 5.0 在 UI 设计上的另一大特色，比如录音过程中界面呈现的如同水母浮游般跟随声音而动的效果，让用户仿佛感到 EMUI 5.0 是有生命的，这种视听一体的效果可谓用心而讨巧。

类似细节的用心与优化在华为 EMUI 5.0 中随处可见，足见华为志在打造全新智能手机体验的决心与努力。

对华为来说，EMUI 5.0 也是一次具有里程碑意义的重大更新，这意味着华为 EMUI 在安卓定制 OS 领域正在强势崛起。而此次和华为 Mate 9 一同亮相，可谓双剑合璧。

秉持多年“扫地僧”一样的低调风格，华为厚积薄发，不仅在 2015 年 12 月，华为手机出货量率先突破一亿部，更是在 2016 年 10 月，提前两个月再次完成了出货量一亿部的宏伟壮举,创造了新的里程碑。

2016 年 11 月 24 日，华为手机入选波兰超级品牌 2016/2017 年度榜单，获得波兰智能手机市场中的“最强品牌”之称，并受邀加入 Superbrands 超级品牌俱乐部。余承东表示，进入波兰市场 12 年，华为如今已成长为波兰消费者钟爱的品牌，未来我们将继续努力，为更多消费者服务！

打造一颗强大的中国“芯”

在全球手机行业，一直以来，自己能不能做芯片，成为业界衡量硬件公司是否具备核心竞争力的重要指标。随着华为海思麒麟 950、麒麟 960 芯片的发布，让华为跻身全球芯片第一阵营。

在核心技术上对外国产品依赖度太高，曾是中国企业最大的软肋和短板。一度被贴上廉价标签的中国制造，如今已不再是一个单纯的产地定义，更是一种能力的证明！

有业内人士指出，产业发展到高级阶段，竞争的核心不再是掌控技术本身，而是能否控制产业生态，而后4G、5G时代，得“芯”者得天下。正如任正非所说：“质量是一种能力的体现，芯片则是华为最核心的竞争力。如果不能自己控制芯片，改进产品只能依靠别人。”

众所周知，谷歌的安卓系统几乎垄断了所有国产手机。更可怕的是手机的核心灵魂——芯片，也被一家叫高通的美国企业垄断着。面对系统、芯片都被国外公司垄断的现状，华为站出来承担了突破难关的重任。

任正非在华为提倡的理念之一就是“板凳要坐十年冷”，强调“工匠精神”中的专注。早在10年前，iPhone和安卓系统还没有诞生，华为基于对智能手机的发展判断，就开始着手研发移动手机芯片，希望做出更好体验的智能终端，并通过掌握核心技术，构建移动时代持久的竞争优势。

2012年，华为借海思K3V2卷土重来，大举杀入消费品市场，已经经受住了市场的严峻考验，赢得了中外用户良好的口碑。

过去，华为一直为运营商做贴牌手机，产品主要是针对低端市场。但如今，华为充分发挥自身的技术优势和研发能力，携手海思力求为手机打造一颗功能强大的中国“芯”片，进军高端智能手机市场。

海思半导体正是华为进军终端决心的体现。华为海思半导体有限公司成立于2004年10月，前身是创建于1991年的华为集成电路设计中心。海思公司总部位于深圳，在北京、上海、美国硅谷和瑞典设有设计分部。产品覆盖无线网络、固定网络、数字媒体等领域的芯片及解决方案。

华为麒麟在3G芯片大战中，扮演了“黑马”的角色。华为麒麟芯片的历史已经不短了，2004年成立，主要是做一些行业用芯片，主要配套网络和视频应用，并没有进入智能手机市场。在2009年，华为推出了一款K3处理器试水智能手机，这也是国内第一款智能手机处理器。

自2011年以来，华为的消费者业务发展迅速，成为华为三大业务板块中增长最快的一个。2015年，华为消费者业务收入200亿美元，同比增长73%。这主要得益于华为在通信行业积累的供应链和研发实力。在P9、Mate 8等多款热销的高端手机中使用的海思麒麟芯片，也是华为技术实力的集中体现。

2015年11月5日，业内期待的中国华为海思麒麟950手机芯片终于发布，由于具备多项自主创新技术而在业内受到了广泛好评。有媒体用“逆天”二字作为文章的标题来形容华为麒麟950的卓越性能。

华为麒麟芯片虽然没有对其他手机厂商开放，但目前已切入电视市场。2015年10月，海思的一款芯片被酷开选用在其新推出的电视新品中。可见，目前华为正在打造一种新的生态，这种生态系统主要是围绕手机进行，通过麒麟芯片延伸到平板、手环、智能家居等，并获得极致的用户体验。

华为作为中国手机行业唯一有能力挑战苹果和三星的厂商，海思麒麟950芯片的研发成功，颇受业内追捧。麒麟芯片已经让华为海思挤入全球手机芯片第一阵营，比肩高通，并直接带来其在智能手机市场竞争力的提升。配置海思麒麟芯片的华为P9、Mate 8等多款热销的高端手机，功耗则明显降低，性能大幅提升，同时提升了华为智能手机其他方面创新的空间。目前，搭载麒麟芯片的华为手机累计发货量已超过1.2亿。

2016年10月19日，华为宣布，自主研发的新一代芯片麒麟960再次在跑分上超越了高通，国产高端芯片制造迎来一大步跳跃，让全

华为麒麟 960 芯片

球手机厂商又多了一个新选择，为“中国制造”长脸。

从现场公布的 GeekBench 4.0 跑分来看，麒麟 960 的 CPU 和 GPU 性能超越骁龙 821，单核性能依旧弱于苹果 A10，其多核性能已经超越高通，GPU 性能已经大幅缩短与 A10 的性能差距。

Countpoint 分析师闫占孟认为，从麒麟 960 使用的创新技术上看，华为高端芯片研发时间控制在了一年的产品迭代周期，证明研发技术实力已经大幅提升。另外，麒麟 960 多个指标上超过高通，表明中国高端芯片是走得通的，对国内芯片行业有积极意义。

闫占孟表示，目前能够做到自家设计芯片和终端产品联动的企业只有苹果、三星和华为，对华为来说，高端芯片的成功有利于供应链自助可控，不会受制于上游芯片商和竞争对手，能够及时满足华为终端的需求。

值得一提的是，华为麒麟 960 以打造更加快速、流畅、安全的安卓体验为目标，将会在性能、续航、游戏、拍照、通信、安全等方面继续为用户带来更好的体验。

2016 年 10 月，麒麟 960 芯片率先获得央行和银联双重安全认证，是全球首款达到金融级安全的手机芯片。这意味着，搭载麒麟 960 芯片的手机具有和银联 IC 卡 / U 盾相同安全等级，用户可以尽享支付的安全与便利。

余承东介绍，麒麟 960 芯片率先商用 A73、Mali G71MP8 GPU 和 UFS 2.1 存储技术，与上一代相比，其 CPU 性能提升 18%，图形处理性能飙升 180%，GPU 能效提升 20%，加密读写性能提升 150%，数据库访问性能提升 300%，可以更长时间地支持 3D 大型游戏的流畅运行，将给用户带来颠覆性体验。

不仅如此，麒麟 960 芯片还率先支持全新的图形标准 Vulkan（跨平台的 2D 和 3D 绘图应用程序接口），将带给用户一快到底、不卡顿的体验，同时完美支持各种类型的 VR 产品形态，在性能（爆发力）、续航（耐力）、拍照（视力）、音频（听力）、通信（沟通力）、安全可信（保护力）六个方面均有新的突破。

2016 年 11 月 3 日，搭载全新“麒麟 960”芯片的年度旗舰新机华为 Mate 9 在德国慕尼黑全球首发。

余承东向笔者介绍：**“华为 Mate9 的摄影技术和体验又有新突破，给用户带来革命性安卓新体验。Mate 9 掀起了一场畅快革命，从芯片和系统两方面进行的深度优化，保证用户长期使用都可以获得畅快的使用体验。除此之外，Mate 9 在充电、摄影等多个方面均实现了革命性升级，给消费者带来更为全面的极致使用体验。其镜头将呈现更多的灵感和创意，人人都可以是艺术家。我们在思考的，是如何让操作更轻便，影像更动人！”**

2016 年 11 月 16 日，15 项世界互联网领先科技成果在第三届世界

华为高级副总裁、消费者业务 CEO 余承东在德国慕尼黑发布 HUAWEI Mate 9

互联网大会上发布，其中，华为麒麟 960，因“针对全球互联网用户的痛点，在智能终端最受关注的性能体验、安全可信、通信、拍照等方面，取得创新突破”，荣列第三届世界互联网大会“领先科技成果”。这是对华为科技成果的认可，期待华为麒麟 960 未来为更多消费者服务！

10 年来，华为手机芯片研发进行了全球布局。如今，遍布亚洲、欧洲和美洲等 11 个国家和地区，在无线算法、射频技术、图像处理、设计工艺等各个核心技术领域，聚集了全球最优秀的人才进行协同创新。

余承东告诉笔者：**“质量是一种能力的体现，芯片则是华为提升产品质量和体验的最核心竞争力。我们自研芯片的一些性能比采购芯片要好，而且我们可以根据用户反馈持续改进安全性能、用户体验，**

等等。相反，如果不能自己控制芯片，改进产品只能依靠别人。”

目前，华为共有 17 万名员工，其中从事研发的人员达到 8 万名，约占公司总人数的 45%。华为手机的专利申请数量占据国产手机专利的近半壁江山。

华为、荣耀双品牌成功，创新和品质是共同基因。过去中国制造业往往处于没有太多自主知识产权的 OEM（原始设备制造商）时代，而华为手机的崛起却是源于在高科技领域的技术创新。华为手机能够连续多年保持高速成长，并在年轻人群、高端商务人群都获得巨大成功，离不开华为手机的创新的力量和品质的良心。

华为海思这几年占尽风头，无论是荣耀品牌的荣耀 7、荣耀 8，还是华为最新的旗舰机 P9、Mate 9 都搭载了麒麟芯片，是真正的国芯精品，在这个层面，华为家族的好产品确实激发了国人的民族自豪感。华为手机是当之无愧的国货精品，从内而外，麒麟智芯科技，代表了中国制造的技术创新能力，也代表了中国制造的品牌创新能力。

海思之所以能够在 LTE 芯片上异军突起，也与华为作为电信设备的领导厂商相关，华为能在 4G 专利上占有一席之地和 5G 领先技术，也与其行业地位决定了有更多机会参与标准制定有关，正是因为华为作为最先进电信标准的参与者，使得海思有了在 LTE 上突破的无限可能。

华为芯片的逆袭，是靠长期巨额的研发投入得来的。十年磨一剑，华为海思的经历证明了要在集成电路领域领先，需要的不仅仅是顶尖的人才、巨额的投入，还需要足够耐心的坚持。

世界知识产权组织表示，2015 年，全球企业专利申请排名方面，华为以 3898 件连续第二年位居榜首。华为海思作为中国半导体领域一个代表厂商，是毋庸置疑的，展望未来，海思能够给我们带来什么惊喜呢？让我们翘首以待。

提供有温度的高品质服务

在国内的手机品牌中，华为绝对算是一个另类，在别人都跟着运营商做定制机以追求出货量的时候，华为已经下定决心大量削减机型聚焦精品；在别人都在千元以下的市场中拼谁卖得更便宜的时候，华为已经向被三星和苹果垄断的高端市场主动出击了。

余承东表示：**“华为创新服务新模式，打造有温度的品牌，给消费者带来极致的产品体验。品牌要有温度，必须了解消费群体的需求，不断进步，不断地改进。”**

智能终端产品能否抓住用户的内心，不仅体现在产品的性能，售后服务也同样关键。一向秉承“方便、快捷、贴心”服务理念的华为，在凭借 Mate 8、HUAWEI WATCH 等移动终端产品获得消费者一致好评的同时，其售后服务团队也在背后默默地为所有用户提供专业、高效的服务。客户服务中心作为华为终端产业链的最后环节，也是华为直面消费者、提升品牌形象与用户黏性的重要环节，但他们的事迹终归在台后，鲜为人知。

作为全球第三大智能手机厂商、国产手机品牌领导者，华为早在 3 年前就开始铺设建立精细化的售后服务管理体系。如今，华为在全国各大城市成立了 300 多家客户服务中心，每一个服务中心都会配备专业的服务顾问、技术维修团队。“主动倾听用户的心声，提供有温度的高品质服务”是华为手机服务中心的服务宗旨。

如今，人们生活节奏不断加快，服务便利性逐渐成为广大消费者关注的重点。为了让用户享受到更好的服务体验，华为经过不断探索，推出了“线上预约，线下服务”的新型服务模式，借助华为官网、客服电话、服务 APP，消费者可以提前预订选择所需的售后服务，客户服务中心在接到消费者预订信息的当天会及时与用户进行电话联系，完成预约工作。用户到店后立即得到维修人员的快速检测，在短暂惬意的等候后，即可准时拿到维修一新的手机，不方便等待的用户，华为提供维修完毕后免费将机器邮寄给用户的服务。通过准确排期线上用户的报修时间以及提前预估维修内容，大大提升维修效率的同时，也让用户体验到店即修的极致服务。

为了让用户在华为客户服务中心体验到回家一般的感受，华为服务人员以优秀的服务态度，全程提供专业、优质的服务。从服务的细微处入手，店内不仅为消费者提供免费的饮品，还耐心地给用户提供使用指导以及手机保养等服务。无论是初次接触华为产品的用户，还是中老年用户，华为服务人员都能耐心、专业地让每一位消费者充分体验到华为提供的贴心售后服务。

华为从消费者体验、购买到售后，整个端到端的体验，是一个厂家、一个品牌服务水平的呈现，华为品牌越来越多地希望能够建立自己的体验店，让自己的形象接近消费者。这几年来，华为手机的服务专营店、服务体验店在全国已超过 500 家；贴近消费者的体验店和消费店已经有 10000 多个。余承东表示：“我们非常高兴地看到，近两年消费者也非常认可我们这种做法。这种体验是靠口碑，靠实实在在的使用，靠长期的厚积薄发。”

近两年来，国内手机市场可以称得上是热闹不断，一些新的品牌高调进入市场，并与原有的品牌展开激烈的搏杀，尤其是在千元乃至以下市场，惨烈的竞争已经让市场成为一片血海。在这种情况下，华为却始终保持着自己的节奏，并没有冲下去把水搅得更浑。

对于这种市场格局，余承东认为：**“存在就是合理的，因为中国**

的市场很大，从最高端的两万多块钱的手机，到百元手机，在每一个价位、每一个空间，都有生存的空间和余地，更多的竞争者加入进来，给了消费者更多的选择，竞争越激烈，细分市场也会越细，这本身对消费者肯定是好事。但是，如果从另外一个纬度来看，他认为，生存和生活是不一样的，千元以下的搏杀应该是生存之战，而不是生活之战。对华为来说，并不是为了生存而战，而是围绕消费者体验和消费者需求提供他们所需要的产品。”

对于现在手机厂商惯用的各种炒作手法，余承东认为：“如果你产品本身已经很好的时候，炒作一定带来的是正效应，这并没有错误，但是如果你产品本身有问题，炒作其实带来的是负效应。”单就华为的竞争策略，余承东用了一个非常形象的比喻，“如果你是狮子的话，不需要咆哮”。

华为手机最大的竞争优势在雄厚的技术研发实力，华为始终坚持把销售收入的 10% 以上用于产品研发，在产品研发上的投入在业界是最大的，而且在整个生态产业布局都是有战略投入的。另外，华为对于产品品质的追求也是最苛刻的。无论是研发中心还是品质检测实验室，包括他们交付的供应链基地，都可以看到华为对产品品质极致的追求，也确保了华为每一台产品能够在消费者层面有最好的体验和品质的保证。

如果你去美洲的墨西哥、哥斯达黎加、巴拿马旅行，在这些国家的机场，映入眼帘的是华为的广告或产品专柜，顿时精神为之一振。尤其是在巴拿马这样一个和中国尚无外交关系的国家，中国品牌的存在更具象征意义。

品牌意味着优质。华为产品之所以能够获得全球 170 多个国家用户的认可，关键在于华为产品的品质。中国已经是全球第二大经济体，但缺乏自主品牌的支撑，中国的实力就难以通过外国人的日常生活被他们所感知。一个国家的形象，终究要靠产品的质量来体现。与其鼓动国人去抵制某国的产品，还不如集中精力生产出更好的同类产品去取代它。试想，如果多一些像华为这样走向世界的品牌，我们走出国门也会觉得颇有面子，毕竟品牌在一定程度上代表了国家的实力和形象。

余承东表示，技术累积、产品、服务、渠道、差异化的营销、管理团队等都是成功的要素，缺一不可。未来华为将围绕“物联+智能”，给用户带来全面的人性化体验。

对用户而言，电子产品对于售后问题的处理态度，就成了用户评判一个品牌的标准之一，是否重视用户、是否及时解决问题，成了一个品牌的态度。华为坚持“方便、快捷、贴心”的售后理念，外加完善的售后服务体系与贴心的售后服务政策，为消费者带来更加贴心、人性化的服务体验，为打造专业、有温度的服务孜孜不倦地努力着。

开展体育营销，提升品牌影响力

华为终端致力打造全球著名消费品牌，在全球范围内开展体育营销、时尚合作、梦想基金等全方位活动，让华为的品牌形象更加鲜活而立体。体育营销助力华为抢占全球品牌战略高地，在市场份额进阶过程中，华为品牌从原来第二阵营的诸多品牌中脱颖而出，与三星、苹果并驾齐驱，未来几年内，华为要做智能终端领域的王者。

近两年来，在全球手机行业竞争激烈、增速放缓的环境下，华为消费者业务仍然保持了逆势高速增长。在公布的业绩数据中，华为在欧洲市场的表现格外抢眼。根据权威调研机构的报告显示，目前，华为智能手机已经在 5 个欧洲国家市场份额突破 20%，在奥地利、比利时等 8 个欧洲国家市场份额超过 15%，在英国、法国、德国等全球品牌高地，华为消费者业务也获得了可喜的突破。

作为手机品牌必争的战略高地，欧洲被各大手机厂商视作最重要的高端市场。华为在欧洲市场的成功，是其奠定全球地位的重要里程碑，而体育营销也被认为是华为品牌打开欧洲消费者市场的一块重要的敲门砖。

欧洲人对体育的狂热众所周知，风靡全球的五大联赛代表了世界足球的最高水平，而欧洲杯亦是尽人皆知的体育盛事。华为的体育营销试水始于 2012 年与西班牙马德里竞技足球俱乐部的合作。华为先后赞助了马德里竞技足球俱乐部(简称马竞)与皇家马德里足球俱乐部(简称：皇马），在西班牙足球甲级联赛（简称西甲）和欧洲超级杯的精彩对决中，马竞以 4 比 1 战胜三星主赞的切尔西队的比赛，话题性十足，对华为品牌在全球范围知名度与影响力的提升发挥了直接的作用。

随后华为大“玩”足球营销，2013 年－ 2014 年，接连赞助欧洲五大足球联赛中的诸多传统强队，包括德甲多特蒙德、意甲 AC 米兰、西甲马竞、英超阿森纳、法甲巴黎圣日耳曼等。2013 年 8 月，华为冠名了第五届中东地区青年海湾杯足球赛，2014 年 6 月又成为俄罗斯足协官方合作伙伴。

2016 年 3 月 17 日，华为公司在巴塞罗那召开新闻发布会，正式宣布巴萨足球俱乐部的阿根廷球星、五届 FIFA 金球奖得主梅西成为华为全球品牌大使。此次华为与梅西的强强牵手，为华为品牌注入新的品牌活力及全球影响力，助力其在全球广泛领域内品牌知名度的飞跃式提升。

梅西在现场讲道：**“你要为自己的梦想拼搏，有所牺牲，并全力**

华为全球品牌大使梅西（左2）

以赴去达到更加伟大的目标。如果有一天你认为你没有进步了，那么你就必须努力在其他领域取得成就。”

在全球化运营的道路上，华为一直坚持创新、追求卓越，展现了对全球消费者的无限热情。而梅西为了实现打入职业足坛的梦想，远离自己的祖国阿根廷，远赴欧洲的巴塞罗那俱乐部，做出过巨大牺牲，更付出无数艰辛的努力，这种执着追梦的精神与华为的品牌理念非常契合。

“梅西将与华为品牌并肩，一起通过实际行动鼓励人们专注、坚持、不断突破，去取得非凡成就，特别是在华为投入巨大的欧洲、亚洲和拉丁美洲等区域。华为与梅西有着相似的历程：怀有梦想，并凭借执着的信念和努力实现了各自的承诺，取得非凡的成就。而且在一次次挑战之后，我们都不言放弃、找准方向、再接再厉地再次踏上通往成功的荣耀之路。”华为手机产品线总裁何刚认为签约梅西是华为品牌建设的全新起点。

在余承东看来，梅西是绿茵场上的速度之王，他与 HUAWEI Mate 8 很相配。HUAWEI Mate 8——手机处理速度中的战斗机！梅西在绿茵场上的多项数据彰显了在速度上的非凡实力。而 Mate 8 搭载的先进工艺锻造了它的极速表现，HUAWEI Mate 8 在使用速度上能够实现再一次突破，离不开其内芯华为麒麟 950 的强大支持。

过去几年，华为在足球营销上的尝试，除赞助知名球队外，还签约了包括莱万多夫斯基、桑切斯、哈梅斯·罗德里格斯等多位国际顶级球星。然而，华为的体育营销不仅仅是足球，而是针对海外不同市场的区域文化特点，在足球、橄榄球、板球、网球等多个领域的体育项目和赛事进行投入和探索。

持续的体育营销强化了华为在海内外消费者心目中积极向上、勇于拼搏的品牌印象，并助力品牌知名度的迅猛提升。据品牌调研机构 IPSOS 的数据显示，华为全球品牌知名度从 2012 年的 25% 上升到了 2015 年的 76%。咨询公司 GFK 的报告更能反映品牌增长带来的转化量，2015 年华为智能手机在欧洲中高端市场份额大幅增长，其中在西班牙、意大利、比利时、瑞士、葡萄牙等多个国家和地区市场份额排名前三；在拉美、东北欧、中东、非洲等地的智能手机销售业绩表现优异，部分地区发货量突破千万。

2015 年，华为消费者业务销售收入超过 200 亿美元，同比增长近 70%，华为仅用一年时间，就实现了第二个百亿里程碑的突破。2016 年也呈现高速增长态势，而通过赞助足球等风靡全球的体育项目，为华为在欧洲和美洲的销量带来了巨大增长，并且赢得了良好品牌声誉，此次又签下足坛界的“天之骄子”——梅西，也将助力华为全球性品牌进阶到更高端的位置。

有行业人士透露，华为对体育营销的重视，除了看重体育项目在当地市场的热度，更源自华为内部认同体育精神与华为精神的极大契合。体育所传递的拼搏、坚持与突破，被认为与华为的企业文化和品牌内涵高度吻合；体育所赋予人们的热情和正能量也能进一步拉近华为品牌与消费者的情感共鸣。

事实上，除了体育营销，华为也在聚焦世界顶级水平的全球营销，切入消费者喜爱的设计、时尚、娱乐等领域，在传递华为品牌理念的同时，深入联接消费者的生活方式与情感，促进华为品牌认知度得到不断提升。

华为终端自有品牌从零起步，短短 5 年时间，华为手机已经跻身全球前三强。2016 年华为名列“全球最具品牌价值百强”第四十七位，成为唯一一家跻身全球品牌价值 50 强的中国科技公司。相信华为的高端精品之路，将走得更加坚实。

构建完整开放的智能家居生态体系

随着人们对于家居生活水平需求的不断提高，以及物联网等新兴技术和应用的飞速发展，智能家居的概念逐渐为人们所熟知。虽然智能家居市场的潜力巨大，但由于技术、产品、解决方案尚未完全成熟，产业链各方大都还处于单打独斗的初级阶段，智能家居距离规模普及可谓任重而道远。

对于智能家居，华为只做自己擅长的部分。作为一家以连接起家的公司，华为最核心的能力是连接。

2015 年 9 月 22 日，华为对外发布了智能家居战略，将围绕华为的连接能力，与合作伙伴一起构建一个完整开放的智能家居生态体系。

华为消费者业务首席战略官邵洋认为，人们对智能家居的渴望始于 20 世纪 30 年代。1936 年，电影大师卓别林导演的电影《摩登时代》，用夸张而幽默的手法表现了工业时代的人类对智能家居的渴望和憧憬。

在邵洋看来，未来的智能家居主要有以下四点特征：第一，连接无处不在。统一的连接标准，无缝的连接网络，自动的连接过程，稳定的连接效果；第二，超强感互性。智能家居的交互需要更为人性化，如语音交互、视觉交互、脑电波交互；第三，情感性。智能管家系统，将可以提供给用户各种需要的服务，即从有限的服务到所想即所得到、所需即所得，并最终实现与人在情感层面的交流；第四，智慧性。通过大数据和云平台，让智能家居产品具备自适应学习的能力。

然而，理想很美好，现实却很骨感。作为一个新兴行业，目前的智能家居行业并没有明确的引导方向，一直处于用户有痛点、企业有困惑的状况。“这其中主要有两个核心原因：一方面，智能家居领域目前缺乏统一的标准协议，不同厂商之间的智能单品无法实现互联互通；另一方面，智能家居产业是一个开放性产业，需要通过产业合作来实现智能家居的产业化发展，而目前产业各方还大多处于各自为战、闭门造车、为了智能而智能的状态。”邵洋表示，基于以上原因，目前智能家居产品的用户体验普遍不佳。诸如智能设备安装复杂、互联操作体验差、用户信息安全得不到保障等问题层出不穷。

为了解决上述问题，华为将以“连接”为核心的五大能力，与合作伙伴一起，共同搭建智能家居生态系统。这五大能力包括：海量的终端用户、家庭网络连接设备、Hilink 通信协议、操作系统 Lite OS 和 IoT 芯片。

华为希望通过构建这个全新的生态系统实现智能家居行业的三点突破：第一，通过统一的操作系统（OS），兼容的通信标准与协议、适配芯片解决方案，满足智能设备互联互通的需求，实现智能设备无缝、自动的连接体验，着重解决用户痛点及行业困惑。第二，通过丰富的智能单品、手机与 APP，满足用户与智能设备完美的感知和交互需求，让交互在不同场景下轻松、精准地完成。第三，通过互通的云平台、

多样化的内容与服务，满足用户对智慧生活的个性化需求，并最终实现与人在情感层面的交流。

智能家居是华为消费者业务的主要战略方向之一，今后华为将在这一领域持续投入与耕耘。但同时，智能家居产业广阔，华为将依托以“连接”为主的核心能力，有所为，有所不为。

据余承东介绍，围绕连接，华为完整开放的生态体系包括三个层级：

在最顶层的云端：基于内容云、第三方云和服务云，华为可以为海量的终端用户提供安全稳定的数据服务。

在中间的控制和连接层：华为的家庭网络连接设备、智能路由器及OTT产品，支持多种连接制式，多种协议之间的转换，性能优异稳定；而华为提供的“通用语言”Hilink协议具有强大的兼容性、自组网能力，尤其是在开放的互联互通能力上具有绝对优势；与此同时，华为自主开发的操作系统Lite OS，以安全、可靠、低功耗、小体积、实时响应等特性给各种智能家居的开发和运行提供了统一的运行保障；华为自主研发的海思芯片，可以为智能家居提供更加灵活、更加强大、更加多元的芯片解决方案。

在智能单品层面：智能家居是IT技术、网络技术、控制技术向传统家电产业渗透发展的必然方向。华为不会做具体的智能家电类产品，但作为产业链中的重要角色之一，华为愿意开放操作系统（OS）与标准协议、终端软硬件能力、云平台能力，通过用户共享、数据共享、利益共享来和更多伙伴合作把智能家居产业做大，实现与产业链合作伙伴优势互补，共建开放的智能家居平台。与此同时，华为还可以实现合作伙伴产品与华为智能手机及可穿戴设备的全线互联互通与互动。

由于智能家居涉及的领域、厂商众多，并不是单一的解决方案，而一定是一个生态体系的建设。作为一家以连接起家的公司，华为最核心的能力是连接。围绕连接，华为将与合作伙伴一起构建一个完整开放的智能家居生态体系。目前，已经有智能家居产业链各环节的多家厂商有意向加入华为智能家居生态体系，相信未来会有更多合作伙伴加入到华为的智能家居生态里面来。

从做智能手机开始，华为对互联网或者智能硬件的产品都有着一份敬意，而更让人敬佩的是华为对这些领域还保持着好奇心，这份好奇心并不是口号，从华为的每一次对外发布会可以看出华为会从人性的角度出发，分析这个领域到底未来该如何去发展。华为能保持这份好奇心去做智能硬件领域包括未来的智能家居领域，最起码是一个公司战斗力的优质表现。

华为在智能家居领域的布局节奏，整体上也是有条不紊地展开的。在智能家居领域，华为的原则是不做家电，只做连接。这个原则能够让华为在整个家电领域获得更多品牌厂商的支持，也就是经常讲的团结大部分家电品牌。其实这是一个“互联网＋”的年代，很多家电品牌都开始投身自己的“互联网＋”建设，尤其是在智能家居领域的合作，华为会成为他们的首选合作方，因为很多互联网友商正在直接打造自己的智能家居品牌的家电产品，相当于和传统家电品牌直接宣战了。

我们欣喜地看到，这些年来，以通信起家的华为，除了做好智能手机、智能手表、智能手环、智能路由器，还在布局着自己的人工智能帝国。

2012 年 7 月，华为成立了诺亚方舟实验室，主要从事人工智能学习数据挖掘研究。

2014 年 10 月，诺亚方舟实验室的成果“迁移学习”的人工智能系统 MoKA 推出。

2015 年 4 月，华为手环 B2 正式发布，这款华为手环承载了华为对智能穿戴产品的创新和期望，将蓝牙通话与运动监测功能合二为一，开创了智能手环产品的全新品类。除了外观、功能和设计方面的特色以外，华为手环 B2 采用的 A+Gsensor 六轴传感器成为最为吸引笔者的重要方面之一。

在绝大多数智能穿戴设备的传感器还停留在三轴的时候，华为手环 B2 已经采用业界当前针对穿戴式精确度最高、业界最领先的 A+Gsensor 六轴传感器，配合华为的算法，精确实现多种运动状态的智能识别，而不需要在 APP 上做任何运动状态设定。其实六轴传感器的优势最直观的体现就是，当我要看时间的时候，只要将手臂抬起，B2 就会自动激活，显示当前时间，几秒钟以后自动熄灭，不再需要按电源键就可以知道时间，如果另外一只手刚巧提着重物，你就会感觉到六轴传感器的优势在哪里。

余承东介绍，华为手环 B2 还能在你久坐不动的时候，发出震动提醒你该起来活动一下，这种贴心正是穿戴设备所要带给人们体验的重要价值所在。这也体现了 B2 传感器和算法配合的精妙之处，很多手环无法区分用户到底是坐着还是将手环放在桌子上，B2 可以从你细小的动作中区分你当前的状态。华为手环 B2 的计步功能也非常准确，它可以在同步数据之后，精确到每次行走的时间、步数、距离以及消耗热量，用户可以自行计算步频。

其实，智能穿戴的背后就是传感器的比拼，相对于手机和 PC，智能穿戴的数据获取和输入不再通过键盘、触摸、鼠标等手工方式，多数是通过传感器与手机，获得来自于用户的声音、动作以及各种环境因素。这样才能解放用户的双手，让他们可以更加轻松地享受来自设备的服务，所以传感器对于智能穿戴设备来说是至关重要的。

在未来，智能穿戴设备的续航能力、识别度、人性化功能以及时尚设计等多个层面将会成为消费者选购的重要指标，华为手环 B2 正是能够很好地满足用户需求的一款产品。如果说其他厂商还处在智能穿戴时代的起跑阶段，华为手环 B2 已经开始提前加速，并引领智能时代。

2016 年 4 月，在华为 P9 发布会上，同时推出了华为首款 VR 产品——Huawei VR 手机盒子，对标三星的 Gear VR。

2016 年 5 月 10 日，华为发布了搭载 2K 高清屏技术的移动终端及专属虚拟现实眼镜，新 VR 眼镜提供了 0 至 700 度近视调节功能。华为还与优酷土豆合作，目前已有 150 多部 VR 片源可供消费者观看。华为正在稳步推进虚拟现实技术研发和市场布局。

2016 年 7 月，华为消费者业务与美的集团共同签署了“战略合作框架协议”，双方宣布将在智能家居领域建立密切的战略合作伙伴关系。双方将共同构建智能家居整体解决方案，给广大消费者提供更美好的智能家居体验。与此同时，双方还将在下一代物联网芯片、人工智能等领域展开深入合作。

余承东表示：**“随着科学技术的日新月异，智能化的极致体验将逐步改变更多的场景。华为与美的此次携手，将会把华为最强的连接能力、智能终端体验，以及美的深厚的家电领域经验注入智能家居领域，强强联合、优势互补，让家庭生活早日进入智能化时代。”**

据了解，此次合作是建立在华为与美的在技术、产品、品牌、渠道以及强大的用户基础之上，双方将积极拓展联合研发和产品互联，并在渠道、营销以及商业模式等方面开展全方位的深入合作。

未来，双方将推出支持华为 HiLink 协议的美的智能家电设备，逐步实现华为消费者业务全系列产品与美的全线智能家电的互联互通。

此次合作还使双方的优势渠道得以共享和互补，美的智能家居设备将进驻华为 Vmall 商城以及其他第三方平台，HiLink 相关解决方案也将在美的线下体验店进行联合展示，此举让消费者有更多机会体验到基于 HiLink 的智能家居创新产品。

对于未来智能家居的发展，余承东表示，从我们与合作伙伴的定义来看，2016 年华为智能家居可自动连接性、数据识别性、可操控性会有大的变化，做到自动化、可连接化、可控化，这方面会有本质性的飞跃，智能手机、电脑、智能手表、智能手环、智能冰箱、智能空调等智能硬件都智能起来，是一个真正智能化生活的愿景。对华为来说，智能家居未来的市场想象空间相当于再造一个全新的智能世界，但在人工智能化方面，华为还需要时间和产业链各方共同努力，进一步提升客户感知，推动智能家居市场健康、快速发展。

为用户提供全场景极致体验

人类的梦想和创新促进了社会进步，未来 10~20 年，科技创新将进一步改变人类生活。智能终端领域也是在不断创新，这就需要更好的智能终端产品来改变人们的生活。也就是说，未来智能终端将不断丰富和加强人类情感、需求的识别以及对外部环境的感知，成为人们生活方式中不可缺少的工具和伙伴。

任正非指出：**“未来 10 年智能终端将进入全联接时代，即围绕着工作、生活的全场景来展开，包括手机、可穿戴设备、车载、智能家居。目前，华为消费者业务已经据此进行了前瞻性的战略布局。而在这一浪潮中，华为消费者业务要坚持做一个‘长跑者’，坚持硬件和软件的创新，为用户提供全场景极致体验。”**

为此，华为将通过工业设计创新和关键技术创新，聚焦精品，持续打造设计时尚、领先创新、安全易用的高品质产品；通过构建应用和服务的生态系统，围绕个人健康与生活、工作、家庭、出行等各种场景，提供手机、智能手表、智能终端等产品和服务，聚焦端云协同，携手打造更美好的全场景体验，与用户建立长期情感联结；为全球用户提供 O2O 的购买体验和服务，全方位提升用户体验。

在余承东看来，终端产品是个人消费品，有设计感、有材质、有文化和时尚的元素。华为在未来不能只做低端的、低附加值的产品，而是要做一些更高附加值的产品，华为要从中国的廉价电子产品进入到高端品这个领域。未来，华为智能终端全场景连接将呈现三个场景：

一是个人场景，即围绕个人场景下的随身携带或者是佩戴的智能终端。智能手表、平板电脑、MateBook 以及更多形态的以随身携带的智能终端设备为主的产品，都属于这个场景中的产品。

二是家庭场景，即用户整个家庭环境下和家庭场景下的智能终端。2016 年 5 月，华为发布了一个智能家庭的战略，核心目的是通过智能终端和设备，让消费者工作和生活更舒适。内容包括路由器、芯片、操作系统及 Hilink 协议标准、OTT 盒子以及更多的家居智能产品。

三是车的场景，内容包括智能驾驶、辅助驾驶等一系列的车联网相关芯片、技术、协议与模块化产品。这一块儿主要做车的连接，3G、4G 以及 5G 的相关通信技术与协议都有涉及。目前一些模块化产品，已经被奥迪、奔驰等汽车制造商所采用，这对以后统一标准很重要。

基于这三种场景以及背后统一的云平台，未来不管有什么样的硬件终端与硬件设备，不管形态怎么变化，都是在这个基础上进行的，最终目的就是全场景覆盖用户，也就是“智能终端全场景连接”。这是未来“万物互联”(IOT) 其中的一种体现方式，如同“工业 4.0”与“中国制造 2025”，华为对于“万物互联”具体描述则是“智能终端全场景连接”这种形态。可见，这个战略是切入未来的物联网的，三大场景都是围绕人、物与连接。

目前全世界的移动互联网用户、移动宽带用户约为 20 亿，无论是人还是“物”或设备，联接已经成为常态，成为一种与水、电一样的基本需求，但这只是一个开端。人们对于联接速度、品质，包括简单易用、自由分享等方面的需求，还远远没有得到满足，未来的需求会更加强劲。

在日常联接方面，华为认为对情感联接的需求、对个性化的通信需求会成为主流。信息联接、社交媒体、远程通信，尤其是大数据、云计算等技术，把社会上一个个信息孤岛联接起来，形成一个整体。在华为看来，由此呈现出来的价值是非常巨大的，信息的联接、整合以及群体智慧的发挥，使得一个原本微不足道的企业也有可能改变市场格局。

华为预计，到 2025 年智能手机用户将达到 80 亿，有 65 亿人可以随时随地接入互联网、1000 亿级终端相互联接，这意味着物理网络联接承载的流量会持续呈现爆发式的增长。4K 电视已经出现，那么未来 4K 屏幕的手机，乃至清晰度更高的各种手持终端和电视都会陆续进入人们的生活，于是人们需要的带宽也会从十几兆、几十兆增加到上百兆。

在 MateBook 的发布会上，华为提出了一个新概念叫作“智能终端全场景连接”，这个也应该是接下来华为的重点战略。从表面意思来看，华为是想实现移动互联网智能终端的所有用户使用场景全覆盖，这大概也是其笔记本产品设计成二合一形态的一个原因。因为这种形态的产品，可以兼顾办公与娱乐中的多个场景。

MateBook 则是以终端场景来定义产品，华为生产的所有设备都是基于各种人与互联网连接场景下的无限延伸。华为的梦想是建立全球领先的被消费者喜爱的智能终端的品牌。从这句话中可以看出，华为终端产品的形态会越来越多，也包括更多的可穿戴产品。这意味着以后会有更多产品形态，也意味着华为未来移动产品的丰富性。这种以场景定义产品的新方式，也将成为“万物互联”时代新的产品标准，从而衍生出更合适的商业模式。

冲刺世界第一

2015 年，在华为手机成功实现全球三强之后，又确立了到 2020 年消费者业务销售收入达到 1000 亿美元，力争成为全球最大智能手机厂商的目标，这就是华为实现战略突破以后迎来的新发展高度。

2016 年 1 月 13 日，任正非在华为市场工作大会上明确提出：“我们一定要立足打造中高端品牌，通过中高端带动中低端的销售，我们要抓住当前 4K 和 4G 机会窗，聚集力量，密集投资，饱和攻击，扑上去，撕开它，纵深发展，横向扩张，把终端做大、做强。”

任正非还一再强调：**“终端要有战略耐性，要耐得住寂寞。如果你们匆匆忙忙发展，可能因为一个零件问题，这批手机几十万部、几百万部出问题，就会毁了整个终端公司，有时很难再爬起来。所以我们还是要踏踏实实，控制欲望、控制合理发展速度，‘鸡血’沸腾一定是犯错误的前兆。”**

面对未来 5 年 1000 亿美元的增长目标，余承东清醒地看到现阶段自身能力的巨大差距，同时也兴奋地感受到巨大的历史机遇面前大家的昂扬斗志。是的，华为终端人向来无惧挑战，追求的高度决定了华为终端走向崛起的道路注定不平凡。

那么，华为终端到 2020 年如何实现 1000 亿美元销售目标和全球最大的智能手机厂商的目标?

余承东表示，在组织层面，加快粗放经营向精细化管理的转身，提升整体运营效率。围绕大国战略，华为终端将强化片区化运作，让更多热血志士下沉至国家，调动千军万马上战场，有效支撑一线作战。布阵点兵是各个团队的首要任务，一方面，要精兵不要人海，提高人员素质而非数量，将人力配置在核心能力岗位上。对于不满足岗位要求、不主动学习进步、滥竽充数的人坚决淘汰；另一方面，精减组织层级，减少不必要的决策流程尤其是不增值的环节，强调责任导向。对于日常工作中人浮于事的做法和行为，大家要敢于直面问题并迅速改进。

在干部方面，余承东要求华为终端各级主管务必形成带头示范作用，对自己高标准、严要求。向内看，终端负责人要主动巡店、站店去直面消费者，落实每个细节的改进。转身一定要快，历史贡献不能成为今天的一劳永逸，不断学习才有可能跟上业务发展的节奏！跟不上的须主动腾出岗位给到承担更大挑战的人，不进则退，干部要能上能下。

华为消费者业务将着眼全球宏大目标，吸纳行业顶尖人才。为构筑全球领先的竞争力，打造一流国际化的品牌，今后，华为消费者业务将在全球层面及重点国家广纳贤才，吸引更多的品牌营销、渠道零售领域的业界专家加盟，补齐华为终端零售、渠道、品牌营销等能力短板。如 2016 年 8 月 1 日，原三星电子的高管何鸿略加盟华为，担任华为消费者业务大中华区副总裁，分管港澳台地区的终端业务。同时，华为能够为业内优秀的人才提供广阔的舞台，人尽其才，才尽其用。

坚持实施高端精品战略，以有意义的创新领跑市场。华为消费者业务的持续稳健增长，得益于华为在研发领域的不断投入和创新，以及在产品、渠道和品牌方面的全面突破。

创新是一场“长跑”。在硬件和软件上的创新，华为更汇聚了全球最优秀的智慧。目前，华为在全球拥有16个研发中心，希望把全球顶级的资源聚集在一起，构建全球的创新能力，为消费者打造最极致的产品和服务。

华为是全球5G网络标准的制定者，华为于2009年开始研究5G技术，目前已经推出了5G原型机，在ITU等组织中，大量参与5G的标准制定工作。

华为Mate 9旗舰手机发布，引起全球的高度关注，开创了国产高端智能手机的新纪元。

不难看出，华为正竭力占据高端市场，欲打破长期以来被苹果和三星把持高端的局面。可谓“司马昭之心，路人皆知”。而华为想要赶超这两大巨头，在高端智能手机市场占有一席之地却并不容易。但对华为来说，如今也许是最好的时机。

Note 7深陷爆炸门困扰的三星，正忙着在全球范围内召回所有三星Note 7手机，这意味着这一段时间内，智能手机高端市场将有很大一部分空缺需要填补。并且，受此影响，三星正遭遇历史上最大的用户信任危机，何时能摆脱困境恢复元气还很难说。

另外，如今苹果的颠覆性创新不再，苹果7被指“毫无创新”，其业绩已有明显下滑迹象。此时，正是超越苹果和三星的绝佳时机。

毫无疑问，华为Mate 9的发布，不难看出华为向高端市场进军并打败苹果和三星的信心和野心。

余承东表示：“华为的目标是在2020年成为全球最大的智能手机厂商。我们希望成为世界头号智能手机制造商。这是一场长跑比赛，而我们很有耐心。我们会脚踏实地，做挑战自我的长跑者！”

任正非说：**“‘脚踏实地，做挑战自我的长跑者’，你们这个口**

号提得很好。你们是在长跑，耐着性子跑，总会跑赢，人们最终会知道你的产品质量好。就像华为公司这只‘乌龟’，没有别人那样跑得快，但坚持爬了30年，也爬到行业世界领先。”

对于追求卓越的华为来说，绝对不会由于沿途美丽的风景而停下脚步，既然选择了远方，那就发扬马拉松精神，充分释放每一个人的能量，风雨兼程。超越竞争对手，只是一个过程，而不是最终手段和目的，华为的最终目的很简单，就是成为消费者最喜爱的智能终端品牌。

第十一章

转型升级：拥抱云时代

如今，面对全球数字化转型的浪潮，所有的企业都期望成为一个数字化的企业，实现数字化运营。华为将拥抱云，融入云，通过有竞争力的产品、开放的架构和 API，构筑开放多样的云生态，加速数字化转型，为合作伙伴提供便利。

——任正非

化“云”为“雨”

近年来，“云来了”已经成为业界的共识，我们可以看到，云计算正在不断打破传统的技术局限，越来越多的行业都在积极探索和实践云的技术。无论是企业还是政府，都处在谋求转变经济发展方式、加快推进产业转型升级的关键时刻，为此，华为也为客户提供了全面、务实的云数据中心解决方案，力图成为企业 IT 基础设施云架构的倡导者、推动者和领导者。

数字化水平将决定企业、组织乃至国家的未来竞争力，这在全球范围内都是共识，甚至是常识。借助宽带互联网、云计算、物联网、大数据等信息技术，提升各个行业、政府、企业的信息化和智能化水平，让实体产业、实体经济构建面向未来的竞争力，正在成为世界各国的国家战略，其中基础设施是基础中的基础，是一切应用的基础。其中蕴含着巨大的产业机遇。作为全球领先的信息与通信解决方案供应商，华为当然不会错过这个千载难逢的机会。

任正非指出：**“如今，面对全球数字化转型的浪潮，所有的企业都期望成为一个数字化的企业，实现数字化运营。华为将拥抱云，融入云，通过有竞争力的产品、开放的架构和 API，构筑开放多样的云**

生态，加速数字化转型，为合作伙伴提供便利。”

2008 年，华为开始布局云计算，2010 年 11 月 29 日，华为在北京向全球发布云计算战略及端到端的解决方案，并启动“云帆计划”，正式进军云计算领域。

自 2014 年 7 月 30 日，华为正式发布企业云战略以来，将目光聚焦在面向未来的云计算数据中心解决方案，包括服务器、存储、数据中心网络、云操作系统以及云管理等基础产品建设上。同时，华为企业云加快市场拓展步伐，经过多年努力，华为在服务器、存储、虚拟化、云计算、大数据平台都相继推出了有竞争力的产品。

而对华为来说，ICT 行业成长也决定着华为的未来。2016 年 6 月，任正非在全国科技创新大会上的报告中提到，华为 2020 年销售收入要超过 1500 亿美元。华为 2015 年的年收入是 608 亿美元，这意味着未来 5 年华为要实现 900 亿美元的增长。如果真的实现了，那么华为的增长速度将再让世人震惊。

华为能做到吗？从目前的发展势头来看，华为未来 5 年增长 900 亿美元的目标是有可能实现的。正如任正非所说，4K/2K/4G 和企业政府对云服务的需求，使网络及数据中心出现了战略机会，这是华为的重大机会窗，华为要敢于在这个战略机会窗开启的时期，聚集力量，密集投资，饱和攻击。扑上去，撕开它，纵深发展，横向扩张。

不难看到，任正非之所以能提出看似有点不可能的任务，原因就在于当前正是智能社会发展初始之时，再结合华为的 ICT 战略，将有可能创造更大的 ICT 风口。

今天，华为对云计算的投入已经成为华为历史上最重要的战略之一。但更重要的是，ICT 飓风带动智能社会的建设，这正是科技改变世界、创造新生活的本来方向，华为这更是借势造势，带动产业发展。

在2016年华为全联接大会上，华为轮值CEO胡厚崑提出了“云2.0时代，行业云将兴起”的云方向，并且布局了更为务实的“化云为雨”ICT战略。他认为，这是ICT行业、云未来发展的创新式思考，也是华为与产业实现云共赢的基础。

在云2.0时代，云的影响远远超过技术本身，还影响了商业模式和人的思维模式，引发了一系列商业革命。

胡厚崑认为：**“过去10年，谷歌、亚马逊、滴滴、Airbnb等是‘生于云的一代’，它们开创了敏捷创新、体验好、低成本的云1.0时代，利用云技术、云架构实现了资源共享，利用移动互联网技术更好地联接客户，即使在酒店、出租车等传统行业中，创造了颠覆性的商业模式。亚马逊、滴滴们基于云而有了颠覆性力量唤醒了各行各业，下一个10年，将是云2.0时代，企业是云化的主角，各行各业将在云中成长，各种行业云也将兴起。”**

据华为预计，到2025年，所有企业都会用到云的技术、云的模式，85%以上企业应用会被部署到云上。企业都会结合核心业务，探索最适合的云化解决方案。

未来企业业务市场规模将会超过运营商业务市场，而且是一个多元化市场，胡厚崑认为，云计算业务增长速度将会超过其他业务。帮助企业探索最适合的云化解决方案，这正是华为在云2.0时代的主攻方向，华为的定位就是要成为智能社会的使能者与推动者。

胡厚崑表示，华为有信心做好创新的云技术提供者，这个底气来自华为多年来积累的技术和创新能力。“但华为最大的信心来自华为以客户为中心的企业文化。30年来，这种价值观成了华为的DNA和华为员工的最高行动指南。”

任正非指出，**华为作为技术提供者，不能总想着用一把钥匙开不**

同的锁。所谓以客户为中心，就是接地气，愿意向客户学习，愿意真正沉下心去理解各行各业特点，把握业务特点带来的不同需求，并用创新的云技术和解决方案去匹配，做到“按需应变”。

事实也是如此，云 2.0 时代用户的需求更千变万化，不仅需要企业的技术能力，更需要企业的服务能力，在这方面，华为的实力已经毋庸置疑。

在任正非看来，云计算已经发展多年，与早年的“高耸云端”相比，这几年云计算已经开始能够被触摸、被感知。但是，在未来的云2.0时代，更重要的还需要“化云为雨”，要让云为业务创造价值。实现化云为雨，不仅要大胆构想，更要小步快跑。

具体而言，华为有三个实现化云为雨的途径。首先，要重塑观念，重新认识 ICT 的作用，企业要把信息技术从辅助性技术上升为生产技术，大胆利用技术重新设计生产流程；其次，重构人才，掌握以云为基础的信息技术应成为基本技能；最后，是小步快跑，用循序渐进的成功建立持久的信心。

企业是云化的主角，华为就是坚持以客户为中心，深入理解客户需求，再用创新的技术去匹配。

化云为雨，这不仅是华为的思考与努力，其实也应该成为全行业的共同目标。只有更加务实，从观念、人才、战略上切实发力，才能带动智能社会的尽快发展。

2015 年年初，国务院发布了《关于促进云计算创新发展培育信息产业新业态的意见》，要求加大采购云计算服务的力度，积极开展试点示范，探索基于云计算的政务信息化建设运行新机制。不难看出，推动地方政府政务电子信息产业发展对地市未来的发展具有十分重要的战略意义。

以浙江省嘉兴市为例，嘉兴一直都非常重视信息化建设，信息化建设项目越来越多，程度也越来越高。但是这些项目都分散在各个部门，条线分割，就像各自的烟囱一样，互不相连。同时各个部门都分别建设自己的网站和机房。据统计，目前部分计算机的一些资源的利用率还不到20%。各个部门要花很多的人力、精力，去管理各自的信息化项目，维护人员水平参差不齐，给信息系统的运行造成了很大的隐患。

为了解决这些现有隐患，嘉兴开始引入云计算技术，以购买服务的方式建设政务云。通过统筹规划，嘉兴按照“一中心四个平台”的思路执行，一中心就是政务云数据中心，围绕这个中心，构架网络融合平台、信息共享平台、应用承载平台、安全保障平台四个平台。采用了华为 SD-DC2 分布式云数据中心的架构，现在拥有嘉兴主生产中心和海宁分中心两个同城双活资源池，逐步形成一个两地三中心的架构。使用华为 ManageOne 云管平台，根据局委办的业务场景，划不同的 VDC 来匹配需求；通过华为 FusionSphere 操作系统来动态地分配资源，以按需使用资源。

在云服务转型过程中，关键业务的数据迁移问题一直都是关键。如果在云服务系统中，没有包含关键业务和数据，那么，这样的云服务便是一朵“浮云”，飘在空中。

为了避免这种现象，实现“化云为雨”，嘉兴通过强有力的组织机制保障，凭借嘉兴电信和华为全流程服务的全力支撑，成功将市场监管局、社保局等一批核心关键业务系统迁移上云，建一片市县共有、有雨、持续地下雨的云。目前已经有 28 个部门的 35 项业务系统上云，2015 年初步估算就节约了 1000 多万元。

据了解，嘉兴的云服务落地后，不但节约了支出成本，业务上线的时间也更快了。同时，系统性能的提升，让政府部门的工作效率得到了提高，没有再出现因为系统故障而无法办理业务等情况。

利用云计算与大数据的技术，用户可以实现数据的互联互通、共享共治。目前，嘉兴通过政务服务网逐步打通多个委办局数据共享，努力实现行政权力和公共服务的网上“一站式”办理、“一网运行”，让数据跑腿替代人跑腿，让市民办理业务的时间大大缩短。

如今，嘉兴政务云的落地，已经走出了“互联网+政务”的全新模式。嘉兴市政府、嘉兴电信和华为三方组建的联合团队紧密合作，使得嘉兴这朵政务云成为真正“持续有雨、润泽民生”的云。

嘉兴云服务一经落地运行后，便引来全国各地来学习、取经者。中国电信嘉兴分公司也携手华为联合发布了“互联网＋政务”样板点，成为嘉兴云对外展示的窗口。

截至 2016 年，华为云数据中心解决方案已服务于全球 40 多个国家和地区，已建设 830 个数据中心，其中包含 420 个云数据中心，覆盖政府和公共事业、电信、能源、金融、交通、医疗、教育、广电、媒资、制造业等主流行业。自华为云战略发布以来，华为推出了分布式云数据中心解决方案 SD-DC2、私有云灾备解决方案等创新的 IT 产品和解决方案。

华为的云战略定位，就是坚持以客户为中心，聚焦 ICT 基础设施，做创新云技术的提供者，成为数字社会和智能社会发展进程的推动者。

“一站式”服务助力运营商转型

当前，针对滚滚而来的电信运营商数字化转型浪潮，实施网络虚拟化、IT 云化基础设施转型和数字商业战略已成全球性趋势。业界将关注的重点集中在转型的具体策略上。但在这一过程中，电信运营商正面临来自成本、技术等多方面压力，转型复杂度亦大幅提升，迫切需要跨 IT 与 CT、端到端全环节的一站式管理服务，助力其数字化转型成功。华为 ICT 管理服务端到端助力运营商转型，拓展云市场。

任正非认为，**展望下一个 10 年，将迎来云 2.0 时代，企业成为云化的主角。此时，各行各业将在云中成长，各种行业云也将兴起。与此相应，正如中国工程院院士邬贺铨在演讲中所说，运营商的服务要从管道扩展到云端，从面向消费者扩展到面向产业应用，成为云服务提供商。与此同时，面向企业级客户的公有云服务将在运营商的业务构成中稳步增长，但同时竞争也会非常激烈。**

云 2.0 是实现运营商数字化转型的必然趋势和方向，其核心在于从硬件到软件的资源化、服务化和全自动化，为电信运营商提供了在消费者市场以外的巨大的“蛋糕”，巨大的行业细分市场的云化机会空前巨大。根据华为的预计，到 2025 年所有企业都会应用到云的技术、云的模式，85% 以上企业应用都会被部署到云上。在这一趋势下，企业都会结合核心业务，探索最适合的云化解决方案。目前，正如工业和信息化部部长苗圩所说，运营商正在面向以互联网为主要动力的未来市场需求，推进云计算应用，解决传统 IT 设施运营成本高、资源利用率低、运维难度大等问题。

对于电信运营商而言，如何拥抱云，进而为企业级客户提供最适合的云服务，成为在云 2.0 时代实现商业成功的关键。对此，任正非指出，**运营商在推进云转型的过程中要注意三点：第一，要把控技术发展趋势，统筹演进同时兼顾重点；第二，要注重构建多方共赢的生态环境，产业链上下游共同努力构建可靠、稳定、易维护的能力平台；第三，要保障信息安全，重构管理体系。**

工信部信息通信发展司副司长陈立东特别强调，信息安全是底线，同时要顺应云化所带来的创新、运营和管理等各个方面的调整和改变。

传统的CT服务优势，是电信运营商拓展云服务市场的差异化优势。从这一优势出发，不断完善综合的ICT云服务能力，电信运营商就有望在云2.0时代大显身手。

事实上，华为携手电信运营商目前已经在公有云市场展开了一系列积极的尝试，并赢得了诸多企业客户的青睐。例如，德国电信携手华为，面向奔驰、宝马、蒂森克虏伯乃至欧洲核能委员会等大型企业和机构，在之前为它们提供通信服务的基础上，逐步从IT转售、IT代维等开始做起，并扩展到今天的公有云服务。针对客户诉求，德国电信的公有云具备简单、安全和可负担得起这三个特征，显著区别于以亚马逊为代表的互联网企业的云服务。对此，任正非表示，首先在简单上，有别于企业级客户需要主动去适应亚马逊的云服务，德国电信的云服务是主动适配客户需求的，帮助其将传统应用简单、快速地迁移到云上；其次在安全上，华为与德国电信针对欧洲本土的法律法规要求，开发了很多安全功能，以此来保护客户的数据安全以及业务安全；最后可负担得起不仅仅是指服务费用，还包括时间成本、维护成本，华为联合德国电信为云服务的开通提供了便捷的流程，让企业在享受云服务带来的低成本优势的同时，付出更低的时间成本、维护成本等。

目前，华为携手电信运营商展开的云合作日益广泛。据悉，华为已与西班牙电信联合发布了公有云，与中国电信合作一起发布了天翼云……这份合作名单，显然会不断增多。

正如国家863计划监督委员会副主任、中国通信协会副理事长、中科院院士邬贺铨所说，电信运营商要实现构建智能管道、转型为云服务提供商、拓展业务空间的目标，离不开强大的云平台的建设。而眼下，电信运营商的云平台的建设正是发力P层、“使能P层”的时候。

“使能P层”是电信运营商数字化转型的加速器。云时代，运营商要为应用开发构建出一套完善的环境并提供“一站式”服务，同时积极调整网络结构和资源使用方式，离不开为这种能力提供长久的底层支撑的P层，“P层使能”势在必行。运营商在PaaS层平台的支撑下会提升其业务敏捷度和创新活力，而且可以帮助运营商建设属于自己的业务生态体系，从而挖掘云计算为运营商带来的新的价值增长点，助力其实现商业转型。

针对“使能P层”，华为推出了面向行业应用开发的FusionStage云平台，目前已经升级到了2.0版本。据华为数据中心全球营销部部长王丰介绍，FusionStage 2.0版本能够给客户提供一个新的PaaS平台，包括分布式的数据库、container容器以及其他一些管理、开放维护的新特性；通过引入大数据技术，FusionStage 2.0能够为包括运营商在内的客户提供软件开发、测试的云平台，帮助客户进行云2.0时代的业务和应用探索。

2016年10月，瑞士第二大运营商Sunrise与华为签署了为期5年的ICT管理服务合同，其中有两点值得注意的地方。一是此次签约为上一个5年期合同的提前续约，从侧面反映了华为管理服务的效果极佳；二是合作的范围由电信网络扩大到了IT领域，包括数据中心和办公IT，标志着华为在IT领域的快速投资取得了重大进展，具有里程碑式的意义。

根据双方签署的协议，华为将为Sunrise提供一系列综合服务，涵盖电信网络运维、IT基础设施运维、一线代维以及备件管理服务。

Sunrise与华为的合作最早可以追溯到2009年，在2012年首次签署了5年期的电信网络管理服务合同。经过过去4年的持续卓越服务，华为帮助Sunrise显著提升了网络质量，也赢得了客户的认可。

2013 年 12 月 5 日，欧洲 *Connect* 杂志正式发布当年度“The Great Mobile Network Test”结果，Sunrise 获得 405 分，比上一年提升 49 分，在来自德国、澳大利亚、瑞士的 11 家运营商中排名第五，并在瑞士 3 家运营商中排名第二，网络评级也上升为“Good”；在最重要的一个项目“Telephony in the City”中，Sunrise 获得了与瑞士电信（Swisscom）相同的成绩，成为当年度瑞士通信市场最大赢家。Sunrise 为此在苏黎世湖畔放飞了 3 万个彩色气球作为庆祝。

2014 年 12 月，Sunrise *Connect* P3 评测成绩提高 86 分，网络级别上升为“Very Good”；到 2015 年，Sunrise 的 P3 评测成绩三年累计提升了 92 分，语音位列德语区三国第一，实现了注册用户数、APRU 值、净推荐值的持续增强。

另外，Sunrise 面临网络和业务的转型，有着加快向数字化、云化迈进的诉求。而华为基于在服务和 IT 领域的投资，能够为 Sunrise 带来三方面价值：一是更好的质量保障、更优的运维效率、更显著的成本优化；二是跨 IT 与 CT 的端到端业务保障；三是在转型过程中从顶层设计到具体业务的咨询及经验共享。

华为全球技术服务部管理服务与网络保障营销运作部部长高翔认为：“当前阶段，Sunrise 的 IT 运维还存在一些挑战和痛点，诸如成本、质量和可视化。华为接网之后，首先会保证当前的网络和业务不受影响，同时持续推动标准化、自动化的运维转型，这是第一阶段；第二阶段，我们会进一步推动 ICT 融合运维，包括网络层面的融合和运维流程上的拉通；第三阶段，将以 DevOps 运维模式支撑客户拓展企业业务，成为数字商业的使能者。”

一边是人口红利渐逝、传统业务遭到冲击、流量营收存在“剪刀差”；一边是数字商业下视频、垂直行业、物联网等新的市场逐渐成形，随着数字世界与现实世界融合进程不断加快，越来越多电信运营商将数字化转型视作出路。

这样的转型并非 IT 与 CT 的简单叠加，而是两者间的统一和融合，由此对运维也提出了更高的要求——特别是未来的网络都将彻底转型为“以数据中心为中心”的架构，所有的网络功能和业务应用都运行在云数据中心上。在此背景下，运营商需要的已经不再是单纯的管理服务供应商，而是可以提供跨 IT 与 CT 一站式服务的战略合作伙伴。

正如华为轮值 CEO 徐直军所言，“要成为 ICT 行业的领导者，首先要成为一家 IT 公司”。华为管理服务近年来在 IT 领域持续投入、不断创新，迅速形成了从集成到运维、从产品到服务的全方位竞争力。

在云 2.0 时代，运营商的运维诉求从原本的“效率和成本”转向更为关注“基础设施云化改造和商业牵引的应用转型”。而华为管理服务的焦点亦逐步从传统移动、固网网络管理服务向 IT 与 CT 融合运维演进，其 IT 运维管理服务通过自动化工具实现标准化、自动化、集中化 / 远程化的运维，帮助运营商提升运维效率；IT 转型管理服务帮助运营商的 IT 向集中化、虚拟化和基于云计算的架构转型，实现敏捷 IT 以及 IT 的整体支出可控、可管。

“运营商或多或少已经开始将网络外包出去，全球 295 张网络中有 155 张选择了外包，比例达到 55%。华为希望能更多地参与到运营商的运维运营活动当中，成为其战略合作伙伴。”在高翔看来，华为管理服务的优势就在于既有产品又有服务、既懂 IT 也懂 CT，从而能够为运营商提供“从前端的咨询到电信网络集成、IT 基础设施集成，再到最后 ICT”的统一运维，带来端到端的质量保障、管理复杂度、新的商业增长、卓越运维、使能商业敏捷五大价值。

“工欲善其事，必先利其器”。OWS 平台是华为 ICT 管理服务的使能平台，并基于其独特的架构属性、业务设计来逐步实现面向软件定义运维的转型，具备端到端监控、全自动化、实时数据分析、DevOps 生态建设的特征。高翔举例说，基于微服务的架构，它将 IT 和业务解耦，支持在线开发和自动化部署，让非 IT 的运维人员也能自开发 / 自编排 APP：只要 2 小时，一名技术很初级的员工就能开发一款 APP，管好备件。

2016 年 9 月 30 日，在第十届全球管理服务大会（MSWC 2016）上，华为凭借 OWS 荣获“管理服务最佳创新奖”（Best Managed Services Innovation Award），同时因与丹麦 TDC 在“丹麦最佳体验网络”管理服务项目上的成功合作荣获“最佳管理服务合作伙伴奖”（Best Managed Services Partnership Award）。

作为双引擎之一，华为专业服务已经是运营商业务第二大产品线，2015 年销售收入 120.6 亿美元，近 5 年复合增长率达 19%，占比运营商业务总收入的 33%。其中，管理服务亦拥有相当重要的地位，无论市场份额还是方案能力，都得到了运营商和业界的广泛认可。

其实，在 2014 年，华为在电信网络管理服务领域已经迈入领导者行列，在此基础上大力投资和发展 IT 领域运维能力，包括建设运维云平台和投资“四位一体”云开放实验室、迪拜管理服务能力中心等，并逐步拉通端到端的管理服务，助力运营商数字化转型。到 2016 年上是半年，华为累计签订 480 多个管理服务合同，其中 ICT 管理服务合同近 20 个，服务全球 TOP30 运营收中的 23 家，管理 92 个国家的 160 多张网络；根据 ABI Research 数据，华为覆盖了全球管理服务 30% 的市场份额，在 IT 外包领域年复合增长率高达 75.6%。

与瑞士 Sunrise 签署 ICT 管理服务合同对华为管理服务而言亦是一个新的起点。因为，瑞士是全球人均收入最高的国家之一，在电信领域亦属高端市场；同时其电信安全、劳工保护等方方面面的监管都极为严格。华为 ICT 管理服务能够突破瑞士市场并获得 Sunrise CEO 的认可与背书，无疑打开了一扇新的大门，对其 ICT 管理服务的全球影响力将有积极促进作用。后续，华为将与 Sunrise 进一步筹建 ICT 管理服务样板点以辐射全球。

对于电信运营商而言，华为显然是最了解他们的合作伙伴。在“使能 P 层”上，华为虽然是一个新进入者，但却拥有不少优势。例如，过去数年华为一直在基础技术领域通过 2012 实验室等进行投入，这构成了其在 PaaS 平台上的独特技术优势。与此同时，华为积极参与开源社区并向开源社区回馈自己的贡献，致力于构建开放合作的生态，从而帮助开源软件通过云平台实现商业化运营，提供给客户商业化的开放软件和“一站式”服务，助力运营商成功转型。

“云、管、端”一体化

为满足广大客户的需求，华为自 2010 年正式进军云计算领域，并推出了“云、管、端”一体化战略，从业务云、接入网管、终端端、播控管理端四个层面帮助客户完成转型。

华为云战略的定位是以客户为中心，聚焦 ICT 基础设施，提供创新的云技术；成为客户优选的伙伴；积极参与云生态建设，从而成为智能社会的使能者与推动者。

任正非认为：**“未来，所有人和物都能感知环境，成为智能世界的入口。电脑与人的距离越来越近，从大型机时代的几千米、PC 机时代的几米，到智能手机时代的几厘米，再到可穿戴的几毫米。最后，可植入的智能芯片将使人机融为一体。5~10 年，将出现各式各样的多场景、自适应的智能终端，智能手机只是其中一种。”**

光缆和无线网络提供无处不在的超宽带、低时延的连接。在4G移动网络条件下，理论上可达到50毫秒的时延，这个速度对于网络运行VR、AR类应用还不够快，所以玩Pokemon GO时，往往是看到了小精灵，就是抓不住！在即将到来的5G时代，理论上网络时延可以达到1毫秒，今天无法实现的很多应用，都有希望实现了。到那时，分布全球而又相互连接的计算机，汇聚了人类社会海量信息，在云端生成了一个“数字大脑”。它实时进化，永不衰老。人和机器可以通过超宽带连接和智能终端调用它的智慧。自动驾驶、智慧医疗以及大部分人类脑力活动会在“数字大脑”协助下变得更高效。

基于这些理解和假设，华为一直致力于打造智能社会的“云、管、端”技术架构，这也正是华为重点投入的战略方向。

实施“云、管、端”一体化战略5年来，华为云计算业务在IT市场实现了质的飞跃。截至2015年年底，华为已拥有500多家云计算合作伙伴，公有云应用、开发、服务伙伴已超过万家，服务于全球108个国家和地区超过2500家客户，覆盖政府及公共事业、运营商、能源、金融等行业，全球累计部署超过140万台虚拟机。

20多年来，华为坚持“以客户为中心”，凭借雄厚的软硬件研发实力和可靠的质量保证，从产品端到端自主研发，确保提供的云服务安全、稳定、可靠数据中立，上不碰应用，下不碰数据，永不进行数据变现计算、存储、网络、安全，全方位支撑，产品架构健全，为每个用户提供虚拟私有网络环境、数据副本，保障数据不丢失，提供多项安全技术帮助客户抵御来自互联网的攻击和入侵。

华为轮值CEO徐直军表示：**“华为未来战略和主要投资方向是聚焦在管道体系。我们拿中国的水系来做比喻，我们的终端是水龙头，水龙头一扭水就能出来。打开水龙头不流水的终端我们不做。水龙头**

更便宜，水更容易流出来，水龙头更多，就可以把管道撑大。我们这个企业网络就相当于支流和城市的水管网络，这个管网做得越好，把水就收到支流上去了。移动宽带、固定宽带，我们就认为是长江、黄河，数据中心解决方案就相当于洞庭湖，我们骨干网解决方案这些就相当于太平洋。所以华为聚焦在做承载水的管道体系，企业业务、终端业务从严格意义上讲也不是新业务，它们都是华为管道体系中不可或缺的部分。”

华为云计算有三大市场，运营商、企业市场和私有云市场。运营商包括消费市场和企业的市场，华为为运营商提供多重方案，帮助运营商转型，体会到云计算应用，运营商本身的挑战很大，华为的最大客户就是运营商，华为研发的东西是要给运营商来用的，各个运营商都有不同的需求。运营商牵扯跟互联网业的冲突，因此运营商也在转型。运营商发展需要多种技术，华为就为他们提供各种技术，满足各方面的需求。

华为不只是帮助运营商转型，同时也跟着运营商一起转型。因此，转型就面临很多挑战，更主要的不是技术上的挑战，而是运营商本身的挑战。运营商总是想往上走，它的技术、体系、传统模式、现有设备都面临着挑战，于是，华为就跟运营商一起来想办法帮助他们加速转型。

现在，华为在终端领域推出了智能手机、移动宽带产品、平板电脑、穿戴产品、家庭多媒体终端在内的融合类产品，随着华为终端销量的持续上升，其终端产品已经渗透到很多消费者的日常生活之中。借助终端的用户，华为可以通过后台的“云”以及网络“管道”为终端消费者带去更多更丰富的服务。

在 IT 领域，像华为这样业务遍及云端，网络“管道”和终端领域的企业并不多。以苹果为例，苹果虽然在终端领域非常强势，但是在“管道”领域并不具备优势。华为的“云、管、端”一体化战略能够实现充分的业务协同，体现出综合性竞争力。

在存储方面，华为是后来者居上，一直保持着高速发展的势头。从存储市场整体来看，近几年来，华为存储以全球唯一的两位数增长幅度位列收入增长率第一，市场发货套数中国第一，高端存储进入Gartner报告第一集团。此外在2014年8月，华为存储成为首批进入全闪存阵列魔力四象限的存储厂商。

华为在存储领域依托长期积累形成的核心技术不断创新，并以“存以智用，融以致远”创新理念来指导华为存储产品的发展。正如华为存储产品线总裁范瑞琦所说：“目前，软件定义存储是整个行业的热点，但华为更愿意强调Service Driven Storage，我们认为存储的架构设计和演进应该是以客户的业务需求为驱动的。可以这样讲，软件定义是手段，而真正的目的是要实现在业务驱动下，数据发挥最大的价值。计算如云，数据如水，华为OceanStor融合存储，让流动的数据产生更大的价值，帮助企业实现商业成功，真正做到精简IT，敏捷商道。”

从华为的数据中心布局来看，显然公有云将在企业IT服务中占据重要角色，在这基础之上，混合云服务也逐步延伸至云生态产业链中。作为中国第一朵BIM云，上海中心BIM云即是在华为云平台基础上建设的混合云代表项目。

BIM云的启用，使得企业可以根据各自的需要，通过华为云平台租用计算基础设施、软件和系统，从而大量减少硬件和人力的维护费用，这种典型场景正是华为云生态发展中的一个缩影。

事实上，华为的云战略分为三大部分：一是针对行业部署云数据中心，扩展云服务业务；二是坚持被集成战略的同时，加大与业内合作伙伴在云平台建设中的合作；三是强调“Fusion”(融合)战略，精简用户在云应用中的IT部署。

在产品层面，华为通过了解客户需求，华为以云操作系统FusionSphere、数据中心管理系统ManageOne、SDN网络技术Cloud Fabric为核心，为客户提了分布式云数据中心解决方案，让用户与SI集成方案的IT部署更灵活、更可靠，并能够极大地提升数据中心集群的IT资源利用率和管理效率。而云计算如何落地才能真正让IT简化，如何建立IT架构才能满足多变需求？华为通过推出云主机服务，推动华为内部公有云与运营商云服务实现融合，这样，两大云服务业务的共同存在让“云、管、端”一体化战略加速落地。

在这一过程中，应用、性能、可靠性、安全性自然成为用户的聚焦点，但是同时也要看到，越来越多的企业正在打破这种私有云的边界，通过融合的方式能够同时支持线下他们自己的私有云资源和线上公有云资源，成为一个融合的、整合型的IT的动态的架构。

关于云生态，华为没有去炒作概念，没有去进行资本运作，没有进行土地交易，而是踏踏实实在云计算领域的核心产品和解决方案上持续投入。过去20多年来精心构建起来的数据中心，将随着软件定义数据中心、虚拟化、云化等技术的成熟而打破业务应用的边界。

在坚持“被集成”战略时，华为面临的客户和行业越来越多，仅凭一己之力不足以为所有企业提供服务。华为需携手合作伙伴将云计算先进技术集成到各行各业的应用中去，用户论坛可为合作伙伴提供分享平台，共建开放共赢的生态链。

与此同时，在互联网时代，原有封闭的IT架构、模式和软件平台难以适应面向未来多种业务类型的数据中心，数据中心之间需要互联，基于数据中心构建起来的公有云之间、公有云与私有云之间也都需要互联。

在任正非看来，互联意味着开放，也意味着创新。华为应该基于开放架构、相对标准的协议和开源社区，共同打造一个开放、创新的云生态环境。

例如，华为帮助中国最大的医药企业集团——中国国药集团把管控系统向集团集中，主营业务系统向各二级公司集中，构建集团、二到四级公司共同使用的集团云服务平台，并基于集团云服务平台最终打造全国最大的“医药健康云平台”。

从近几年华为云计算客户的反馈情况来看，企业对于云计算应用的深度和广度都在迅速加强，对云计算关注的焦点也从“为什么”变成了“怎么办”。这说明不同行业的客户不仅需要云计算产品和技术支撑，更需要强大的云平台与云服务做支撑，显然，华为在云生态体系中做足了准备。

让数据“慧”说话

在移动互联时代，似乎一夜之间，“大数据”变成一个 IT 行业中的热门词汇。随着全球数字化、网络宽带化、互联网应用于各行各业，累积的数据量越来越大，越来越多企业、行业和国家发现，可以利用类似的技术更好地服务客户、发现新商业机会、扩大新市场以及提升效率，才逐步形成“大数据”这个概念。

FusionSphere 云操作系统是华为公司面向多行业客户推出的云操作系统产品，基于 OpenStack 架构开发，整个系统专门为云设计和优化，提供强大的虚拟化功能和资源池管理、丰富的云基础服务组件和工具、开放的 API 接口等，可以帮助客户水平整合数据中心物理和虚拟资源，垂直优化业务平台，让企业的云计算建设和使用更加简捷。

华为不遗余力地构建以 FusionSphere 产品为基础的云计算产业链，云计算合作伙伴达 500 余家，服务于全球 40 多个国家和地区超过 800 家客户，覆盖政府及公共事业、电信、能源、金融、交通、医疗、教育、媒资、制造等行业。

FusionInsight 大数据分析平台是企业级大数据平台，是华为面向众多行业客户推出的，基于 Apache 开源社区软件进行功能增强的企业级大数据存储、查询和分析的统一平台。它以海量数据处理引擎和实时数据处理引擎为核心，并针对金融、运营商等数据密集型行业的运行维护、应用开发等需求，打造了敏捷、智慧、可信的平台软件、建模中间件及 OM 系统，让企业可以更快、更准、更稳地从各类繁杂无序的海量数据中发现全新价值点和企业商机。

FusionInsight 大数据分析平台具有三大特性：

一是敏捷。全面优化的大数据平台，实现海量数据快速处理。以开放的架构，支持批处理、微批处理、实时处理等业务需求。同时，对数据处理、业务开发、业务移植等方面进行全面优化，可便捷实现业务快速移植、数据快速处理。

二是智慧。超百万维度的建模框架，精准洞察用户行为与特征。支持对用户数据进行超百万维度的数据建模，深刻洞察用户的行为和特征，为企业的商业决策，以及新业务商机的挖掘，提供更加科学、全面的业务支持。

三是可信。金融级可信解决方案，有效支撑企业级核心业务数据处理。按照金融和运营商等数据密集型行业对产品高可靠性、高稳定性和高安全性的要求进行设计与开发，能够有效支撑企业级核心业务数据的处理与分析。

2016 年 5 月 25 日，华为大数据平台 FusionInsight 亮相 2016 年贵

阳数博会，向参会的领导、专家、客户和合作伙伴展示华为在大数据领域的先进技术、丰富实践和解决方案，以多样化的形式演绎让数据“慧”说话。

FusionInsight 大数据平台是华为企业级大数据存储、查询、分析的统一平台，能够帮助企业快速构建海量数据信息处理系统，并通过对巨量信息数据实时与非实时的分析挖掘，发现全新价值点和企业商机。同时，大数据是一个全面拥抱开源的技术，因此华为公司投入了包括美国研究所、欧洲研究所、俄罗斯研究所、印度研究所、中国研发团队在内的全球专家资源，进行全球研发战略布局，以全面覆盖大数据领域的关键技术。经过多年的持续战略投入，华为大数据的核心技术不断获得突破。华为在 2013 年－ 2015 年对 Hadoop Core 的贡献排在全球第四，在所有的 IT 设备厂商中排名第一。

在整个金融行业向“互联网 +”转型的趋势下，银行作为金融行业的风向标，正进行一系列业务和信息化变革，如何精准定位用户的习惯与喜好，展开有针对性的营销活动，成为银行业务发展的重要课题。华为在数博会现场展示了银行如何利用大数据技术来实现精准营销的业务场景，模拟了一个刷信用卡减免 KTV 房费的精准营销活动，吸引了多位与会者参与体验。

首先，业务部门提交一个刷卡免房费的精准营销任务给后台，后台会接收到这个营销任务，然后会把这个任务提交给精准营销平台来处理。精准营销平台接受这个任务后，就会下指令给 FusionInsight 大数据平台，让大数据平台从后台数据库中去获取用户过去几个月的消费信息，然后华为的超百万维度数据分析平台会对这些用户消费信息进行数据分析和数据挖掘，这个数据分析挖掘建模的过程和我们用常规数据进行数据建模的过程是完全一样的，只不过使用的数据是用户所有的消费信息，这样数据量更大、更丰富，也更能精准地代表用户的实际行为习惯。经过大数据建模后的模型会注入精准营销平台，然后精准营销平台会计算出符合本次营销活动的客户名单，并将这个客户名单反馈给提交精准营销任务的业务部门。

相较于常规操作中人工对客户信息进行筛选和询问，基于大数据的全量数据建模数据量更加丰富全面，因此建模的结果也就更加准确。某行在高端卡的营销活动中，使用精准营销提供的用户名单进行营销活动，结果用户命中率比原来提高了 4~5 倍，极大地提高了业务拓展的效果。

目前，全球的数字化进程正在日益加深，金融行业也不例外，又由于金融行业的特殊性，其正在经受着转型带来的严峻考验。

近几年，互联网金融呈现爆发式增长，随时、随地、随需的金融服务正在成为普通消费者的一致要求。与此同时，传统银行业也凭借创新的信息技术正在经历着服务模式、IT 架构上的转型，开始转战虚拟电子空间，以应对互联网金融带来的冲击。

移动化、大数据、云计算、物联网等新技术给金融行业数字化转型带来了全新的机遇和挑战。产品和服务通过数字化方式供给，客户使用数字渠道开展日常金融活动，基础设施满足实时数字化交互需求是通往数字银行的必经之路。

但是，传统银行在架构体系上更多地采用了由事务处理类场景驱动发展的集中式架构，架构体系也相对封闭。然而随着业务的发展和外部环境的变化，也出现了一些问题，例如，传统的垂直扩展的技术已经难以满足当今、未来互联网类业务带来的挑战。如何将大数据技术应用到传统金融行业中，成为我们必须要思考的问题。

2013 年，华为首先与招商银行就大数据技术展开尝试，开启了大数据在金融行业探索的第一步。接下来，华为还在 2014 年、2015 年取得进一步的成功实践，值得一提的是，在 2014 年数据挖掘达到了秒级水平。

如今，大数据呈现以下几个特点：从 2013 年的单一批处理负载逐渐过渡到融合大数据平台，实现基础设施层复用，再到今天乃至未来的企业级数据智能，其正在和传统数据库数据处理技术融合。因此，华为需要针对不同诉求使用不同的技术，才能够有机融合，实现整体效率或整体价值的体现。

面对金融机构的转型需求，华为在开放架构的解决方案上大力投入，用开放架构的软件和简单易用的硬件致力成为金融云架构转型的首选伙伴。华为的云平台，是基于 Openstack 开源技术做的创新，基于开源而高于开源，在大数据领域华为在开源社区从 2011 年排名第七位，逐渐走到第四位、第三位，现在向全球贡献度第二位迈进，这都是不断努力的结果。

从数据处理来说，要实现大数据可在三个方面做到融合。第一，解决所有数据汇集问题；第二，解决数据处理问题；第三，将数据变现进行价值分享。

华为大数据解决方案顾问杨建光指出，关于数据汇聚问题。如今，银行一些传统渠道，如 POS、ATM、柜面都已经被互联网化。从原有单一的 Linux 界面，变成丰富的网页屏幕，这表明金融行业正在进行互联网化演进。在互联网跨界合作跟第三方互联网公司合作的时候，有一些数据成为我们重要的数据源，这就是数据的融合。

数据处理层面同样也会呈现一个融合。任正非表示，数据层面有两层理解：第一层是我们认为数据处理具有强一致性，各种数据都在一个资源池里发生；第二层是实现最终一致性，异构数据，多种类型数据、海量文本数据、海量日志数据、海量流水数据，正是这些数据让你更加细致地捕捉客户行为细节,两者融合才能正确反映客户状态。

关于数据变现共享的问题，华为帮助客户“重塑数据”。以前的数据集中在交易层面，没有得到更好的利用，现在华为将在这个领域帮助银行、保险行业的客户更充分地利用数据，帮助用户利用数据在营销和风险控制方面创造价值。能帮助用户带来信贷业务、精准营销、客服业务、舆情监测成为金融大数据四大价值。

一、信贷业务。华为把业务全部大数据化，去覆盖所有客户，频繁和客户发生互动的业务模式会面临风险问题，如何去识别众多的客户风险？华为每个客户的风险依赖于人的判断，依赖于有经验主管的判断，这个势必造成你无法进行规模化，这时候华为将积累的经验进行数据化，捕捉客户行为，通过数据引入进来去判断他们，这是大数据对信贷业务的重要应用，安全上的保证，我们大数据风控跟银行进行有利尝试。

二、精准营销。在精准定位的基础上，依托大数据技术手段建立个性化的顾客沟通服务体系，实现企业可度量的低成本扩张之路，跨界的精准营销将是金融行业未来的发展重点。

三、客服业务。以客户为导向的价值观，任何能提高客户满意度的内容都属于客户服务的范围，这里涉及海量文本、语音、视频等的各种分析能力。

四、舆情监测。整合大数据技术及信息智能处理技术通过对互联网海量信息自动抓取、自动分类聚类、主题检测、专题聚焦，实现用户的网络舆情监测和追踪等信息需求，形成简报、报告、图表等分析结果，为客户全面掌握群众思想动态，做出正确舆论引导，提供分析依据。

在金融机构的数字化转型过程中，如何建立风险控制方法，如何让业务规模化以后变得安全可靠，如何让数据挖掘技术和现有的数据中心处理技术进行融合是金融大数据必须要规划的问题。

华为为金融机构所带来的价值主要体现在以下三方面：在金融信息化所涉及的ICT基础设施层面，华为拥有全球领先的技术能力、开放的架构以及最完整的产品线。

此外，华为在金融行业具有丰富的解决方案实践经验和合作伙伴资源，坚持“被集成”，打造稳健生态圈，助力金融机构数字化转型。最后，华为所提供的ICT基础架构的产品和解决方案是华为自行研发、安全可靠的，确保核心部件安全可控。

面对传统银行升级或转型的趋势，华为正努力构筑在金融领域的核心价值，提升竞争力。一方面是企业长远发展的需要，另一方面也是给客户提供更好服务的需要。未来，通过在金融机构的数据中心、业务网络、渠道融合、安全性等方面解决方案的不断完善，希望华为为金融行业的数字化转型做出更大的贡献。

华为在大数据领域持续的战略投入与技术创新，带来的是产品的广泛成功商用。华为FusionInsight大数据平台目前已成功服务于包括金融、电信运营商、政府与公共事业、医疗、教育等多个行业的客户。同时，大数据的成功离不开众多行业应用合作伙伴，华为一直在积极推动大数据生态链的建设，华为愿与众多合作伙伴一起，共同推进大数据行业应用的蓬勃发展，真正实现让数据“慧”说话。

站在“云”端看世界

今天的社会正在走向数字化和智能化，未来的智能社会，不存在一家企业单打独斗的可能，医疗、教育、健康等各个行业都会变得错综复杂。随着产业融合、消费需求的升级，企业必须变得开放、灵活，建立起面向未来的生态优势。企业未来的优势可能来自内部，也可能来自外部，会是竞争优势与生态优势的组合。未来ICT将会是一个开放、多样、共赢的生态圈，每个企业，无论大小，只要有独特价值和贡献，就可以在互生、共生、再生的利益共同体中有自己的一席之地，共同催生出一个英雄辈出的大联盟时代。

任正非认为：**“像人类历史上其他重大技术革命一样，云的影响远远超过技术本身，还影响了商业模式和人的思维模式，引发了一系列商业革命。云正在塑造一切，有变革才有重生。对于任何企业来说，云2.0时代，有变化，才有希望；有行动，才有未来。华为将拥抱云，融入云，通过有竞争力的产品、开放的架构和API，构筑开放多样的云生态，为合作伙伴提供便利。”**

华为在构建开放生态圈的具体行动有四个方面：一是产业联盟，引领产业方向，共同做大产业；二是商业上的战略联盟，确保客户的商业成功；三是开源社区，推动更多的社区化协作；四是开发者平台，目的是引入更多玩家激活创新，繁荣产业链。

对于华为而言，当云已经成为最重要的战略方向之时，华为提出了基于“云、管、端”架构的云生态发展思路。

目前，华为芯片已经越来越成熟，所以在华为云解决方案中，华为是真正有能力提供端到端的企业，从芯片到设备、芯片到系统、硬件到软件，可以实现端到端的云解决方案。

在云市场布局方面，华为云的收入有几个主要来源，包括电信运营商的云化、为企业市场提供的私有云、混合云以及为云服务提供商建立的公有云服务。而且华为云早已经面向全球市场，已经在全球有很多大客户，如西班牙电信等。

华为的云计算战略目标是到2020年华为IT产业（云计算）将为华为贡献100亿美元。但要实现这一目标，光靠华为自己不行。

在这场新的云2.0战役中，华为的方向也越来越清晰，如胡厚崑所说，云生态的构建要基于为客户创造价值的目的，每个参与生态建设者，都应该有自己独特的价值。“华为不会独自做几朵云，华为要做的是帮助千千万万客户建好千万朵云，积极参与云生态的建设。”

目前华为正以开放、合作、共赢的心态，去参与构建产业联盟，做大产业的蛋糕，并与SAP、埃森哲、微软、Intel等重要合作伙伴形成商业战略联盟，此外，华为同时在共建开发者平台和开源社区，引入更多玩家，繁荣产业链。

任正非强调了云生态建设上的两点理念：云生态的构建一定要以客户为中心，为客户创造价值，既是建立生态的目的，也是生态健康持续发展的保证；每个参与生态建设的组织或企业，都应该有独特价值。华为就是发挥优势，做好产品，服务好客户。健康、可持续发展的云生态一定要有优秀的技术和产品来支撑，否则就是无源之水，难以长久。

2016年9月1日，华为基于云计算、SDN、大数据等四大关键技术，发布了云存储、云服务、SDN统一控制器等八大重量级解决方案，使能政府及公共事业、金融、电信、能源、媒资等九大行业客户的数字化转型之路。

在过去的两年里，华为与埃森哲战略联盟通力合作，致力于帮助企业进行云转型。双方共同开发的企业云解决方案，融合了华为业界领先的ICT基础设施解决方案以及埃森哲一流的咨询、系统集成及外包服务能力，帮助客户将SAP及Oracle环境部署到云上，从而满足客户对SAP和Oracle灵活性及可扩展性的要求，并且节约大量的IT成本。

经过两年的努力，华为与埃森哲的战略合作得到了市场及客户的广泛认可。在全球市场，双方已经为来自金融、能源、通信、传媒、制造和政府等不同领域的客户提供服务，帮助客户在数字化转型过程中迈出坚实的一步。

在广电行业，华为—埃森哲战略联盟帮助国内最大的有线电视运营商之一广东省广播电视网络股份有限公司提供了企业云解决方案，为其部署了一站式预算管理规划和支持系统，帮助其更有效地配置资源，提高运营质量，改善业务效能，并加强公司整体运营的风险管控。

在能源领域，双方帮助某国有大型能源企业制定了数据中心战略，保证其 IT 系统能满足企业“十三五计划”的实施。

在电信领域，华为—埃森哲战略联盟在 2015 年成功帮助一家全球电信运营商改进其营销活动管理系统，使之具有实时管理绩效和业务表现的能力，助力客户更高效地开展业务活动。

2016 年，华为—埃森哲战略联盟解决方案中心正式在深圳、米兰和马尼拉落成。通过这些解决方案中心，华为与埃森哲的云专家们可以针对客户需求，为客户研发新的云解决方案，进行概念验证和提供应用案例，第一时间帮助客户解决问题，更好地支持全球业务的开展。数字科技公司 Solium（现已并入埃森哲伊比利亚云业务分部）与华为在 SAP HANA 方面进行合作，为客户提供基于消费的云服务模式，主要服务于西班牙金融业客户，同时也为来自能源、消费品、通信和高科技等行业的公司提供服务。

在未来，双方将会进一步聚焦客户在企业数字化转型中的实际问题，通过企业云平台帮助客户打造行业云，减少基础设施外包服务成本和部署 SAP 及 Oracle 环境，确保客户的数据安全，优化客户 IT 系统工作负载，进一步增强企业的竞争力。

任正非表示：“云计算的发展给我们带来了跨越式发展的契机，

华为—埃森哲战略联盟始终保持开放合作、联合创新和以客户需求为导向的态度，为客户创造卓越的价值。”

华为—埃森哲战略联盟的埃森哲全球负责人余鸿彪表示：“我们很高兴地看到，埃森哲和华为强强联手推出的解决方案能够为国内外不同行业的客户提供价值。凭借这一战略合作关系和埃森哲在咨询、系统集成以及交付方面的突出能力，我们有信心与华为一起不断拓展业务领域，为更多政府和企业客户提供创新的解决方案与服务，以支持他们的数字化转型之旅。”

在任正非看来，云时代，意味着更好的联接，更多的分享，更多的自由。要实现这些理想，必须有云的高度、云的思维。华为，要站在云端看世界。

任正非指出：“在这个日益智能和互联的世界，我们需要快速、智慧和高效的 5G 无线网络以及云计算技术和分析能力，华为正在加速 5G 技术的发展，助力企业应用轻松入云，让云计算更为普及，更易于部署，把精彩体验带到人们生活的每个角落。”

第十二章

时代畅想：构建更美好的全联接世界

一个全联接的世界正在到来，并将带来大量的商业机遇，全联接世界正在呼唤新的连接。不管是人与人、物与物、人与物，这都是 10 倍以上用户数量的增长。对各个垂直行业来讲，99% 的生产资源还没有被连接，我们相信当各种各样的生产资源被连接进来的时候，将会产生更多的产业机会。华为将与运营商和客户一起共同创建更美好的全联接时代。

——任正非

做多连接，撑大管道

为实现更好的全联接世界，华为的战略定位是“做多连接，撑大管道”，在关键技术、基础工程能力、架构、标准和产品开发等方向持续投入，致力于用更宽、更智能、更高性能、更可靠的“零”等待管道，为用户创造更好的体验。

华为聚焦管道，在企业业务市场定位为提供创新的、技术领先的、差异化的、易于被集成的、一站式的、基于业务驱动的 ICT 基础设施产品与解决方案（简称 BDII）。华为在交易界面坚持合作伙伴销售，合作伙伴销售收入占比超过 80%；在解决方案和服务能力上坚持以合作伙伴为主，除了不断提升合作伙伴的自主报价和自行交付比例外，面向客户的行业解决方案也主要由华为的合作伙伴提供。被集成战略是华为的自我约束，也是华为对合作伙伴的承诺。

华为通过遍布全球的研究机构和创新中心，在全球范围内开展创新合作，通过共享对 ICT 技术发展的洞察，推动技术进步以更好地建设全联接世界。

任正非指出：**“面向未来，华为必须保持清醒的头脑，迎接挑战、抓住机遇，聚焦主航道，牢记共建全联接世界的使命，不在非战略机**

会点上消耗战略竞争力量。我们要坚持以客户为中心，持续为客户创造价值。”

运营商处于发展新业务和全面转型的关键时期，视频、云服务、IoT 等新业务步入快车道，对网络和运营提出全新的需求，软件定义、云化、敏捷运营等驱动新一轮网络转型和运营转型，华为主动拥抱未来，以敏捷和开放架构构建领先的解决方案，帮助客户取得商业成功。企业数字化转型、建立智能化企业是继机械化、电气化、自动化之后的又一次工业革命，华为聚焦 ICT 基础设施，提供领先的解决方案，坚持“被集成”战略，纵向发展，做好企业数字化升级的“使能器”。

为此，华为将着力做好“五件事”，这“五件事”正是华为未来几年聚焦管道战略落地的重点。

一、夯实基础，回归根本

网络，无论何时何地，都是运营商的第一生产力。为此，华为不遗余力地发展和创新网络。

在接入网上，华为通过 4G 网络持续演进，采用多维度载波聚合复用，引入 MIMO 技术，为 4G 持续注入动力，保持网络性能最优，同时还通过微小基站 Small Cell，引领小蜂窝产业，以创新应对流量挑战，挖掘流量价值高地，通过众包模式实现新平台多方共赢。在做好 4G 网和 4G 网络演进的同时，开始革命性无线网络 5G 持续研究投入，以构建智能万物互联为目标，实现技术实践全面领先。在 5G 的投入研发的同时，实现产业链的多维度深入合作，引领 5G 产业进程，华为的 5G 技术面向未来体验；零等待、始终在线和实时交互；要求支持千亿终端，毫秒级时延和 Gbit 带宽。

在传输网络上，华为实现千兆技术创新：OTN 集群，系统调度容量（100T）灵活扩展，解决超大网络流量调度难题。分布式 OLT，支持1.6万家庭同时在线看4K，并支持虚拟接入。光子集成模块，简化网络，体积减小80%，功耗降低50%，业务开通时间减少70%。创新开创千兆时代，实现低收敛、精体验、超宽、极简的终极体验，助力运营商迎接提速降费新挑战和新机遇。

未来的数字“物流”需要更多、更大、更粗、更快的“管道”来支撑不断壮大的数据流量，这是华为的战略机会，也是华为战略聚焦的方向。华为将致力于成为数字物流的使能者，华为将加大云计算、虚拟化、大数据等技术为代表的IT技术投资，以之为基础重构传统的CT和IT网络，全面提升其效率，结构性降低TCO，使得未来网络能够应对数字洪流的挑战。

二、释放联接的潜能，实现千亿联接

通过华为发布的《全球联接指数报告2016》，我们可以发现55%的联接发生在2B领域，45%的联接则是在以人为中心的个人消费领域。客观而言，IoT是一个极具挑战的产业，因为其标准不统一，互联互通很困难，联接场景也很复杂。在2016年西班牙巴塞罗那世界移动通信大会(以下简称巴展)上就有专家指出物联网最大的挑战不是连起来，而是安全和隐私的保护。面对这样的挑战，华为能做什么?

华为产品与解决方案总裁丁耘表示，在IoT领域，华为将聚焦联接，实施“1+2+1”战略。其中，前一个“1”指的是最底层的IoT轻量级操作系统，华为2015年已经发布了轻量级操作系统——LiteOS，其最小仅为10K，可提供毫秒级时延，以及最优的省电性能。

“2”指的是“有线连接”和“无线连接”，通过各种连接方式，让物连接到网上。在无线连接上华为重点投资的是更广、更深和无处不在的NB-IoT技术，华为的NB-IoT解决方案可以增强20dB的覆盖，在一个小区里支持超过100K的IoT接入，同时还支持终端10年的电池使用，这就是 NB-IoT 的意义。在有线连接方面，华为的主要目标则是要做得更精、更细，面向各种场景，包括园区、工厂，等等。

后一个“1”是基于云的 IoT 联接管理平台，其将具备通过统一平台和虚拟化使能多个行业超过千万级的终端接入的能力，提供端到端的安全能力，以及开放能力，包括南向的快速集成，可以支持 5 天之内任何新终端的快速集成；而北向的开放则将使第三方应用很容易通过华为的联接管理平台来管理和监控整个设备。

华为目前在 IoT 领域将重点聚焦 4 个行业——运营商、能源、制造和车联网；与此同时，华为也将致力于推进整个 IoT 的产业化和标准化，解决当前 IoT 产业的碎片化问题；此外，华为还是 NB-IoT 和 OSGi 架构委员会的成员，将致力于推动整个 IoT 产业的标准化进程。

三、打造超宽带网络，实现最佳体验

打造一个超宽带的基础网络是整个全联接世界的基石。当前，4K/8K 视频、云以及 AR/VR 技术等都对网络提出了更大带宽和更高体验的要求，这也驱动了华为持续投资超宽带领域的信心。

基于这些需求，华为提出要打造一个超宽带的基础网络，其也将成为整个全联接世界的基石。在无线领域，华为的重点是发展 4.5G，以便能够为每一个用户提供 1Gb/s 以上的峰值接入速率，这一点目前在香港 HKT 等运营商的网络中已经得到了实现。2016 年，华为给全球运营商部署 60 张以上的 4.5G 网络；在有线宽带领域，华为的目标是不仅在光纤接入方面要实现千兆连接，同时在传统铜线和 Cable（光缆）等方面，2016 年也都会实现单用户千兆接入的规模商用。

需要注意的是，高通量的带宽并不意味着好的体验，要实现好的体验，网络还需要能够支撑低时延、高通量和广覆盖，而这需要一系列端到端技术的突破。其中，高通量指的是在一个有丢包、有时延以及有带宽约束的环境下，通过优化整个路由协议，使得整个网络具备更高的视频和 VR 的通量；而低时延的关键是通过整个网络的扁平化来减少网络层次，使得网络更加扁平化，时延更短；此外，在编解码技术方面，华为正在全球推进 H.265 标准，希望能够使整个带宽的消耗降低 30%。与此同时，华为的另一项关键举措是在话音 MOS 的基础上，与 ITU（国际电信联盟）一起推进基于视频体验的评测系统——U-vMOS，通过建立一个这样的系统，来帮助整个产业评估视频的质量。这样，运营商客户就能够对整个产业进行端到端的投资，使能更好体验的超宽带网络，而不仅仅是投资带宽本身。

与此同时，华为还面向未来积极进行技术创新，正在 5G、全光交换以及 ADN（应用驱动的网络）这三大领域进行投资和研发。其中，5G 毫无疑问是华为核心的投资方向。为此，华为积极推进了一系列革命性技术的测试。

四、释放数据的价值，把 IT 设施向云架构转移

任正非认为：**“只有把 IT 基础设施向云架构转移，才能够以更低成本挖掘数字经济的价值。”**

毫无疑问，数据就是数字经济的“石油”，是所有企业、所有行业最重要的资产。当前，数据正处于爆炸式增长阶段，但数据处理的成本却极其高昂。例如，国内的运营商目前 1T 数据的处理成本大约是 5000 元人民币，约合 800 美元；与之相比，亚马逊 1T 存储的价格是 2000 元人民币 / 年，约合 300 美元。如果保持这样的高成本，如何保证整个数据的价值？只有把 IT 基础设施向云架构转移，才能帮助客户发掘数字经济的价值。这需要通过以下三方面来实现：一是通过硬件架构的重构来解决效率和速度问题；二是通过软件优化来解决资源共享问题；三是通过挖掘数据的价值来使能业务的创新。

华为从2008年开始投资云计算，到目前为止，华为云数据中心解决方案已服务于全球40多个国家，已建设830个数据中心，其中包含420个云数据中心。从整个云的设计来看，华为从一开始就要求统一架构，支持各种公有云、私有云以及异构的混合云，同时还要满足各种不同业务场景下云业务的迁移。

在硬件领域，华为在存储方面投资了SSD驱动和OceanStor OS，使整个存储的开放性得到进一步提升；在计算方面投资了核心的I/O芯片，并在2015年发布了32路开放架构的昆仑服务器。在软件平台上，华为重点投资了3个软件平台：第一个是基于OpenStack的云操作系统——FusionSphere，第二个是基于Hadoop的大数据分析平台——FusionInsight，第三个则是分布式的PaaS平台——FusionStage，以帮助客户对其整个数字产品的生命周期进行管理，同时实现秒级部署能力和分钟级环境配置能力，最终帮助客户实现敏捷。

五、打造敏捷架构，让平台更加开放

面对未来越来越多样化的应用场景需求，华为的核心策略是首先通过全面云化，让架构更敏捷，然后让平台更加开放，以使能合作伙伴。

过去几年，华为始终坚持SoftCOM战略，希望基于云数据中心为核心，全面推进各行业的云化。云化包括设备层面的云化、网络层面的云化、业务层面的云化，以及运营层面的云化。在设备层面，华为致力于逐步推进从虚拟化向云化、从NFV向NFC的变革；在网络层面，华为在2015年上市了全球第一款统一的SDN控制器，不仅实现了运营商网络的统一控制，而且实现了运营商、数据中心和企业3个网络统一控制器的打通；在业务层面，华为通过提供云化业务平台来帮助客户实现敏捷的竞争力；而在运营层面，华为的最终目标是帮助客户实现互联网化的运营。与此同时，华为今年还将推出世界首款ICT-O

产品，以支撑 NFV 和数据中心各种资源间的协同，全面实现业务的自动部署、全网的协同以及用户体验的提升。

面对各行业愈演愈烈的数字化浪潮，任正非清醒地意识到，除了运营商行业，华为并没有能力对所有的行业进行深刻的洞察和理解。因此，华为的策略是聚焦于管道，将自身全面的网络能力开放出来，包括通信能力、联接能力、大数据能力以及存储和计算能力等，为合作伙伴提供统一的 SDK 平台，以使能合作伙伴为不同行业提供端到端的解决方案。

华为作为 ICT 标准与产业的重要贡献者，主动牵引产业发展，做大产业蛋糕，携手构建共赢的产业链与生态圈。

到 2015 年年底，华为在全球已经拥有了 5 万个合作伙伴。但华为还有一个更大的梦想：希望到 2020 年时，全球能有 100 万合作伙伴在华为的开放平台上进行开发。为此，华为于 2015 年宣布，未来 5 年将投入 10 亿美元使能合作伙伴在华为 SDK 平台上的开发。

不仅如此，华为还在全球建设了十多个 OpenLab，用于与合作伙伴进行互通测试和业务创新，其还与微软、RedHat 等超过 600 家行业合作伙伴形成了深度合作关系。所以，当客户购买华为产品的时候，其实他买的不仅仅是华为的产品，而且还包括了产品背后华为的生态。

任正非指出，在运营商转型过程中，充分发掘利用好自身的管道、用户、数据三大核心资产，构筑核心竞争力，将是运营商未来转型成功的关键。面对即将到来的大数据流量时代，华为选择聚焦管道，将管道作为核心战略。数据流量（音频、视频、大数据、云计算）是水，华为做的是运水的管道，信息流流过的地方就是聚焦的方向。管道是华为的核心战略，是华为的航道，在运营商领域，华为所有的业务都沿着管道战略展开。重点聚焦两个方向：极致体验的管道和大 IT 能力。

毫无疑问，全联接的世界需要更大的带宽、更快的速度和更多的数据，这是华为最重要的战略机会，也是华为聚焦的重点。华为的管道战略包括了信息的传输、存储、分发和呈现，华为的研发投资都是沿着这个管道体系展开的，华为希望通过持续的投资不断释放联接、带宽和数据的价值，同时提供一个敏捷的网络架构和开放的平台，最终能够加速包括运营商在内的各行业客户的数字化转型。

搭建开放合作共赢平台

网络的价值在于开放和互联互通，未来将是一个开放合作的全联接世界。数字经济时代的创新不可能单打独斗，企业必须与产业链、产业生态圈共同发展与繁荣。

近几年，任正非把搭建“开放、合作、共赢”的生态台作为华为发展的重要基石，致力于为全联接的信息社会打造良性生态系统，携手合作伙伴共同成长。

在消费者业务领域，华为携手时尚、汽车、家电等行业的国际领先品牌在智能手机、智能手表、智能家居、车联网等领域进行跨界合作与联合创新，将各领域的前沿科技以及完美的产品体验带给全球消费者。

在企业业务领域，华为坚持“被集成”战略，以云计算、敏捷网络、平安城市、金融、eLT 等解决方案为核心建立广泛生态圈。华为云计算企业级合作伙伴达 500 多家，公有云伙伴超万家，并发展 FusionSphere 开放云计算联盟。华为敏捷网络全层次开放，在敏捷园区、敏捷数据中心、敏捷物联等领域发展生态合作伙伴 300 多家。

自 2010 年成立企业业务集团以来，华为中国区企业业务得到了快速发展。目前，华为合作伙伴数量已超过 3500 家，其中服务合作伙伴超过了 700 家，预计到 2019 年，华为企业业务中国区将实现销售收入超过 300 亿元人民币，合作伙伴预计超过 10000 家，其中年度业绩过亿的合作伙伴将超过 120 家，通过华为公司认证的工程师数量超过 3 万人，未来发展空间广阔。未来华为将始终坚持战略合作方向，进一步优化渠道政策，携手合作伙伴做到共同成长。

华为致力于为合作伙伴搭建一个强有力的支撑平台，利用过去的沉淀和积累，结合企业业务的发展，迅速构建完善的合作伙伴支撑体系，以人为本，解合作伙伴资源之忧。从 TAC 支持到备件支持，从销售支持到运营支持，从能力培养到工具开发，以此提高合作伙伴与华为合作的效率，降低合作伙伴的成本。在人才培养方面持续投入，打造技术人才生态链，除了华为 5 个培训中心以外，华为在全国范围内发展了 31 家授权培训中心，并与 200 多所高等院校开展了华为网络学院方面的合作。同时，华为结合供应链现状，围绕合作伙伴关心的货期、订单可视化、包装、物流、供应规则等方面进行了专题改进，与合作伙伴就如何在供应链上加强深度协同、持续创新达成一致意见。

在授权产品上，华为自 2013 年推出优选 CSP 计划以来，共完成 311 个项目交付，渠道服务互助形成了新颖的服务模式。在可持续发展方面，通过在铁路行业上的试点，推出了 Co-Care 联合服务，将华为和合作伙伴的各自服务优势有效结合起来，直面用户需求，树立形象，更好地为客户提供贴心的服务。对于商业分销的客户，华为公司通过建设商业分销授权服务中心来更及时地服务客户。目前，华为的授权服务中心，已经覆盖全国的省会城市及二级城市。

华为积极开展与产业界、开发者、学术界、产业标准组织的密切合作，推动商业和科技创新，推动业界建立合作共赢、公平竞争的产业健康发展生态。2015 年，华为联合创新中心增长到 36 家，未来

5 年投入 10 亿美元的沃土开发者使能计划；通过华为创新研究计划（HIRP）新资助 100 多个研究项目；更广泛深入地参与国际标准组织、产业联盟和开源社区。

针对价值链上下游合作伙伴的利益分享，华为坚持“深淘滩，低作堰”，不断挖掘内部潜力以降低成本和提高解决方案价值，同时让利给客户，善待产业链合作伙伴，从而促进自身产业链的健康发展。

同时，华为积极参与各国 ICT 产业政策讨论，推动创造公平、合理的政策环境，平衡基础设施投资者和信息消费者的利益诉求，推动行业持续良性发展。同时，华为也利用创新的技术和解决方案，积极配合所在国政府的 ICT 发展战略，促进当地经济和社会进步。

在运营商业务领域，华为迈向全联接世界的开放之路，并通过聚焦 ICT 基础设施、全面开放 ICT 能力，为运营商作嫁衣，建设面向运营商的数字化转型开放生态系统，实现商业共赢。

10 年前，每年过春节，人们都喜欢发手机短信送祝福，亲密朋友还会一一打电话问候。而近几年来，每逢春节，人们的交流都在微信、QQ 等社交工具上完成。在移动互联网的冲击下，运营商部分核心业务正在被替代，这是无法回避的现实。移动互联网时代，人们跟手机越来越亲密，跟运营商越来越疏远，致使运营商沦为管道。而人口红利也在消亡，全球运营商业绩面临天花板，在投入方面变得更谨慎。

但市场从不缺机遇，华为这次又走在行业前头，5G 到来前的窗口期，华为在 4.5G 领域推出一系列解决方案，为运营商寻找新的增长点，成为数字化转型的引路人。在 2016 年西班牙巴塞罗那世界移动通信大会开幕前一天，华为举办了数字化转型峰会，讨论 5G、4.5G、IoT 等热点问题。

那么，数字化转型究竟该怎么转？任正非的观点是：**“把池塘里**

的水抽干，得到了鱼，这是竭泽而渔。华为为了自己有鱼吃，大家有鱼吃，选择了另一种方式——放水养鱼。把水生态做起来了，自然有吃不完的鱼。”

全球电信运营商营收和利润增长放缓，使得它们在投入上较为谨慎。华为提出了新的思路，在2016年巴塞罗那世界移动通信大会上，华为常务董事兼战略Marketing总裁徐文伟指出：“要想从运营商身上挣钱，先得帮运营商赚钱。”越是处境不利，对变革的需求就越迫切。在华为的构想中，千亿美元级的视频产业、万亿美元级的企业IT云转型市场，以及即将出现10倍用户增长的物联网行业正在涌现。

运营商的不利局面，在华为眼中是巨大的商机。在2016年巴塞罗那世界移动通信大会上，华为首次提出运营商数字化转型的五大发展方向，发布了4.5G、IoT和2K/4K视频等一系列创新解决方案，成为媒体和业界关注的焦点。

徐文伟认为，云计算时代的到来对运营商并非坏事，反而是一个机会。云技术公司需要管道，这恰恰是运营商的优势。运营商在基础设施上构建了一个门槛，而且它们有自己的客户，尤其是发达国家的运营商，如德国电信、Orange等，都有天然的企业客户群。

运营商转型十分紧迫，难点在于如何转型？选择谁帮助它们转型？这两个问题十分关键。没有好的指路人，转型命运难料。运营商的窘境，对信息解决方案企业来说，同样是难得的机会。

华为嗅觉敏锐，主动帮运营商出谋划策，为它们在业务、网络乃至整个经营层面上进行重构。运营商若能抓住大视频、大IT、大运营、大架构、大管道五大发展方向，将重新焕发生机。

数字化转型并非新概念，很多企业都在谈。对运营商而言，现在需要找到一个有能力、有意愿的合作伙伴，帮它们完成这个梦想。去年，华为就提出了 ROADS（实时、按需、全在线、自助服务以及社交分享）理念，积极探索运营商数字化转型。华为不仅有能力帮运营商完成转型，在姿态上也十分开放。IT 行业的特征是竞争、开放、共赢，运营商必须集成多家企业的设备。华为的目标是建立更美好的全联接世界，这不是一家企业能做好的，需要合作伙伴的共同努力。

在谈及生态时任正非强调：**“‘开放、合作、共赢’乃产业大势，IT 行业分工越来越细，产业链上的企业只有各自发挥优势，才能小河有水大河满。大家只有往同一个方向走，才能将蛋糕做大。”**

在 2016 年巴塞罗那世界移动通信（以下简称巴展）大会上，华为的开放生态峰会，吸引了全球合作伙伴慕名而来。华为还花重金增加 2000 平方米场地，将部分空间留给合作伙伴（如 SAP、埃森哲等）和竞争对手。这在整个巴展都还是头一次，之前的巴展，都是企业的个人秀，各自把门关起来。

按传统电信思维，运营商可能只需要一两家企业的解决方案，同行之间竞争多、合作少。现在必须开放合作，因为运营商有可能选了华为，也会选部分竞争对手的产品、模块或平台。

数字化转型不仅是电信业的机遇，更是各行各业变革的动力。华为已在2K/4K视频领域建立了开放平台，实现内容聚合，使能业务创新。那么，华为的生态，会不会造成新的割裂?

对此，任正非认为外界的担忧是没有必要的，华为的开放，不是立帮派，也不是喊口号，而是身体力行，推动产业发展。华为上不碰企业应用，下不碰客户数据，给伙伴们吃了定心丸。

华为聚焦优势领域，不会贸然进入新的行业。华为对自己的边界有清晰的界定。比如，华为会在服务和系统集成领域，选用竞争对手的产品，确保与竞争对手的产品互联互通，在现有语境下，只有搭建

起共荣共生的开放平台，客户才有选择的自由。

华为的开放不是小打小闹，而是全方位的，在打造行业生态时，华为着重强调对产业的贡献。其不仅与没竞争关系的伙伴合作，还与有竞争关系的伙伴合作，惠普、VMware 的产品会与华为出现在同一个解决方案里面。

构建 ICT 生态体系

随着 ICT 技术的进步，全球化、跨界竞争加剧，数字化转型已经成为政府和企业提升竞争力的核心手段，其中蕴含着巨大的产业机遇。

服务已成为华为的核心优势，在新时期被赋予了更深的内涵。早在 2012 年，华为便提出了生态圈的概念，与传统的点对点的传统渠道相比，华为合作伙伴生态圈讲究的是体系中各方息息相关，彼此间的关系更加紧密，分工合作且优势互补。可以说，生态圈的提出，既是 ICT 发展的必然需求，也是华为的战略抉择。

任正非强调，华为致力于构建一个开放和谐的生态圈，让广大合作伙伴实现资源共享、能力互通，打造越来越多的创新的、更具竞争力的行业解决方案，从而最终为客户创造价值。

也正是华为的这种“执着”，在 ICT 市场上与合作伙伴一起取得了不俗的成绩，截止到 2015 年，华为企业 BG 中国区的合作伙伴数量已超过 5000 家，来自合作伙伴的业务收入比例超过了 80%。在合作伙伴队伍中，年度业绩超过 1 亿元的合作伙伴超过了 20 家，金银牌合作伙伴总数超过了 600 家，国内 Top10 的集成商 100% 与华为实现合作。华为企业业务已实现合作伙伴在数量和质量上的双丰收。

当然，这些成绩不足以让华为止步，未来在合作伙伴发展方面，华为既会关注伙伴的数量增长，也会持续提升合作伙伴质量，在 2016

年重点进行四个专业合作体系的建设：解决方案生态体系、智慧城市合作生态体系、云上生态体系、分销生态体系。

可以说，华为构建的这四大生态体系为不同的合作伙伴发展指明了重点方向。

第一，构建解决方案生态体系。2016 年，华为建立了分层分级的 ISV 架构体系，并且投入大量资金和专家打造了全方位的技术支持、市场支持以及强大的创新研发与展示环境，让 ISV 聚焦业务创新，无须为与华为产品能力的集成开发担忧。

第二，构建智慧城市合作生态体系。通过“被集成”战略，华为将与具备投融资、总集、运营等业务能力的合作伙伴密切配合，共同拓展市场，继续专注于 ICT 基础设施建设。同时，参与智慧城市建设方从传统的城市逐步扩展到城市群、城区、园区、区县、社区等建设主体，而且呈现出典型的主体特性，这对华为和合作伙伴而言，意味着更加广阔的市场空间。

第三，构建云上生态体系。华为将与合作伙伴一起打造云上生态系统，并为此推出了云服务渠道政策。重点是，华为承诺，上不碰应用，下不碰数据，聚焦管道、基础设施的策略。显然，对合作伙伴而言，参与到华为的云计算生态圈中，也将得到更多的发展机会。

第四，分销生态体系。自 2016 年以来，华为倾力打造更健康的分销业务生态环境，完善 8 条分销产品线，对每条线进行分类授权。值得一提的是，随着分销合作伙伴数量的增加，华为需要在渠道报备、自主订单交付等方面形成更加完善和灵活的机制。让分销商更清晰地认识到业务重点和竞争策略，让分销商能根据自己的优势和特点来更好地制订采购计划。

发展四大生态体系的关键是要有创新，否则没有办法保证产品和解决方案在业界的领导力以及匹配客户的需求。华为在创新领域对合作伙伴的支持也是多方面的。

首先，华为在苏州、成都、北京、深圳甚至海外都有向合作伙伴提供的开放实验室，基于华为 ICT 的基础设施进行联合创新。目的是让合作伙伴对于行业的理解和需求能够植入华为的解决方案中，从而达到相互融合、共同发展。

另外，华为会有相应的开放式 eSDK 和 API 标准接口来给合作伙伴。同时，还会提供给合作伙伴、开发者相应的支持平台、赋能平台，来进行相应的一些培训。并且在联合营销方面，华为将加大与合作伙伴面向最终客户的联合营销，突出价值行业的重点投入，提高市场发展基金的整体额度。

最让合作伙伴高兴的莫过于华为的激励政策了，2016 年华为在合作伙伴方面投入数千万激励基金。对于 ISV，华为还提供了上亿元人民币用于联合营销、人才培养、技术解决方案开发，等等。

在任正非看来，基于生态系统的开放竞争是行业的主导力量，而构筑良性的生态圈建设，仅仅依靠渠道政策是不够的，更要落实到我们每个人的思想、行为及意识中。华为愿与合作伙伴优势互补，共同营造健康的、可持续发展的良性生态链。

消除数字鸿沟

互联网正在让世界变平，但不容忽视的是，数字鸿沟依然巨大。据 ITU2015 年报告，全球仍然有 40 多亿人口无法接入网络。在联合国认定的 48 个最不发达国家中，互联网渗透率不足 10%，而在全球最不发达的 6 个国家则不足 2%，中国也有近半数人口无缘分享互联网带来的文明进步，消除数字鸿沟的任务依然艰巨。

联接未来是联合国《2030 年可持续发展议程》中的核心目标之一。华为通过不断地创新，默默耕耘，产品服务于超过全球 1/3 的人口，为消除数字鸿沟持续努力。今天，移动通信已经覆盖了地球的每一个角落，无论是插入天际的珠峰，还是冰封四季的北极。然而宽带的普及和万物互联还有很大差距。作为负责任的企业公民，华为致力于消除全球数字鸿沟，让人人享有通信和宽带服务，让人与社会更紧密联接，共享互联网发展成果，丰富人们的沟通和生活，促进全球经济发展。

让人人享有通信

虽然全球移动网络渗透率已超过 87%，但这意味着还有 13% 的人口无法享受移动服务。这些人通常分布在经济欠发达的偏远地区。偏远地区的网络部署和电力供应技术难度大，使本来就已经高昂的人均建网成本进一步提高。

考虑到各区域的地理位置和经济水平，华为在移动网络上致力于以较低的价格提供大范围覆盖，是最合适的网络覆盖方案之一。通常情况下，移动网络使用的频率范围是 700MHz~2.5GHz。基于低频段的移动网络可实现更广阔的信号覆盖，但这类网络的数据传输速度较慢，只能支持少数并发连接。因此，对于还未联网的地区，基于低频段的 2G 或 2.5G 网络是最经济可行的联网手段。这些 2G/2.5G 网络能为人口密度低的广袤区域提供低速互联网接入，降低接入成本。

华为与客户积极协作，共同在全球偏远贫困地区铺设 2G 网络，并利用太阳能为部分或全部网络设备供电。华为的创新技术帮助客户降低资金投入和设备运行成本。在网络部署过程中，华为与客户密切合作，确保未来可通过小规模软硬件调整来实现网络升级，并根据当地环境变化（如有可用的频谱资源）提供更高速的宽带服务。

2015 年，华为在印度、加纳、阿塞拜疆、约旦等国家的偏远地区建设了多个 2G 和 3G 网络，帮助当地更多的人得以享受到移动通信带来的便捷。

尼泊尔背靠喜马拉雅山，因境内分布着众多海拔 6000 米以上的高山而被称为“高山王国”。世界上最高的 14 座海拔超过 8000 米的高峰，喜马拉雅地区就有 8 座。

由于尼泊尔仍处于发展中，山区交通条件普遍较差，物资主要靠人扛牛驮或使用直升机来运输。此外，电力供应是一大难题，每到冬季，部分地区甚至每天停电长达 16 小时。这些问题导致普通基站施工难度太大、工期长、建站成本高等状况，使得当地运营商无法更好地普及通信覆盖。当地居民电话都无法正常接通，更不用说与外界的信息沟通了。

为此，华为在尼泊尔偏远地区深入了解实际情况后，协助运营商在当地采用“SingleSite 一体化建站”的方式，部署了一体化农村站的解决方案。方案主要通过小功率室外基站和太阳能供电的使用，来大量降低站点的建设成本，并有效降低基站对市电的依赖，快速帮助当地实现信号覆盖。

通信的发展还带动了尼泊尔旅游业发展。以前没有信号的山区现在也能够随时接打电话和收发短信，方便了人们与外界的交流，也提升了旅行的安全系数，吸引了越来越多旅游者到尼泊尔旅行。此外，全球化的信息互通，也改善了尼泊尔的投资环境，加快了尼泊尔的经济发展。

截止到 2013 年年底，华为已经在尼泊尔西部三个偏远山区：中西区、西部和远西区开通了 2G 信号，覆盖了当地 800 多万人口。更值得一提的是，目前华为已经开始用“2G+3G”解决方案对中部和东部地区进行设备的更新换代。便捷的通信服务，为尼泊尔人民带来了便捷的全联接生活。“高山王国”的魅力正在与世界同步。

让人人享有宽带

网络的价值在互联，信息的价值在流动，互联网最大的贡献就是资源共享。

如今，全球40多亿人依然无法使用互联网，新网络用户数增长速度开始放缓，因此人们非常担心宽带互联网无法让大多数人受益。在许多新兴国家，数亿人得不到基本网络信号覆盖，超过2/3的人口无法获得互联网服务。在这些国家中，数字鸿沟导致的问题最为严峻，而问题产生的原因很复杂。即便是在发达国家，依然有超过15%的人口享受不到互联网服务。

2015年，华为发布的《数字使能：消除数字鸿沟，让人与社会更紧密联接》白皮书中，明确了以下四个原因：

可用性：接入网络是一个复杂的过程，需要具有优质的网络连接、智能终端和相关应用/服务。

支付能力：对于低收入用户来说，价格实惠、可用性高的本地网络连接、智能终端及应用/服务缺一不可。

态度：许多人还未意识到宽带互联网带来的好处及其潜力。有些人害怕使用宽带互联网。

能力：顺利使用网络并非易事。用户需要有能力使用网络终端；接受过良好教育，具有阅读能力；能创造内容或在日常生活中运用ICT技术。

华为的网络解决方案帮助运营商降低总体成本，提供高速网络连接，并使能新的商业模型助力客户持续投资建设新的网络并服务用户。华为可提供一整套解决方案，包括国际海底网络、回传网络、骨干网络、固定网络、移动网络以及使能这些网络的软件。

2015 年 3 月，华为宣布在 LTE-TDD 技术的基础上实现了 WTTx 无线宽带接入解决方案商用。作为家庭固定宽带技术的替代方案，WTTx 只依赖移动技术，其成本更低，比家庭固定宽带的成本低 80%，同时可以实现快速部署，比家庭固定宽带的部署速度快 90%。WTTx 解决方案（包括定制终端）可用于家庭内部和外部环境，将移动信号转化为 Wi-Fi 信号。该解决方案融合了多天线技术，可通过高速移动宽带网络来提供更大范围的网络覆盖。

在许多发达国家，消费者一般不会全款购买裸机，而是选择合约机（合约期通常为一到两年），合约内容包括一部手机以及通话、短信和上网流量等。在发展中国家，由于很多低收入消费者没有信用卡或资产证明，也没有银行账户等因素，导致合约机销售模式一直难以实施。

对于农村和低收入消费者来说，就算一部智能手机只卖 55 美元，这仍是一笔不菲的费用。智能手机需要每天或每两天就充电一次，但许多农村地区的供电得不到保障，这是阻碍智能手机进一步得到推广的另一个因素。

华为与肯尼亚 M-KOPA 公司合作，为消费者提供高品质智能手机。消费者只需每天支付 40 先令（约合 40 美分），在一定时间内付清手机款后（通常不到一年），就无须再支付任何其他手机费用。同时，M-KOPA 是领先的家庭太阳能设备供应商，用户在预先缴纳一小笔保证金后，可按天支付太阳能设备分期款，支付总额与以前使用其他能源（如天然气）的费用差不多。这种付款模式让清洁电能变得更实惠，走入千家万户。目前已经有超过 20 万个肯尼亚家庭用户将 M-KOPA 设备用于照明、做饭以及给智能手机充电。

虽然许多发达国家都用上了方便快捷的 3G、4G 手机，但目前全球范围内，依然有 30 亿人没有智能手机，其中大多数人是因为无力购买。华为认为分期付款这种商业模式能极大地提高智能手机使用率。在 M-KOPA 项目实施的第一个月内，华为售出了 1500 台手机。未来，预计更多消费者将购买华为的手机。华为希望把这种合作伙伴关系扩大到其他国家。

在法国，超过半数的低收入群体（月收入低于 900 欧元）尚未用上家庭宽带，占法国总人口的 6%。华为与公益组织 Emmaus 和运营商 SFR 合作，为当地人民提供带补贴的宽带终端和 SIM 电话卡，并为从未使用过互联网的弱势群体提供相关培训。

在 2013 年和 2014 年，华为向法国民众捐赠了 3000 多台终端，在 2015 年，华为向法国捐赠了 700 台 Wi-Fi 热点终端和 1000 部智能手机。华为和 Emmaus 坚信，该项目是一种可持续发展举措。Emmaus 仅向用户收取少量费用用于项目运营，确保用户愿意接受并使用这些设备。这个项目在法国的成功实施以及项目成果得到了法国政府的高度认可。

推动 ICT 技术应用

ICT 技术不仅是提升效率的工具，更是价值创造的使能器，帮助企业创造新业务，在新的商业环境中保持优势。今天的 ICT 系统正由过去的支撑系统向驱动价值创造的生产系统转变。

华为积极推动 ICT 技术在教育、医疗和金融等领域的应用，帮助其降低资源消耗，提高效率，推进社会可持续发展进程。

华为为埃塞俄比亚 64 所学校提供网络连接，促进当地教育改革。同时，华为还为埃塞俄比亚提供了一套综合 ICT 解决方案，包括桌面云系统和相关软件。与传统电脑不同，华为桌面云系统没有硬盘，只包括一个小型瘦终端、显示器、鼠标和键盘。系统的硬盘放在集中式数据中心，用户可通过云来访问该数据中心；通过网络连接保护与恢复软件，以及图像和视频压缩软件（有助于减少带宽使用），学生们不仅能通过互联网与他人互动，获得定制化内容，还能利用低带宽互联网享受更优质的视频点播服务。

切换至桌面云系统后，学校的电脑利用率从原来的10%提高到60%，能耗也大幅降低。借助统一云管理平台，教育局的运维人员能通过统一门户轻松管理所有教育资源，并远程监控和管理整个网络，从而大幅优化运维质量并为用户提供高品质教育资源。该方案覆盖了60多所学校，极大地提高了这些学校的ICT技术使用率和管理效率，并降低每年的运营成本。截止到2015年年底，已经有5万多名埃塞俄比亚学生从中受益。

河南省的医疗资源分布十分不均，人们为了看病，通常要长途跋涉几百千米，在各城市的医院之间不断辗转，即使到了医院，患者仍需要排队就医，这些问题导致患者就医费用高昂，无法及时获得良好诊断和治疗服务。

为此，华为向河南省提供了专业的远程医疗解决方案，帮助医

华为向河南省提供专业的远程医疗解决方案

院向患者提供远程会诊和诊断，并为医生提供远程培训。华为与郑州大学第一附属医院及河南省卫生计划委员会合作建设了覆盖省、市、县、乡镇、村医疗机构的五级远程医疗平台，当前已利用智真视频服务系统连接省级医院、18 个地市三级医院、130 余所县级医院、部分乡镇村基层医疗机构。河南省远程医疗平台可提供国家相关标准建议的全部九种远程医疗服务，成为目前中国规模最大、业务最完善的远程医疗系统。河南省级医院利用华为的远程医疗解决方案每年可进行 10000 多次远程疑难病例会诊和 30000 次远程诊断。

随着医院产生的数据量急剧增长，如何有效地处理和利用这些数据也变得越来越重要。为加快数据访问速度，实现更高效地管理，挖掘数据价值，华为还帮助医院建设了针对海量医疗数据进行存储和处理的大数据平台。平台可以实现快速便捷的数据分析，将数据转化为实用信息，辅助医疗专家更有效地进行远程会诊，给患者带来更贴心的医疗服务，消除了医疗资源分布不均衡和效率低下等问题。

同时，华为还与郑州大学第一附属医院携手打造联合创新中心，通过促进远程医疗和大数据技术的使用和发展，改善医疗水平。

培养 ICT 人才

消除数字鸿沟并非易事，需要社会各界深度参与。同时，在 ICT 人才培养与技能传递以及 ICT 生态体系层面也存在着诸多挑战。

ICT 技能：在很多国家，包括发展中国家和发达国家，都缺乏具备 ICT 解决方案开发能力的 ICT 人才。欧盟委员会预计，2020 年前高技能 ICT 人才的缺口将达到 80 万。

任正非认为，“授人以鱼不如授人以渔”。华为在全球范围内提供 ICT 技能培训，帮助学生提升技能，促进学生就业，持续提供专业培训。这些培训项目包括：安排学生来中国学习一个月，体验中国文化，并有机会向华为专家学习最新技术。

华为信息与网络技术学院（英文简称 HAINA）就是华为公司为推动 ICT 技术的发展和传播，为社会培养 ICT 人才，满足 ICT 产业生态链对人才的长期需求而设立的校企合作非营利项目，目标是为当地培养 ICT 人才。华为信息与网络技术学院与教育机构合作，提供三级认证（助理工程师、资深工程师和专家）和多种课程，包括路由和交换、传输、WLAN、安全、存储和云计算等课程。

目前，华为已在 13 个国家建立了 140 个 HAINA 学院，为 4000 名学生（女性占 15% 左右）提供实战和认证培训，填补课堂和实际所需技能之间的差距。

此外，华为还在全球建立了 45 个培训中心，为客户和相关人员提供 ICT 技术培训。

2015 年 11 月，华为携手孟加拉国通信部和电信运营商 Robi Axiata，启动了女性 ICT 培训项目，向广大的农村女性提供 ICT 培训平台，帮助她们学习和掌握 ICT 知识和技能。

2014 年 3 月，华为和西班牙马德里理工大学签署了以“引领 LTE 时代”为主题，为期 5 年的社会公益活动合作协议。该活动主要目的是为西班牙大学生提供有关 LTE 技术的先进知识和实用课程，并为优秀学生提供到华为就业的机会。

2014 年，华为启动了在非洲的 ICT 人才培养计划，华为将在未来 5 年为非洲培训 1 万名 ICT 人才。该计划是华为全球 CSR 旗舰项目“未来种子”的一部分。

华为致力于开拓非洲业务，创造互利机会和共赢局面。2014 年，尼日利亚通信技术部与华为共同启动了千名女性 ICT 培训项目，为 1000 名尼日利亚女学生提供了 ICT 基础知识培训，帮助这些女学生提升 ICT 知识水平，使其成年后能够找到工作。通过该项目，华为不但实现本地化运营，而且向尼日利亚人民传递了 ICT 技术知识。

在缅甸，华为与培训机构 KMD 合作，提供端到端的 ICT 培训服务，包括提供培训材料、培养师资、提供实训设备以及安排就业实习等活动，为缅甸培养 ICT 人才。2014 年，华为在缅甸培养的 ICT 人才超过 1500 人，并计划在未来 3 年内培养 5000 人，协助解决缅甸技术人才匮乏的现状，助力当地社会经济发展。

同时，华为还注重网络安全和用户隐私保护。

近 10 年来，华为保障了北京、伦敦、巴西里约奥运、世界杯、日本大地震等全球 130 多个重大事件及自然灾害期间的网络稳定运行，为全球近 30 亿人口提供稳定可靠的网络。

尼泊尔 8.1 级地震发生后，华为第一时间做出响应，在 24 小时内迅速恢复了医院、政府、救灾中心、大使馆等重要站点，向应急服务机构和当地灾民提供关键的通信服务。

华为还从政策、组织、流程、技术等方面构筑端到端可信赖的全球网络安全保障体系。获得德国下萨克森州 4 个市政府颁发的“网络安全透明度”奖以及 ICSA 实验室颁发的“10 年卓越信息安全产品（EIST）”奖。

华为的可持续发展愿景是消除数字鸿沟，促进经济、环境和社会的和谐与可持续发展。华为将充分发挥自身的核心能力，不断努力实现该愿景，采取负责任的经营方式，与产业链各方携手，厚积薄发，共建更美好的全联接世界。

和光速赛跑

纵览华为22年光传输发展史，其实就是一部带宽容量不断提升、业务效率不断优化的历史，同时也伴随着一系列新问题和挑战的产生和解决。

随着无线数据、家庭宽带和专线业务的迅速发展，带宽需求不断高涨，光传输经历了技术方案和网络架构的持续演进（PDH、SDH、MSTP、WDM和OTN）——SDH较PDH系统，不仅容量提升，而且组网高效、运维方便；随着网络IP发展，SDH逐步演进到MSTP平台；而针对干线和城域核心，容量不足逐渐凸显，向WDM发展势在必行。

在这一过程中，华为坚持以客户为中心，力求超越，自主创新，在传送领域经历20年厚积薄发，从“领先”到“卓越”。

OTN系统的出现不仅颠覆了WDM产品架构，而且带来了灵活的业务调度、高效的带宽利用率，具备向未来演进的能力，有效保护投资。OTN目前业已标准化，在商用领域早已成熟规模运用，被越来越多的运营商所认可，成为建网的基本要求，整个波分行业由此进入OTN新时代。

华为在2006年开创性提出WDM设备支线路分离的设备架构，率先发布业界第一款OTN设备OptiX OSN 6800，引领光传输领域变革，这也是华为光传输领域成为业界领导者迈出的坚实一步。

时隔8年时间，OTN网络由10G演进到100G新时代，华为又率先推出基于400G平台的新一代OTN产品，达到业界最大交叉容量25.6T，较2006年发布的首款OTN产品提升了大概70倍。

在OTN标准领域，华为公司也早已从遵循者转变为主导者——华为积极引领ITU-T、CCSA等多个标准组织的OTN相关标准制定工作，累计提交OTN相关国际标准文稿100余篇，总体占比超过

75%；华为牵头提出的 ODU0、ODU2e、ODU3e2、OTU4、ODU HO/LO、ODUflex 等一系列重要建议和映射规程提案都被 G.709 接纳。

在未来超高速线路接口技术标准领域，华为首创基于现有 OTN 体系架构以及 100Gbps 基准速率，扩展并演进到 N×100G 的超 100G OTN 体系架构，提出基准速率统一的同步间插 OTUCn 标准，持续引领 OTN 超 100G 标准制定。

2012 年年初，中国进入 100G 建设元年，100G 在国干、省干以及城域各个层面大面积部署，规模从几十块到数千块，距离从几十千米到数万千米。传输性能的进一步提升和规模供货能力逐渐成为 100G 广泛部署的难题。受限于业界商业套片技术能力，100G 技术规格较弱。

华为凭借在光传输领域多年的技术积累，2011 年成功研发出拥有自主知识产权的 ODSP 芯片和相关软件算法，与 Ciena、阿尔卡特朗讯三足鼎立。2014 年又实现自我突破，完成第二代 100G 关键芯片和算法的自研，成为业界唯一一家能够提供第二代 100G 软件的厂家，率先实现第一代 100G 性能向第二代 100G 性能的跨越，传输性能同比提升 30% 以上，与 10G 相当，无中继传输距离达到 4000 千米。

华为新一代 Super 100G 解决方案基于自研的新一代 ODSP 芯片，支持 200G/100G OTN 的软件可配置，支持现有网络向超 100G 系统平滑演进，最大限度保护客户投资。

随着网络的快速发展和信号速率的持续提升，波分光层维护手段面临挑战，特别是在线性能监测。10G 时代可以通过直接监测方式获取信号的中心波长、光功率和 OSNR，但 40G/100G 以及超 100G，技术上无法沿用此方案。同时随着高速波分网络从干线延伸到城域，甚至到接入层，大量光缆实时维护数据获取困难，光缆线路维护消耗大量人力、物力，效率较低。

基于 100G 运维难点，华为 2012 年率先提出智慧光管系统（SOM）解决在线性能监测问题，2014 年业界首个集成 OTDR，商用智能光纤管理系统 (FD) 解决光缆线路监控问题，真正实现性能监控实时化，线路维护定点化，极大提升了运维效率，又一次走在世界前列。

用户对带宽的需求永无止境。随着物联网、4K 视频等新型产业的逐步发展和成熟，其带宽需求将对现有光传输网络承载能力产生巨大冲击。对超宽带基础承载网而言，未雨绸缪，向超 100G 演进迫在眉睫。

在超 100G 领域，华为也实现了技术上的全面领先。2012 年 6 月，华为与荷兰 KPN 合作完成业内首个 400G 现网测试；2013 年 7 月，与智利 Telefonica 成功商用全球首个 400G OTN 网络，网络容量达到 16T，此次商用的是华为新一代 OTN 旗舰产品，全面支持 200G/400G/1T 平滑演进。

2014 年 4 月，基于自研的频谱压缩和信号补偿算法（FTN），华为携手 TATA 成功完成业界首个跨大西洋超长距海缆 400G 波分测试，传输链路长达 6577 千米；2014 年 10 月，与英国电信 BT 合作完成业界最高速率 3T 的现网传输测试。

任正非表示，力求超越是华为光传输一贯以来矢志不渝的追求，回顾过去 20 年，本来就是不断超越、不断攀登新高峰的过程。当前光传输网处于转型的关键时期，华为将持续高额投入研发，系统解决客户痛点，实现在光传输领域共赢。

当前网络系统架构依然不够开放、灵活和高效，T-SDN 是承载网架构变革重要的一环。市场未动、标准先行，华为是 SDN 各标准组织的主导性力量，担任了 ONF 组织最重要的 SDN 工作组 OTWG 的副主席以及 SDN 迁移工作组的主席，并贡献了现有 9 个 SDN 应用中的 7 个方案；在 IETF 组织编辑超过 50% 的 SDN 协议文稿。

2013 年 10 月，华为发布了业界首款电信级 SDN 控制器。随后与主流运营商联合 T-SDN 创新，包括西班牙电信（IP+ 光）、沃达丰（自动化运营）、巴蒂电信（虚拟传送服务）等。

2014 年 8 月，华为与南非 MTN 联合成功完成了 T-SDN 及 2.4T 波分现网测试，作为当前最智能、最高速度的软件定义弹性光网络（SDN Based Flex Optical Network），其 T-SDN 解决方案帮助 MTN 高效应对未来数字洪流的挑战，同时提供更多创新业务，因此获得南非电信展（Africa Com）大奖。2014 年 11 月，福建电信实现了业界首个 T-SDN 商用部署，全面开启传送 SDN 商用进程。

任正非表示，**在光传输领域，华为有条件努力去争取领导这个世界，在业界有没有看到有颠覆光的奇思怪想的教授？如果以后我们发现了，就要和这些“歪瓜裂枣”合作，坚决给以资金支持。光传输，一个是应付“黑天鹅”事件，有没有出现有异见的科学家，那我们要组成梯队；第二个梯队要培养一批有聪明才智的物理、化学、激光（不是光学）人才。**

华为光传输风雨兼程的 22 年，不但伴随着光网络行业的技术发展、演进，而且经历着以华为为代表的中国力量的崛起。中国将会出现更多的行业领导者，长期致力于产业的发展，厚积薄发，从“率先”到“领先”，从“领先”走向“卓越”，华为传送网已连续 9 年保持全球份额第一，为构建全联接世界提供了强有力的支撑和保障。

拥抱全联接时代

如今，联接成为一种新的常态，作为全球最大的电信设备生产商和服务商，华为把开创美好的全联接世界作为未来愿景。联接正在改变世界的常态，以移动宽带、云计算、大数据分析、物联网、社交网络为显著特征的ICT技术，正在重塑世界，成为引领人类社会下一轮发展的新浪潮。

任正非指出：**“一个全联接的世界正在到来，全联接世界正在呼唤新的连接。不管是人与人、物与物、人与物，这都是10倍以上用户数量的增长。对各个垂直行业来讲，99%的生产资源还没有被连接，我们相信当各种各样的生产资源被连接进来的时候，将会产生更多的产业机会。华为将与运营商和客户一起共同创建更美好的全联接时代。”**

全联接世界的到来，对华为而言既是机遇，又是挑战。机遇，在于更多的产业机会、更高的体验要求以及更新的商业机会。华为的产业战略，就是希望通过投资更加高效和整合的数字信息物流系统，实现人与人、人与物、物与物的全联接世界。联接，就像空气和水一样，它终将融入我们生活的每一个角落，无所不在。而华为坚持的管道战略的核心就是聚焦在信息的传送、存储、分发以及呈现上。

目前，各个垂直行业99%的生产资源还没有被连接，华为相信，当各种各样的生产资源被连接进来的时候，就会产生更多的产业机会。与此同时，超越语音体验、上网体验的更高体验要求，与更新的商业机会则是密切相关的。

例如，AR、VR以及4K视频在一起，有望形成万亿美元的产业，云转型以及数字化转型也将会带来另外一个万亿美元的产业。机遇无疑会带来一系列的变化。

每一次技术变革都推动了社会的进步和产业的发展，全联接蕴含着巨大的机遇。千亿美元级的视频产业、万亿美元级的企业IT云转型，以及即将出现10倍用户增长的物联网正在涌现。华为将在增强联接能力、改善联接体验、拓展全场景接入、使能行业数字化转型等方面努力，推动产业发展。

联接水平的提升意味着数字社会的全面升级，联接水平提升的背后，意味着数字社会的全面升级。

首先，可以增强联接能力，激发产业创新。华为预计，未来 10 年左右的时间，人们的带宽需求会从今天的几兆扩展到 10G，联接数量将会达到千亿级别，平均每人每天的流量消费将会达到 1.7G。这对华为而言既是挑战，又是巨大的机遇，华为将通过全面云化的解决方案，诸如超宽带、4.5G、5G、NB-IoT、物联网芯片、Lite OS 等来增强联接能力。

其次，改善联接体验，提升生产力。今天，在娱乐领域，漫步太空、体验宇宙的超级风暴已经通过 4K VR 浸入式体验实现。未来，这种体验将应用于更多的工业生产领域。

体验已经成为核心竞争力。在视频领域，华为推出 U-vMOS 视频体验衡量体系，能够对跨屏、跨网、跨业务的视频质量、交互和观看体验等提供科学客观的评价标准。U-vMOS 已面向产业开放，并得到了 ITU 的认可和接受。

再次，拓展全场景联接，拥抱万物皆智能。智能终端形态越来越多样化，到 2020 年，智能终端市场将超过 6000 亿美元。

目前，华为正在积极构建以消费者体验为中心，打造智能手机、可穿戴设备、汽车、智慧家庭以及办公系统的端云协同一体化，无缝衔接人们的工作、生活和娱乐。

最后，使能垂直行业，抓住数字化转型的机遇。数字化转型已经在所有行业发生，据预测，到 2025 年，数字化转型的市场空间将达到 1.5 万亿美元的规模。我们将通过全面云化的战略，帮助行业实现数字化转型。

作为全球领先的信息与通信技术 (ICT) 解决方案供应商，华为致力于构建更美好的全联接世界。任正非期望华为能够与客户、渠道伙伴、金融机构、供应商一起共同“消除数字鸿沟”。

为了量化全球数字经济发展进程，华为连续4年发布了全球联接指数（GCI），华为通过GCI的研究发现，强大的数字基础设施，是提升国家竞争力、促进经济有质量增长的重要驱动力；平均而言，GCI上升一个点，撬动国家竞争力提高2.1%，国家创新力提高2.2%，国家生产力提高2.3%。就全球十大行业而言，金融行业在数字化转型方面处于第一阵营，与通信、互联网行业并驾齐驱。

未来已来，只是尚未遍及全球。那么，华为倾力构建的全联接世界将给人们的工作、生活带来什么样的改变和体验？下面举几个例子让我们感受一下全联接时代的无穷魅力。

打造4K极致体验

面对新兴的终端和内容聚合平台竞争者，电信运营商的定位应该是什么？是网络通信服务提供商？还是语音数据服务提供商？除此之外，还会有更加差异化的定位吗？运营商将凭借什么技术和商业模式重新占据市场？

在波特提出的企业竞争战略中，聚焦、差异化和成本领先是最核心的因素。在全联接时代，传统电信服务的竞争越来越成为红海中的存量之争，运营商必须打破传统定位，改变在价值链中的位置，重新获得新价值链的支配地位。

一些领先的运营商已经开始重新定位，寻找差异化竞争战略。中国电信四川公司（简称四川电信）就走出了一条趋势性的路径，与合作伙伴华为一起，探索将电视业务视为价值链转型的关键引擎。2014年，四川电信凭借视频战略，实现了全业务大满贯：视频、光纤宽带、移动用户净增数都排在中国电信集团第一位。

与其他电信运营商面临的普遍性挑战一样，四川电信也一度与竞争对手在传统业务的红海中艰难争夺。在 2013 年之前的几年间，一方面，四川电信在电信行业，面临传统宽带和移动用户市场的激烈竞争；另一方面，电信运营商方兴未艾的 IPTV 业务也遇到挑战，和广电系统等其他服务提供商的业务同质化严重，陷入小区巷口之争。那时候，四川电信不管是宽带、移动还是 IPTV，都与一众竞争对手进行着同质化竞争。如何为客户提供更好、更丰富的业务？如何提升运营商的管道经营能力从而避免沦为纯管道？

2013 年，四川电信提出了“012”转型战略，“0”指高清影视免费看，是业务发展的发动机；“1”指一根光纤，是业务发展的核心；“2”指两部手机，是业务发展的增长点。整个战略的核心是围绕家庭用户需求，以电信电视为圆心，做大视频用户规模，带动光纤宽带及天翼手机业务的发展。为此，四川电信将视频业务定义为核心业务，并围绕这个核心，从规划、建设、运营、运维等方面进行全面改革。

打造银行 3.0 时代

银行 3.0 时代正在推动一场从以业务为核心转向以人为核心，创造极致互动体验的变革。在前台，要加强与用户的交互，实时洞悉用户需求的变化，提供按需定制的便捷服务等；在后台，须转变管理流程模式，整合后端平台，集中共享资源，从而对前端提供强有力的支持，及时响应客户需求，真正的提供“以人为核心”的产品和服务。

招商银行是中国行业创新的领导者之一，正在推动一场面向银行 3.0 以人为核心的服务转型。面对互联网金融趋势浪潮，招商银行正积极重构以金融大数据分析为基础的决策和服务体系，提升自身竞争力和客户体验。同时，由于金融数据量和种类不断增加，招商银行正对传统的 IT 架构和数据处理平台进行改造，以进一步打通框架统一管理客户数据，助力以人为核心的极致互动体验逐步实现。

为了实现面向未来的转型，招商银行与华为展开合作，基于云计算和大数据等领先的ICT技术进行敏捷创新，强化内部以人为核心的数据整合，以支持更实时、按需、全在线、服务自助和社交化的客户极致体验的未来目标发展。

首先，招商银行加速甩掉系统架构的历史包袱，将后端的云化基础架构平台与大数据应用平台相结合，实现了“业务部署快、产品开发快、支持业务发展快”；其次，通过大数据平台的建设，招商银行积极推动基于移动用户在前端的需求特点，快速推出创新产品，以及移动互联网式的金融服务，让银行能越发主动、及时地按照客户需求提供更加简单、易得的产品服务。

伴随客户需求以及移动互联技术的发展，在以人为本的业务洞察支持下，招商银行正在改变与用户沟通、服务和销售的方式，提升用户体验并创造新价值。以人为中心的转型将在招商银行的业务创新中产生影响，在前台，相比以前，针对客户需求发送的理财产品推介信息的精确率将大幅提高，并可以覆盖更全面有效的购买用户。而且，用户还可以体验到更按需、实时的在线自助服务，查询时间范围更广的历史明细交易记录。在后台，信用卡征信从三天到十几分钟，小额微贷获客预测转发率，推估将比传统方式有数十倍级的提升。

展望未来，这样的场景将可成为现实：银行不再是物理网点，而是一个实时在线的APP存在于用户的智能终端中，一切银行服务都可以随时随地按需、实时获取，甚至，建立在大数据分析之上的用户洞察，让银行可以主动为用户提供定制化的金融服务和建议——每一位用户都拥有一个随时随地提供服务的虚拟的VIP客户经理。而招行正在发生的变革，恰恰是这一切的基础。

华为正在帮助越来越多的银行客户，通过大数据、云计算与移动互联等 ICT 技术，在前端打造以人为核心的更加实时 (Real-time)、按需(On-demand)、全在线(All-online)、自助服务(DIY)和社交化(Social)的极致互动体验；在后端，打通传统竖井式与串流性的运营体系框架，助力敏捷业务创新，致力为客户提供更加无处不在的银行服务。

全联接媒体，让凤凰卫视新闻 5 分钟传遍四海

凤凰卫视是全球极具影响力的华人媒体，卫星直播平台覆盖全球 150 多个国家和地区。在高度信息化的今天，凤凰卫视启动全媒体化进程，力求整合电视台、广播、网站、手机等所有媒体平台，让用户可在任何时间、任何地点，多途径尽览全球最新信息。

而这一全面转型也对其 ICT 架构提出前所未有的挑战。华为分布式云数据中心（DC^2）架构恰恰解决了这个难题，它将凤凰卫视分布在全球的 9 大数据中心联接成一朵云，使原本分散于世界各地的独立数据实现逻辑上的整合和统一管理，让凤凰员工无论身在何处都仿佛在同一工作平台上，数据资源得以共享，生产效率大大提升。现在，无论世界任何角落发生重大事件，凤凰新闻都可以在 5 分钟内通过全媒体传遍四海。

凤凰卫视信息及网络管理副总监王宏波认为：“华为在媒资领域的研发投入、战略发展与凤凰卫视的战略相符，同时又有全球性支持能力，这是凤凰卫视选择华为的主要原因。不是华为找到我们，而是我们主动找到华为。因为我们相信华为公司高端、完整的云数据中心解决方案能够协助凤凰卫视 IT 团队部署最安全、稳定的基于云计算的、可运营的 IT 共享服务平台，加快凤凰卫视全媒体化的步伐。”

华为设计了基于云计算和 SDN 网络的分布式云数据中心架构，实现空间上跨区域业务部署，支撑凤凰卫视建设全媒体的战略。

华为为凤凰卫视提供了包括 FusionSphere 云操作系统、OceanStor 系列存储、IDS2000 模块化数据中心等产品，一体化部署了凤凰卫视模块化机房。交付周期缩短到 4~12 周，提升空间利用率 30%，服务器资源利用率提升到 60%，节约了 20% 以上建设成本。

助神华架起 3.5 万吨能源新干线

神华集团是全球最大的煤炭能源贸易商，也是世界 500 强企业。朔黄铁路作为神华集团旗下最重要的铁路之一，是中国西煤东运第二大通道，保证着华东、东南沿海地区的能源供应。朔黄铁路计划打造“绿色、高效、数字化”区域铁路网，形成以煤炭运输为主，多向、多品种的运输系统，进而促成物资的大交换、大交流，甚至推动产业结构升级。为此，朔黄铁路急需开行 2 万吨重载列车。但现有系统通信距离不足，通信可靠性低，无法满足新的需求。

华为 eLTE 解决方案以新型宽带移动通信系统，保证了主控机车与列尾从控机车 2500 米以上的通信，从而实现列车控制、视频监控、语音集群等众多功能，大大提高了沟通和调度效率。这是全球首例 LTE 技术在重载铁路上的应用，使朔黄铁路的年交通运载量从 2 亿吨飞跃至 3.5 亿吨，年创造利润达 9 亿美元。而在 600 千米干线上飞驰着的，不仅是煤炭能源，更是经济发展的未来。

朔黄铁路副总经理曹彦平表示：“提高运能增加列车长度的核心问题是整个列车和列控之间的联系，华为 eLTE 解决方案能实现主控机车与列尾从控机车 2500 米以上的通信，同时视频调度大大提高沟通效率。”

华为 eLTE 解决方案针对朔黄铁路实际情况，采用 1.8G LTE TDD 组网，弥补了原有系统传输距离短、实时性差等缺点，成功实现了 2 万吨重载列车的多机车操控，直接推动了朔黄铁路年运能的提升。

据了解，华为 eLTE 网络承载多机车同步操控、可控列尾等重载铁路业务，对整个网络的可靠性、安全性要求极高。针对铁路上对通信可靠性的苛刻要求，华为 eLTE 网络采用全网元冗余的方案，保证系统可用性达到 99.99%，而且，创新的双网络覆盖方案和多优先级业务保障机制，真正实现了铁路业务的零中断。

针对铁路环境复杂、隧道众多、信号时常不够充分的特点，方案的 QoS 机制会自动依据之前客户定出的优先级来优先保障列控，其次是语音集群，最后才是视频监控，这样可以合理配备资源，避免出现任何事故。

方案对比 Wi-Fi 有明显优势。Wi-Fi 有效覆盖距离只有 120 米，同时多次切换会增大掉线、丢包率高、时延大的风险，而 LTE 可覆盖 1.22 千米，切换频率次数少，设备覆盖量也减少，设备覆盖少，维护容易。华为 eLTE 助神华朔黄铁路运输能力实现飞跃。

让电网学会思考

进入 21 世纪以来，在经济发展低碳化、能源利用清洁化的大背景下，智能电网成为中国开发利用清洁能源、应对气候变化、保障能源安全的战略选择。但该如何走出第一步？为 2.3 亿人提供着电力能源的南方电网，开始了无线智能电网的建设试点。

中国南方电网公司以经营南方电网为核心业务，包括广东、广西、云南、贵州、海南五省，其电网东西跨度近 2000 千米，覆盖面积达 100 万平方千米，供电总人口 2.3 亿人，占全国总人口的 17.8%；2011 年其 GDP 总量 81581 亿元，占全国 GDP 总量的 17.3%。

然而，由于配电网运行类业务具有分布范围广、通信点多、通信设备工作环境差的特征，信息化建设难度大，且配电网通信网建设以有线为主，在具体建设中也面临一些极为困难的挑战。例如，现有的通信网络无法满足集群、重点区域视频监控、现场作业回传等新增业务需求，加之有线网络的建设受地理环境影响较大，部分区域施工困难，尤其是一些老旧城区开发较早，根本无法布设光纤线路。此外，部分区域采用租用公网的无线覆盖模式，由于安全性低、成本高、业务承载质量差，无法满足配电网全业务需求……诸如此类的问题困扰着南方电网。

从 2011 年下半年起，南方电网从产品性能、技术演进能力及解决方案匹配度等多方面综合考察，最终决定采用华为 eLTE 解决方案，建设全球首个 LTE 无线宽带配电专网。为了确保网络建设的可靠性，南方电网选择两次获得“全国供电可靠性金牌企业奖”的珠海供电局，进行首个超宽带无线智能电网的建设。

目前，电网行业正朝着智能、高效、可靠和绿色的方向发展。智能电网对通信网络的安全和速度提出了更高要求，因此，建立高效、双向、实时、集成的通信系统是建设智能电网的基础，电网的数据获取、保护和控制都需要这样的通信系统支持。

针对南方电网配电网自动化业务需求，华为 eLTE 超宽带无线智能电网解决方案，基于 TD-LTE 无线通信技术，采用 1.8GHz 频段，并根据配电自动化、计量自动化以及配电网视频监控业务等电力业务需求进行研发，具有带宽高、覆盖距离远、抗干扰能力强、组网灵活、安全可靠等优点，能够在非视距的条件下为用户提供固定及移动应用场景下的宽带无线数据接入，以及应急通信调度、无线高清视频监控等多种增值业务，并适应未来业务发展和扩充，非常适合于电力行业智能电网特别是配电网自动化的发展需求。

支持高带宽场景下的大用户量接入。电力的配电自动化、计量自动化都具有单个通信点信息量小、总体信息量非常庞大的特征，为了满足智能电网用户数大的接入需求，eLTE 针对用户接入数进行优化，单载扇最大在线用户数可达 1200 个，单基站最大在线用户数达到了 5400 个；此外，eLTE 还引入数据采集终端，让多个通信点通过数据采集终端集中传输，将通信点接入数量提升数十倍，满足南方电网配电、用电场景下海量终端同时接入的需求（密集城区约 350 个通信点 / 平方千米）；同时，10MHz 带宽组网，在城区复杂场景下，单载扇的平均吞吐量依然可达 20Mbps，覆盖半径可达 4 千米，可同时满足配电自动化、计量自动化的高带宽传输需求。

南方电网珠海供电局配电通信项目，充分验证了 TD-LTE 技术在配电网自动化应用中的可行性。下一步，珠海供电局计划在全市主城区实现规模部署，并通过 eLTE 超宽带无线网络实现安全生产、智能抄表、宽带集群应急通信、移动办公、门禁系统、智能充电桩等更丰富的电力系统智能化应用。

华为 eLTE 解决方案开创了配电网建设的新模式，为电力行业智能电网的蓬勃发展注入了新的活力，树立了典型的配电自动化通信网络建设参考蓝本。依托 eLTE 超宽带无线网络，南方电网解决了有线部署施工难的问题，实现了新老城区的无缝覆盖，同时通过统一维护，有效降低后期维护人员工作强度及整体运行费用，实现电力全网统一配电管理；此外，LTE 的高带宽性能，可支撑南方电网的多业务开展，实现操作现场数据、视频信息实时回传，总部实时安全监控、决策指挥，保证操作规范性及安全性。

南方电网领导在珠海供电局参观时，对 eLTE 超宽带无线智能电网项目作出了高度评价："华为 eLTE 的技术确实好，无线超宽带网络的建设为南方电网自动化打下了很好的基础，希望珠海供电局再接再厉，把点铺开，达到覆盖城区 80% 面积的规模部署，期待你们取得更多的成果！”

为首尔创造前所未有的移动联接体验在技术密集型的电信行业里，ICT技术是创造极致用户体验的核心能力，谁能掌握技术更迭先机，谁就有机会扭转自身市场地位。在韩国，三大电信运营商之一的LG U+，通过掌握4G技术更迭先机，抢先全面部署LTE网络并率先应用LTE-A技术实现第四代移动通信标准的商用化，凭借远超业界标准的极速网络成功地在全球竞争最激烈的韩国移动通信市场中，反转自身的市场地位。

LG U+由LG集团旗下三大通信子公司整合而成，在过去，其市场占有率在韩国长期位居第三。但2011年年中，LG U+发起了一场改变市场份额的逆袭。LG U+执行副总裁Sun Tae Kim表示：“在CDMA时代，由于基础设施落后于竞争对手，LG U+在这个已经成熟的市场上仅位居第三。只要竞争模式不变，我们就难以改变市场格局。而在智能手机时代，数据已经取代语音成为用户消费的大头，保证数据的高速传输自然也就至关重要。因此，我们迅速建立了全面覆盖的LTE网络，成为这一新领域的先驱，而非跟随者。而广泛覆盖的2G和3G网络服务保障，原本是竞争对手的优势，现在却成为其拓展新业务的负担。”一场以客户体验为核心，以领先技术为抓手的逆袭，就此展开。

相比3G网络，LTE的确有飞跃式的进步。这不仅会吸引越来越多的用户使用LTE，而且会迫使竞争对手放弃传统技术领域的竞争，转而进入由华为占据优势地位的LTE领域。

LG U+执行副总裁Sun Tae Kim表示:“面对实力雄厚的竞争对手，LG U+是如何进行战略思考的呢？”Sun Tae Kim对此做了个复盘:“面对竞争，我们决定只专注LTE，建立全面覆盖的LTE网络，而我们的竞争对手则侧重于部署地区热点和 Wi-Fi。我们提供的数据包流量是他们的 2 倍。此外，我们还提供 VoLTE 的高质量音视频通话，用户会发现相比 3G 网络，LTE 的确有飞跃式的进步。”这不仅会吸引越来越多的用户使用LTE，而且会迫使竞争对手放弃传统技术领域的竞争，转而进入由华为占据优势地位的 LTE 领域。

技术契机找到了之后，执行速度成为关键，在合作伙伴华为雄厚的技术能力和执行力的支持下，LG U+ 在 8 个月之内完成了布网，并且在部署大首尔地区的 LTE 基站时，确保每个角落的接入效果都一样，以实现用户体验的一致性。领先其他运营商向消费者提供无处不在的高质量联接，让 LG U+ 在第一轮竞争中，取得了市场领先者的优势。

2013 年 7 月，在华为的帮助下，率先实现 LTE 的演进版本的 LTE-A 商用网络的大规模部署，进一步提升移动通信网络性能，为用户带来更极致的业务体验。自此，其LTE用户增长速度超过了竞争对手，ARPU 值也开始大幅增长。

面对市场，领先对手不是唯一的目标，LG U+ 有更远大的愿景。Sun Tae Kim 表示：“我们的愿景是帮助客户实现自由沟通，而非提供基于简单网络功能的业务。LG U+ 旨在为客户创造新价值，打造更美好的生活。为了实现这一目标，我们会摒弃旧的价值链，利用固定和移动（LTE）基础设施，提供融合的差异化业务，创造更多新价值。”

而领先的 LTE-A 商用网络为 LG U+ 实现愿景提供了坚实的基础。在网络能力的提升后，LG U+ 得以更敏捷地进行业务创新，为客户创造新价值。比如，顺应人们渴望随时随地享受高质量视频的需求，LG U+ 提供的多屏高清直播服务，迅速获得用户青睐，在 2013 年推出当年就获得了超过 500 万的用户。此外，LG U+ 提供了 Full HD 的移动端业务，并支持四屏联动。同时根据客户需求，还提供 3D 实时地图，不但能快速提供导航路线建议，并提供当前路况信息，还能设定联接对象，让消费者可以知道朋友目前位置，让碰面更容易。而为了支持当前最火的手游需求，LG U+ 提供了 Gaming on Demand 服务，让消费者可以自由自在享有与 TV Game 相近的游戏体验。

LG U+ 持续用技术提升用户体验，让它一举改变过去在 2G、3G 的市场竞争中处于下风的态势，转身成为移动通信市场竞争格局中的一匹黑马。2013 年年末，其数据消费增加 3 倍，LG U+ 用户每月的平均流量为竞争对手的 1.5 倍，突出其网络的市场领先性。到了 2014 年，LG U+ 在韩国三大运营商中 ARPU 值排名第一，新增份额第一。在 2015 年韩国国家测试中，其首尔地区网络性能在所有运营商中排在第一位。在以客户体验为王的时代中，LG U+ 始终坚持“技术引领，速度制胜”的策略，实现网络驱动体验，体验激发效益，创新创造价值，完成了在韩国移动通信市场的逆袭。

今天的世界充满无数令人惊喜的进步，蕴藏着无限神奇的可能。很多人已受益于此，但仍有人与此无缘。任正非认为：“人类的真正进步，在于以创新成果普济天下。沟通互联并非专属特权，而是人人必需。衡量信息通信科技的影响，要看有多少人因其受惠。华为不断将宽带技术推向更高标准、更快速度，让它无处不至、无人不享。”

任正非表示，华为将矢志创新，快速响应客户需求，于信息通信技术领域开山铺路、推进变革。未来，华为将帮助世界各地无数系统、企业、城市、人群紧密联接，不断提升工作效率、帮助行业转型，构筑更多沟通的桥梁，与客户、渠道伙伴、金融机构、供应商一起共享行业趋势与成果，共同创建更美好的全联接时代。

POSTSCRIPT 跋

聚集能量，拿出绝活

如果让任正非来总结华为 30 年，他会如何概括呢？任正非在《一江春水向东流》中，对创建华为做了总结，也回答了华为要朝哪个方向发展。在那篇文章的最后，任正非用一句话作了概括："我是在生活所迫、人生路窄的时候创立华为的。那时我已领悟到'个人才是历史长河中最渺小的'这个人生真谛。"

人感知自己的渺小，行为才开始伟大。人放下自己，才可以得到世界。领悟到自己渺小，彻底放下了自己强大的后天意识，才可以内化谦虚、低调、敬畏、求真、务实的真源品质，才可以回到"向世间的苦处行，头拱地拿出绝活"的企业真源，才可以开启团队内在的源头活水，才可以接收到内外宇宙的能量真源！

任正非的起点，看上去很低，很低；实际上很高，很高。那是可以超越一己连接天地万物能量的起点！任正非以谦虚朴实为表，以不毁宇宙能量转化为实。他出发时就已经抢得了先机——遵循宇宙能量转化规律！

记得 2016 年 2 月，我应华为之邀去巴塞罗那参加世界移动展，与任正非有一个小范围恳谈会。大家都很好奇，任正非一个 72 岁的老人，如何可以保证华为把握住正确方向？

任正非快人快语说，“很简单，就是聚集”。如此大的一个主题，任正非就用“聚集”这两个最普通的字眼，而且还言之凿凿，华为从创建公司以来，可以一直走到今天，就是凭借这两个字：聚集！分分钟秒秒钟聚集所有的智慧。华为走向未来，还是离不开“聚集”。

现在，“聚集”发展为“比世界还大的世界，就是你的心胸！”“一杯咖啡吸收宇宙能量！”什么样的心胸比世界还大呢？什么样的咖啡杯可以吸收宇宙能量呢？

任正非是把有华为工卡的和没有华为工卡的科学家、专家、巨匠、匠人、操作工，都囊括在他的心胸里。还不仅仅如此。他也把大自然活泼泼的生命囊括在其中。比如在樱花盛开和薰衣草茁壮的季节，邀请全球顶级科技人才聚集在生命最具张力时的能量场喝咖啡，激发顶级人才的灵感。甚至员工过春节回家他都不放过。他要在那个寻根跟土地连接最紧密的时候，让员工脚踏大地，给公司建言献策！

当把全球人类、全球生命、全球资源都纳进他的心胸里去以后，任正非的心胸就直接拥有了万物一体之真，满溢着万物一体之善，蕴含着万物一体之美，才会在当今各种文明冲突的乱象中，提出“共建、共有、共赢一个全联接的世界”！

任正非深知宇宙就是一个有次序的不断转化的能量场，人不可以封闭自己，必须分分钟对更广大的领域打开。你的修为意念到了什么高度，你的建树就会到什么境界。自觉遵循宇宙规律而行，就会有卓尔不同的发展。华为就是一个样本。

任正非把混沌灰度作为华为的整体价值观，把世界看成一个大大小小的旋涡能量场、交融进化的开放的能量场，把这样一种最高意识渗透到公司客户、员工、合作商，渗透到有无华为工卡的广域人们，形成了一个开放的造物能量场。

这就是任正非代表的中国人的心胸！这就是华为代表的中国人的宇宙整体观。中国人不可能用老祖宗的哲学概念去改变世界的思维模式，而只能用自己“回到真源，头拱地拿出绝活”的行为，来重塑世界的思维模式。

直到今天，真正懂得“回到真源，拿出绝活”规律的企业家还是少之又少。

好友余胜海，关注研究华为20多年，这回静下心来，贵在“真诚”。唯天下真诚，可以赞天地之化育出绝活，可以与天地共精神。唯精唯诚，他详细梳理了华为创立30年的成长历程，深度剖析了华为登顶的洪荒之力，对科技企业如何转型升级、重构商业秩序、拥抱新商业文明，提供了一个可资借鉴的样本。这是一部有思想的好书，很值得阅读。

王育琨

北京地头力管理咨询公司董事长

AFTERWORD ○ 后记

华为公司于 1987 年创立于深圳，到 2017 年，华为公司已经创立 30 周年了，这是一个非常值得纪念的年份。华为是中国改革开放初期创办的一家民营企业，是中国民营企业发展的缩影。在 30 年当中，华为经历了创立、发展、国际化三个 10 年的熔炼。它是我国改革开放中成长起来的民营科技企业的标杆，也是中国企业国际化的先行者和成功典范，是值得深入研究、弥足珍贵的企业标本。

为了真实记录华为创立 30 年的成长历程，揭秘 30 年创业史，破解其崛起之秘，总结任正非最核心的管理思想，我再次深入研究华为，其间更是见证了华为终端业务 2C 转型和企业业务横空出世，飞速发展的历程。

面对庞大的华为帝国和一个低调神秘的任正非，也让我的探寻变得困难重重，根本无法定格一座正在喷发的火山。

在 5 年的探寻过程中，我自己也深有感触，收获良多，颠覆了我以前对华为的价值观、终端业务、人工智能、云计算和全联接世界的认知和理解，从中受到很多启发，于是便有了这本 30 万字的书稿。

当我把这部沉甸甸的书稿从电脑里调出来发给出版社的时候，释然的心情并不轻松，笨拙的笔无法完整记录华为 30 年成长过程中所发生的一切，留给我和读者的还有许多不足和遗憾！

《任正非和华为——非常人 非常道》是我继推出畅销书《华为还能走多远》之后又一本匠心之作，为写这本书，我先后深入采访了 50 多位华为中高层管理者和老员工，通过调研采访，从卷帙浩繁的第一手资料和数十名亲历者的口述中，还原了一个真实的华为。同时还总结提炼出任正非最核心的管理思想，披露了华为 30 年成长过程中不为人知的故事，破解华为成功之秘。相信广大读者一定能够从本书中获得很多感悟和启迪，开启自己的商业智慧！

为了确保本书的真实性和权威性，我在书中选用了任正非和华为高管在接受采访时所讲的原话，并摘录了他们的一些内部讲话以及同行、专家、媒体对华为的看法与评价。

这本书的出版得到很多人的支持。我还要感谢国家工业和信息化部部长苗圩，著名经济学家、国务院发展研究中心研究员吴敬琏，北京大学国家发展研究院教授张维迎，著名管理专家、北京地头力管理咨询公司董事长王育琨，北京锡恩企业管理顾问公司董事长姜汝祥，著名企业家、北京约瑟投资有限公司董事长陈九霖，深圳东方港湾投资管理股份有限公司董事长但斌，厦门松霖集团董事长周华松，互联网专家、DCCI 互联网研究院院长刘兴亮推荐本书！

本书的顺利出版还得益于长江新世纪文化传媒有限公司总编辑金丽红、总经理黎波的大力支持，欣然将本书列为公司年度重点图书，精心策划出版。副总编辑孟通、责任编辑刘艳艳以及发行人员为本书的出版营销工作付出了辛勤的劳动，在此向他们表示衷心感谢！

我在写作过程中参阅并引用了华为官网、心声社区、《华为人》等处的一些资料和图片，有的无法核实原作者，如果有引述错误或有疏漏，恭请原作者与我联系，定当在再版中予以修正和注明，顺带奉上相关图片的稿酬。

由于本人水平有限，再加上时间仓促，书中难免出现不当和浅显之处，敬请读者见谅。欢迎读者对本书提出宝贵意见或建议，在此先行表示感谢！我的电子信箱：ysh5198@163.com，微信ysh752522712、微信公众平台“余胜海观察”或者在新浪微博@余胜海，期待与您交流！

最后，衷心地希望，本书能够给致力于提升企业管理成效、谋求持久发展的企业经营者提供切实的帮助。

余胜海

2016年12月于北大燕园

图书在版编目（CIP）数据

任正非和华为 / 余胜海著． —武汉 ：长江文艺出版社，2017.2（2017.11 重印）

ISBN 987-7-5354-7702-6

I． ①任…II．①余… III．①通信 － 邮电企业 － 企业管理 － 经验 － 深圳 IV．① F632.765.3

中国版本图书馆 CIP 数据核字（2016）第 284288 号

任正非和华为——非常人 非常道

余胜海 著

选题产品策划生产机构｜北京长江新世纪文化传媒有限公司

选题策划｜金丽红 黎 波 孟 通

责任编辑｜孟 通 刘艳艳　封面设计｜张 清　媒体运营｜洪振宇

法律顾问｜张艳萍　内文制作｜杨 宇　责任印制｜张志杰

总 发 行｜北京长江新世纪文化传媒有限公司

电　话｜010-58678881　传　真｜010-58677346

地　址｜北京市朝阳区曙光西里甲 6 号时间国际大厦 A 座 1905 室

邮　编｜100028

出　版｜长江出版传媒｜长江文艺出版社

地　址｜湖北省武汉市雄楚大街 268 号湖北出版文化城 B 座 9-11 楼

邮　编｜430070

印　刷｜北京中科印刷有限公司

开　本｜710 毫米 ×1000 毫米 1/16　印张｜26

版　次｜2017 年 2 月第 1 版　印次｜2017 年 11 月第 4 次印刷

字　数｜338 千字

定　价｜58.00 元

我们承诺保护环境和负责任地使用自然资源。我们将协同我们的纸张供应商，逐步停止使用来自原始森林的纸张印刷书籍。这本书是朝这个目标迈进的重要一步，这是一本环境友好型纸张印刷的图书。我们希望广大读者都参与到环境保护的行列中来，认购环境友好型纸张印刷的图书。